HELMUT HENSCHEL

Wohlfahrtsökonomische Aspekte der Besteuerung

Volkswirtschaftliche Schriften

Herausgegeben von Dr. J. Broermann, Berlin

Heft 178

Wohlfahrtsökonomische Aspekte der Besteuerung

Von

Dr. Helmut Henschel

DUNCKER & HUMBLOT / BERLIN

Gedruckt 1971 bei Alb. Sayffaerth, Berlin 61
Printed in Germany

ISBN 3 428 02541 5

Inhaltsverzeichnis

I. Einführung

Das Wohlfahrtsniveau einer Volkswirtschaft kann aus den *verschiedensten* Gründen niedriger sein, als dies bei den gegebenen Ressourcen möglich wäre.

Diese Differenz zwischen dem maximal möglichen Wohlfahrtsniveau und dem realisierten Niveau soll im folgenden als Wohlfahrtsverlust bezeichnet werden, wobei sich im Idealfall der gesamte Wohlfahrtsverlust den einzelnen ihn verursachenden Tatbeständen quantitativ zurechnen läßt oder sich doch wenigstens ein quantitativer Ausdruck für *den* Wohlfahrtsverlust finden läßt, der von einigen ganz bestimmten Tatbeständen verursacht wird.

Vier Gruppen von Gründen für einen Wohlfahrtsverlust lassen sich unterscheiden:

1. Es ist allgemein anerkannt, daß bei brachliegenden Ressourcen wie z. B. unfreiwilliger Arbeitslosigkeit der Ausstoß an Gütern geringer ist, als es der Volkswirtschaft möglich wäre und daher ein relativer Wohlfahrtsverlust auftritt. Hier wird also zunächst die zwar plausible aber durchaus nicht unproblematische und unten bei der Betrachtung der nicht-ökonomischen Wohlfahrt (Kap. V, C) noch näher zu untersuchende Annahme gemacht, daß eine Erhöhung des Realeinkommens auch eine Erhöhung des Wohlfahrtsniveaus bedeutet.

2. Etwas komplizierter, aber noch weitgehend akzeptiert ist der Nachweis, daß auch bei Vollbeschäftigung aller Ressourcen Wohlfahrtsverluste auftreten können, wenn die Produktionsfaktoren nicht rationell eingesetzt werden. Der Ausstoß von Gütern kann durch eine Reorganisation der Produktionsverhältnisse erhöht werden.

3. Wesentlich schwieriger zu verstehen und im allgemeinen vernachlässigt ist dagegen die Tatsache, daß auch bei Vollbeschäftigung aller Ressourcen und technisch völlig rationellen Produktionsverfahren aufgrund einer „falschen“ Zusammensetzung des Güterangebotes ein Wohlfahrtsverlust auftreten kann, wenn bei gegebener Einkommensverteilung die Individuen durch irgendwelche Tatbestände veranlaßt werden, Güter zu produzieren und zu konsumieren, die bei gleichen Kosten nur ein niedrigeres Nutzenniveau ermöglichen.

4. Schließlich kann ein Wohlfahrtsverlust auch dadurch verursacht werden, daß bei gegebener Produktionsstruktur die erstellten Güter

nicht in der Weise auf die einzelnen Individuen verteilt werden, in der sie den größtmöglichen Nutzen stiften.

In dieser Arbeit sollen in erster Linie die unter Punkt 2 und 3 aufgeführten Möglichkeiten von Wohlfahrtsverlusten untersucht werden, soweit diese durch steuerliche Maßnahmen bewirkt werden. Die Konzentration auf die wohlfahrtsökonomischen Aspekte gerade der Besteuerung kann dabei einmal damit begründet werden, daß das Instrument der Besteuerung eines der wichtigsten politischen Instrumente darstellt, durch die ein Wohlfahrtsverlust verursacht werden kann. Zum anderen gibt es auch über diesen Aspekt der Besteuerung eine ausführliche Erörterung in der sogenannten ‚excess-burden'-Diskussion. Darin wird der Versuch gemacht, zu klären, mit Hilfe welcher Steuerformen derartige Wohlfahrtsverluste minimiert werden können.

Die hier versuchte Anwendung der Wohlfahrtstheorie auf die Probleme der Besteuerung ist jedoch nur als Beispiel zu verstehen. Der ‚excess-burden'-Ansatz ließe sich ohne größere Schwierigkeit auf die Untersuchung der wohlfahrtsökonomischen Aspekte der Staatsausgaben übertragen[1]. In der wohlfahrtsökonomischen Freihandelsargumentation lassen sich ebenfalls deutliche Parallelen zur ‚excess-burden'-Diskussion nachweisen und auch in der Wettbewerbspolitik könnte dieses Konzept zur Anwendung kommen.

Neben der Untersuchung der Wohlfahrtsverluste infolge steuerlicher Maßnahmen, die in einer unter Punkt 2 und 3 erwähnten und unten noch näher auszuführenden Verzerrung der Produktions- und Konsumstruktur begründet sind, soll noch geprüft werden, welche Folgen die Vermeidung dieser Art von Wohlfahrtsverlusten für die Erreichung anderer wirtschaftspolitischer Ziele mit sich bringen könnte und welche Bedeutung das Ziel der Vermeidung von derartigen Wohlfahrtsverlusten im Rahmen eines umfassenden Zielsystems haben könnte.

---

[1] Ein Ansatz dazu findet sich z. B. bei *Carl S. Shoup*, Public Finance, Chicago 1969, S. 539 ff.

II. Zum Gegenstand der ‚excess-burden'-Diskussion

Wird ein Individuum zur Zahlung einer Steuer veranlaßt, so trägt es selbst oder ein anderes Individuum, auf das es die Steuer überwälzen kann, eine Last (‚burden'), die als Nutzenentgang des Individuums definiert werden kann. Der von der Gesamtheit der Steuerzahler zu tragenden Last steht ein Vorteil (‚benefit') gegenüber, der durch die mit den Steuereinnahmen finanzierten Staatsleistungen bewirkt wird und ebenfalls dieser Gesamtheit der Steuerzahler zugerechnet werden kann. Wird die Maximierung des sozialen Gesamtnutzens angestrebt, muß also stets geprüft werden, ob der Nutzen der Staatsausgaben höher ist als der Nutzenentgang infolge der Staatseinnahmen[1]. Die für eine derartige Prüfung notwendige quantitative Erfassung der Nutzengrößen ist außerordentlich schwer zu verwirklichen. Neben einer kardinalen Nutzenmessung sind dabei auch interpersonelle Nutzenvergleiche und die Zurechnung des Nutzenentgangs durch die Steuern und des Nutzens der Staatsleistungen auf einzelne Individuen oder Gruppen von Individuen erforderlich.

Prinzipiell dieselben Schwierigkeiten bestehen auch, wenn in einem weniger umfassenden Ansatz nur der Nutzenentgang infolge der Besteuerung untersucht wird, wobei angenommen wird, daß bei konstanten Staatsausgaben auch die Höhe des durch diese hervorgerufenen Nutzens konstant bleibt. Wenn der Nutzenentgang durch die Staatseinnahmen den Nutzenzuwachs durch die Staatsausgaben übersteigt, kann von einem volkswirtschaftlichen Nutzenverlust oder Wohlfahrtsverlust gesprochen werden. Unabhängig davon, ob die Staatstätigkeit zu einem so beschriebenen Wohlfahrtsverlust oder zu einem entsprechenden Wohlfahrtsgewinn führt, kann aber ein *weiterer* Wohlfahrtsverlust dadurch verursacht werden, daß der Nutzenentgang durch die Staatseinnahmen größer ist, als dies bei optimaler Gestaltung der Einnahmenerhebung notwendig wäre. Entsprechend dem *Musgrave*schen Konzept der Differentialinzidenz[2] kann ein Differentialwohlfahrts-

---

1 Hier wird also die Wohlfahrt als Funktion der Nutzen verstanden ohne daß diese grundlegende Annahme eingehend untersucht werden kann. Für eine ausführliche Erörterung der dahinterstehenden Probleme und die Beziehungen zwischen Nutzen, Befriedigung, Glück und Wohlfahrt siehe z. B. *Ian Macolm, David Little,* A Critique of Welfare Economics, 2. Aufl., Oxford 1957, S. 6 ff., 51 ff.

2 Für die wohl erste Darstellung dieses Konzeptes vgl. *Richard Abel*

verlust untersucht werden, der auftritt, wenn eine Steuer durch eine andere Steuer ersetzt wird, die zwar das gleiche Aufkommen[3] erbringt, aber doch mit einem höheren Wohlfahrtsverlust verbunden ist. Durch Steuern gleichen Geldertrages können dem privaten Sektor allerdings unterschiedliche Mengen und Zusammensetzungen der Ressourcen entzogen werden. Hier wird also genau genommen die Voraussetzung gemacht, daß der Staat Ressourcen in gleicher Höhe und Zusammensetzung in Anspruch nimmt. Die Tatsache, daß auch durch Steuern gleichen Realertrages unterschiedliche Wirkungen auf andere wirtschaftspolitische Ziele ausgehen können, soll zunächst vernachlässigt werden[3].

Die Erfassung dieses Differentialwohlfahrtsverlustes ist der Gegenstand der ‚excess-burden‘-Diskussion, die hier eingehend erörtert werden soll. Grundsätzlich sind bei dieser Erfassung die gleichen — fast unüberwindlichen — Schwierigkeiten zu bekämpfen wie bei der Erfassung der Wohlfahrtsgewinne oder -verluste durch die Staatstätigkeit allgemein. Erleichtert wird sie jedoch dadurch, daß es sich hier um wesentlich genauer spezifizierte Einzelinstrumente handelt, deren Wirkungen leichter isoliert werden können. Zudem genügt bei diesem speziellen Ansatz schon die Ermittlung einer Rangfolge der von den verschiedenen Steuern verursachten Wohlfahrtsverluste, um eine gewisse Aussage über die Überlegenheit einzelner Steuern zuzulassen.

Die Bedeutung einer solchen Aussage ist allerdings sehr begrenzt. Wenn von den Steuern, wie es wohl der Normalfall ist, auch andere, in dieser Betrachtung nicht näher untersuchte Wirkungen ausgehen, so kann eine Beurteilung der einzelnen Steuern nur erfolgen, wenn *alle* Wirkungen auf das gesellschaftliche Wohlfahrtsniveau quantitativ erfaßt werden können. Welche Wirkungen auftreten und wie sie erfaßt werden können, wird im einzelnen zu prüfen sein.

Die hier getroffene Wahl des Ausdruckes ‚excess burden‘, der in Anlehnung an die deutsche Übersetzung von *Musgraves* ‚Public Finance‘ mit ‚Mehrbelastung‘ übersetzt werden soll[4], ist recht willkürlich. Sie kann jedoch damit begründet werden, daß dieser Ausdruck,

---

Musgrave, On Incidence, in: Journ. of Pol. Ec., Bd. 61 (1953), S. 306—323, bes. S. 306 f.

[3] Vgl. für diese Problematik auch *Shoup*, Public Finance, 1969, S. 13 ff.

[4] Vgl. *Richard Abel Musgrave*, Finanztheorie (Übersetzung des englischen Originals, The Theory of Public Finance, New York, Toronto, London 1959, von *Lore Kullmer* unter Mitarbeit von *Hans Fecher*), 2. Aufl., Tübingen 1969, S. 114 u. a.

Die fast wörtliche Übersetzung von ‘excess burden‘ mit Mehrbelastung ist nicht ganz befriedigend. Eigentlich ist der Ausdruck in der deutschen Finanzwissenschaft schon eindeutig den nach dem Benefitprinzip erhobenen Zuschlägen zur Gewerbesteuer zugeordnet. (Siehe dafür auch *Karl M. Hettlage*, Artikel: Beiträge, in: HdSW Bd. 1, Tübingen/Göttingen 1956, S. 727—731, S. 729 f.)

der wohl von *Joseph* geprägt wurde[5], in der anschließenden Diskussion auch von vielen anderen Autoren übernommen wird. Daneben werden allerdings zur Darstellung desselben Sachverhalts auch andere Begriffe verwandt. *Marshall* etwa spricht von ‚net loss'[6], *Hotelling* von ‚net social loss'[7] und ‚dead loss'[8]. In neuerer Zeit dürfte sich der Ausdruck ‚welfare costs' größerer Beliebtheit erfreuen[9]. Für die hier angestellte Untersuchung des *Differential*wohlfahrtsverlustes scheint der weniger umfassende Ausdruck ‚excess burden' oder Mehrbelastung der geeignetere zu sein.

Welche Steuern im einzelnen mit einer Mehrbelastung verbunden sind, ob und wie diese Mehrbelastung vermieden werden kann, ist Gegenstand einer seit langem andauernden Diskussion. Dabei können vier verschiedene Stadien unterschieden werden, die sich allerdings zeitlich überlappen.

Die Behauptung, daß durch Steuern Verhaltensänderungen der Individuen bewirkt werden können, die dazu führen, daß die Verluste der Steuerzahler größer sind als der Gewinn bei der finanzpolitischen Autorität, findet sich, wie die Ansätze zu fast allen wirtschaftstheoreti-

---

5 Vgl. *M. F. W. Joseph,* The Excess Burden of Indirect Taxation, in: Rev. of Ec. Stud. Bd. 6 (1938/39) S. 226—231. Dort finden sich allerdings auch die Ausdrücke „excess loss" (S. 226), „additional loss" und „extra burden" (S. 227).

6 Vgl. *Alfred Marshall,* Principles of Economics, An Introductory Volume, 8. Aufl., London 1920, neu gesetzt 1949, S. 277.

7 Vgl. *Harold Hotelling,* The General Welfare in Relation to Problems of Taxation and of Railway and Utility Rates, in: Econometrica Bd. 6 (1938), S. 242—269, abgedruckt in: *Richard Abel Musgrave* u. *Carl S. Shoup,* (Selection Committee of the American Economic Association) Readings in the Economics of Taxation, London 1959, S. 139—167, S. 142 f. Ebenso *Abba P. Lerner,* The Economics of Control, Principles of Welfare Economics, New York 1944, S. 231.

8 Vgl. *Hotelling,* Gen. Welfare, 1938, S. 154. Ebenso z. B. *Gerard Debreu,* The Coefficient of Resource Utilisation, in: Econometrica Bd. 19 (1951), S. 273—292, S. 273.
An dieser Stelle ist eine Bemerkung zur Zitierweise erforderlich: Zitiert wird, außer wenn der Nachweis einer zeitlichen Priorität erfolgen soll, grundsätzlich die neueste Auflage aller Aufsätze und Monographien, wobei ein unveränderter Nachdruck mit gleichen Seitenzahlen nicht als Auflage gezählt wird. Wenn eine Veröffentlichung mehrmals zitiert wird, so erscheint sie vom zweiten Mal an mit abgekürztem Titel und der Jahreszahl der letzten sachlich nicht mehr veränderten Auflage. Bei Übersetzungen erscheint dahinter noch das Jahr der neuesten Auflage der Übersetzung. Damit sollte sich in den meisten Fällen das mühsame Zurückblättern zur ersten zitierten Stelle oder das Vorblättern zum Literaturverzeichnis vermeiden lassen.

9 Vgl. z. B. *Arnold C. Harberger,* Taxation, Resource Allocation and Welfare, in: The Role of Direct and Indirect Taxes in the Federal Revenue System, A Conference Report of the National Bureau of Economic Research and the Brookings Institution, Princeton 1964, S. 25—70, S. 26. Ders., The Measurement of Waste, in: Am. Ec. Rev. Bd. 54 (1964) Papers and Proceedings, S. 58—76, S. 58 ff.

schen Problemen, schon bei *Adam Smith*[10]. Die von den Verbrauchssteuern verursachten Verzerrungen der Verbrauchs- und Produktionsstruktur sind es denn auch, die die Anhänger des Manchester-Liberalismus (2. Hälfte 19. Jahrh.) zu ihren vehementen Angriffen auf Zölle und indirekte Steuern veranlassen[11]. Dort findet sich teilweise schon eine recht klare Vorstellung der Ursache von Mehrbelastungen[12], aber noch keine explizite Darstellung dieser Problematik. Die eben genannten Beiträge sollen deshalb an dieser Stelle nicht näher untersucht werden[13].

In einer zweiten Phase wird das Konzept der Konsumentenrente für die Erklärung von Mehrbelastungswirkungen herangezogen. In einer dritten Phase wird ein auf Grundlage der Indifferenzkurvenanalyse entwickeltes partielles, in einer vierten schließlich ein entsprechendes allgemeines Gleichgewichtsmodell für die Darstellung des Differentialwohlfahrtsverlustes infolge der Besteuerung verwendet.

Hier sollen zunächst die drei letztgenannten theoretischen Ansätze kurz dargestellt werden, wobei nur die notwendigsten Annahmen aufgeführt werden sollen. Ein Teil der bei den verschiedenen Modellen implizierten Annahmen wird also erst im Nachhinein erörtert oder doch wenigstens erwähnt. Dieses Verfahren ist nicht ganz befriedigend. Erstens empfiehlt es sich grundsätzlich bei allen theoretischen Erörterungen die notwendigen Annahmen der Betrachtung voranzustellen, um so die begrenzte Aussagekraft der Untersuchung zu betonen und Ansatzpunkte zu modellimmanenter Kritik zu vermeiden. Zweitens

---

[10] Vgl. *Adam Smith*, An Inquiry into the Nature and Causes of the Wealth of Nations, in: *Dugald Stewart* (Hrsg.), The Works of Adam Smith, 5 Bde., o. O. 1811/12, Nachdruck Aalen 1963, Bd. 4, S. 258.

[11] Vgl. z. B. *Thomas Edward Cliffe Leslie*, Financial Reform, in: Cobden-Club Essays, 2. Series Paris, New York, London 1871/72, S. 185—259, S. 229 ff. et passim. Ebenso: *Thomas Briggs*, Poverty, Taxation, and the Remedy: Free Trade, Free Labour; or, Direct Taxation the True Principle of Political Economy, Universal Free Trade the First Condition of Universal Peace, London 1883, S. 110 ff.

[12] Vgl. z. B. ebenda, S. 111.

[13] Das gleiche gilt für die in der Finanzwissenschaft immer wieder erhobene Forderung nach Vermeidung von Verzerrungen der Produktions- und Verbrauchsstruktur. Vgl. dafür insbesondere: Institut International de Finances Publiques (Hrsg.), Les Distorsions économiques d'origine fiscale, Bruxelles 1958, passim.

Als Vorläufer kann z. B. *Sayer* angesehen werden, der auch schon behauptet, daß „taxes on commodities ... destroy that natural distribution and equilibrium of labor throughout which maintain the greatest number of laborers in the most constant and extensive employ ...". *Benjamin Sayer*, An Attempt to Shew the Justice and Expendiency of Substituting an Income or Property Tax for the Present Taxes, or a Part of Them; as Affording the Most Equitable, the Least Injurious and (under the Modified Procedure Suggested Therein) the Least Obnoxious Mode of Taxation: Also, the Most Fair, Advantageous, and Effectual Plans of Reducing the National Debt, London 1833, S. 13.

gestattet diese Vorstellung der Annahmen eine sehr viel klarere Gliederung der einzelnen Teile der Darstellung und Kritik.

Trotzdem soll hier ein anderes Verfahren zur Anwendung kommen. Da die Erörterung der verschiedenen Voraussetzungen einen bedeutenden Teil der Betrachtung darstellt und die Zahl der notwendigen Voraussetzungen, die auch noch häufig variiert werden, beträchtlich ist, würde eine vorherige Aufzählung den Fluß der Argumentation empfindlich stören, könnte aber trotzdem die Behandlung *nach* der Darstellung des Modells nicht ersetzen. Eine ausführliche Diskussion der Annahmen aber läßt sich *nicht vorziehen,* da hierfür die Kenntnis des Modells eine Voraussetzung ist.

Erst nach der Darstellung der drei theoretischen Ansätze soll geprüft werden, welche Qualifizierungen notwendig sind, um die Modelle formal abzusichern und welche Erweiterungen sie erfahren müßten, welche Annahmen variiert werden müßten, um gewisse Aussagen über die Realität zu gestatten. Dieses Verfahren hat überdies noch den Vorteil, daß damit gewissermaßen der Verlauf der ‚excess-burden'-Diskussion nachvollzogen wird.

Danach soll geprüft werden, ob und inwieweit die bisherigen Untersuchungen eine Aussage über die *Höhe* von Mehrbelastungswirkungen gestatten. Ohne eine solche Quantifizierungsmöglichkeit ist keine operationale Formulierung des wirtschaftspolitischen Ziels der Vermeidung von Mehrbelastungen denkbar, was aber besonders erforderlich ist, wenn dieses Ziel in Konkurrenz zu anderen Zielsetzungen steht.

Schließlich wird noch kurz die Frage angeschnitten, in welcher Beziehung das Ziel der Vermeidung von Mehrbelastungen — man könnte es etwa als Ziel der Wohlfahrtsoptimierung bezeichnen — zu den drei wohl meistgenannten wirtschaftspolitischen Zielsetzungen ‚Redistribution', ‚Stabilität' und ‚Wachstum' steht.

III. Die Grundmodelle

A. Das Konzept der Konsumentenrente

Käufe und Verkäufe auf einem beliebigen Gütermarkt sind für einen Teil der Käufer und Verkäufer mit Vorteilen verbunden, die den Charakter einer Rente aufweisen. Im Anschluß an *Marshall*[1] hat sich dafür der Ausdruck ‚consumers' surplus' bzw. ‚producers' surplus', Konsumenten- bzw. Produzentenrente eingebürgert[2]. Die Argumentation, deren Grundzüge sich wenigstens bis zu *Jules Dupuit* zurückverfolgen lassen[3], soll kurz anhand einer graphischen Darstellung erläutert werden.

In Abb. 1[4] sind auf der Abszisse die Mengen, auf der Ordinate der Preis eines Gutes X abgetragen. Die bei den jeweiligen Preisen nachgefragten Mengen werden durch die Nachfragekurve DD, die angebotenen Mengen durch die Angebotskurve SS beschrieben. Bei einem Preis p_1 je Einheit des Gutes X und bei einer Menge x_1 ist die Nach-

---

1 Vgl. *Marshall,* Principles, 1920, S. 103 ff., 387 ff.

2 In neuester Zeit scheint sich allerdings eine Kontroverse darüber anzubahnen, ob dem Ausdruck ‚rent' oder dem Ausdruck ‚surplus' der Vorzug zu geben ist. Vgl. dazu *Robert H. Wessel,* What Is Producer's Surplus — Comment, in: Am. Ec. Rev. Bd. 59 (1969), S. 634—635 und *E. J. Mishan,* Rent and Producer's Surplus-Reply, in: Am. Ec. Rev. Bd. 59 (1969), S. 635—637.

Marshall selbst beschränkt sich allerdings auf die Erörterung der Konsumentenrente und übersieht das notwendige und völlig symmetrische Gegenstück dazu in der Produzentenrente. Dieses merkwürdige Versehen resultiert, wie *Samuelson* aufzeigt, in *Marshalls* lange Zeit unwidersprochen hingenommener Forderung nach Subventionierung von Industrien mit sinkenden Grenzkosten und Besteuerung von Industrien mit steigenden Grenzkosten. Vgl. *Paul Anthony Samuelson,* The Monopolistic Competition Revolution, in: *Robert E. Kuenne* (Hrsg.) Monopolistic Competition Theory: Studies in Impact. Essays in Honor of *Edward H. Chamberlin,* New York, London, Sydney 1967, S. 105—138, S. 112 f.

3 Vgl. *Jules Dupuit,* On the Measurement of the Utility of Public Works, (Übersetzung des französischen Originals: De la Mesure de l'utilité des traveaux publics, Annales des ponts et chaussées, 2. série, Bd. 8 [1844] von *R. H. Barback)* abgedruckt in: *(Kenneth J. Arrow, Tibor Scitovsky* [Selection Committee of the American Economic Association]) Readings in Welfare Economics, London 1969, S. 255—283, S. 261, 263, 276 et passim.

4 Da zur Verdeutlichung der teilweise nur wenig anschaulichen Zusammenhänge häufig auf graphische Darstellungen zurückgegriffen werden soll, sind die Zeichnungen in einem dem Leser leichter auffindbaren Anhang untergebracht, um die Notwendigkeit eines ständigen Rückblätterns zu vermeiden.

frage gleich dem Angebot, es herrscht Gleichgewicht. Der Verlauf der Nachfragekurve impliziert, daß es Käufer gibt, die auch bei einem über p_1 liegenden Preis bereit wären, eine bestimmte (mit steigendem Preis abnehmende) Menge des Gutes X zu kaufen. Hätten etwa die Anbieter die Möglichkeit, für jede zu verkaufende Einheit des Gutes X den Preis neu auszuhandeln, so wären die Nachfrager bereit, für die Menge x_1 eine Summe zu bezahlen, die bei unendlicher Teilbarkeit des Gutes durch die Fläche $Ox_1G\ p_{max}$ beschrieben wird. Sie zahlen jedoch nur den Marktpreis von p_1 je Einheit des Gutes X, für die gesamte Menge x_1, also $O\,x_1\,G\,p_1$. Die Diferenz zwischen der Summe, die die Konsumenten maximal zahlen würden und der Summe, die sie wirklich zahlen müssen, die Fläche des Dreiecks $p_1\,G\,p_{max}$, kann als Maß für die Konsumentenrente verstanden werden.

Wie in der späteren Diskussion geklärt wurde, ist *Marshall* allerdings nicht ganz eindeutig in seiner Definition der Konsumentenrente[5]. Insbesondere kommt bei ihm nicht klar zum Ausdruck, ob die Konsumentenrente durch die bezeichnete Fläche als Geldgröße oder als Ausdruck des Nutzens definiert sein soll. Dieser Unterschied kann nur vernachlässigt werden, wenn von einem konstanten Grenznutzen des Geldes ausgegangen werden kann. *Marshall* versucht das Problem zu umgehen, indem er eben diese Annahme macht und damit die Betrachtung ausdrücklich auf Güter mit geringem Umsatz und daher geringem Steueraufkommen beschränkt. Wird der Preis eines solchen Gutes erhöht, so bedeutet das keine nennenswerte Senkung des Realeinkommens der Käufer, der Grenznutzen des Geldes kann somit als konstant angesehen werden[6].

Entsprechend der Konsumentenrente ließe sich bei der in Abb. 1 zugrunde gelegten Steigung der Angebotskurve auch die Existenz einer

---

5 Vgl. für eine Erörterung der ganzen Problematik der Konsumentenrente z. B. *John Richard Hicks*, The Rehabilitation of Consumers' Surplus, in: Rev. of Ec. Stud. Bd. 9 (1941), S. 108—116, korrigiert abgedruckt in: Readings in Welfare Economics, S. 325—335, S. 326 f.; *E. J. Mishan*, Ein Überblick über die Wohlfahrtsökonomik 1939—1959, (Übersetzung des engl. Originals, A Survey of Welfare Economics, in: Ec. Journ., Bd. 70 [1960], S. 197—265, von *Roswitha Leckebusch* und *Klaus Zeitler*) in: *Gérard Gäfgen* (Hrsg.) Grundlagen der Wirtschaftspolitik, 2. Aufl., Köln, Berlin 1967, S. 110—176, S. 140 ff.; *Jürgen Pahlke*, Welfare Economics, Grundlage allgemeingültiger wirtschaftspolitischer Entscheidungen? Berlin 1960, S. 37 ff.

Für eine Wiedergabe der bisherigen Diskussion und wohl auch ihren vorläufigen Abschluß siehe *Don Patinkin*, Demand Curves and Consumer's Surplus, in: *Carl F. Christ* u. a., Measurement in Economics. Studies in Mathematical Economics and Econometrics in Memory of *Yehuda Grunfeld*, Stanford 1963, S. 83—112, passim.

6 Vgl. *Marshall*, Principles, 1920, S. 387, 693. Auf die bei Ausweitung der Betrachtung auf den Gesamtmarkt eines Gutes notwendige weitere Annahme, daß der konstante Grenznutzen des Geldes für alle Individuen gleich ist, geht *Marshall* nicht ein.

Produzentenrente nachweisen. Sie kommt den Produzenten zugute, die bereit wären, auch bei einem unter p_1 liegenden Preis zu verkaufen[7]. Im Beispiel wird die Produzentenrente durch die Fläche des Dreiecks $p_{min}\,G\,p_1$ bezeichnet.

Die Mehrbelastung durch eine selektive Verbrauchsteuer wird nun folgendermaßen begründet. Wird auf das Gut X eine Steuer gelegt, so können die Anbieter das Gut nicht mehr zum alten Preis auf den Markt bringen. Wird der Einfachheit halber eine Mengensteuer zugrunde gelegt[8], so verschiebt sich die Angebotskurve parallel nach oben zu $S'S'$. Durch G' ist damit der neue Gleichgewichtspreis p_2 und die entsprechende Menge x_2 festgelegt. Die Konsumentenrente wird dadurch um die Fläche $p_1\,G\,G'\,p_2$, die Produzentenrente um $p_0\,A\,G\,p_1$ vermindert. Das Steueraufkommen beträgt jedoch lediglich $p_0\,A\,G'\,p_2$. Das Dreieck $B\,G\,G'$ bezeichnet einen ‚Verlust' der Konsumenten, das Dreieck $A\,G\,B$ einen ‚Verlust' der Produzenten, dem kein ‚Gewinn' des Staates entgegensteht. Die Steuer hat eine Mehrbelastung verursacht.

Hieraus wird der Schluß gezogen, daß Verbrauchsteuern über eine Verzerrung der Marktpreise eine Mehrbelastung verursachen und daher nach Möglichkeit zu vermeiden sind. Verbrauchsteuern sind nur dann nicht mit einer Mehrbelastung verbunden, wenn Angebot oder Nachfrage völlig starr, d. h. von Preisveränderungen unabhängig sind. Nur für diesen Fall wird daher von *Marshall* die Verbrauchsteuer empfohlen[9].

---

[7] Vgl. dafür z. B. *J. R. Hicks*, Rehabilitation, 1941/69, S. 331.

[8] Mengensteuern sind in modernen Steuersystemen relativ selten anzutreffen. Die Argumentation mit einer Wertsteuer wäre also wirklichkeitsnäher. Im Ergebnis änderte sich dadurch jedoch nichts. Statt einer Parallelverschiebung der Angebotskurve wäre lediglich eine Drehung der Kurve nach oben um den Schnittpunkt der Angebotskurve mit der Mengenachse, der hier im negativen Bereich liegen würde, einzuführen. Auf diese Form der Darstellung wird hier verzichtet, um die Zeichnung übersichtlicher zu erhalten.

Wird die Annahme des vollkommenen Marktes aufgegeben, so muß diese letzte Aussage allerdings etwas modifiziert werden. Es kann gezeigt werden, daß bei monopolistisch gesetzten Preisen die Produzentenrente unter einer Mengensteuer stärker reduziert wird als unter einer Wertsteuer. Dieser Aspekt kann hier jedoch vernachlässigt werden. Für eine ausführliche Erörterung siehe *Robert L. Bishop*, The Effects of Specific and Ad Valorem Taxes, in: Quart. Journ. of Ec. Bd. 82 (1968), S. 198—218, S. 204 ff., 218.

[9] Vgl. *Marshall*, Principles, 1920, S. 387. Zum gleichen Ergebnis kommen auf der Basis einer ähnlichen Darstellung *Hotelling*, Gen. Welfare, 1938, S. 140 ff.; *J. R. Hicks*, Value and Capital, An Inquiry into some Fundamental Principles of Economic Theory, 2. Aufl., Oxford 1946, S. 38 ff.; ders., Rehabilitation, 1941/1969, passim; *Ursula Kathleen Hicks*, Public Finance, 2. Aufl., London, Cambridge 1955, S. 145 ff.; *Otto Eckstein*, Public Finance, Englewood Cliffs, N. J. 1964, S. 71 f.

Für einen zum gleichen Ergebnis führenden Versuch, die Betrachtung mit

Das Ausmaß der Substitution des besteuerten Gutes durch unbesteuerte, der Rückgang der Nachfrage nach dem besteuerten Gut und damit die Größe des Verlustes an Konsumentenrente ist jedoch nicht nur von den Elastizitäten des Angebots und der Nachfrage in bezug auf den Preis, oder genauer den Steigungen der Angebots- und Nachfragekurven, abhängig, sondern auch von der Elastizität der Nachfrage in bezug auf das Einkommen. *Marshall* vermeidet, wie gesagt, dieses Problem, indem er nur Steuern mit geringem Aufkommen betrachtet und daher davon ausgehen kann, daß das Realeinkommen und daher auch der Grenznutzen des Geldes unverändert bleiben. Für eine allgemeingültige Aussage über die Mehrbelastungswirkungen von Verbrauchsteuern ist diese Lösung jedoch nicht befriedigend.

Schon *U. K. Hicks* geht daher zeitweilig von der Argumentation mit der Konsumentenrente ab[10]. Sie begründet die Wohlfahrtsverluste durch selektive Verbrauchsteuern logisch: Durch die Preisveränderung infolge der Einführung einer Verbrauchsteuer anstelle einer vorher bestehenden Einkommensteuer wird der Konsument zu einer Änderung seines Verhaltens am Markt veranlaßt. Er kauft von den besteuerten Gütern weniger, von anderen mehr. Wenn er sich aber rational verhält, also seinen individuellen Nutzen zu maximieren versucht, so muß er, wenn die Möglichkeit vor und nach der Preiserhöhung gleichwertiger Positionen einmal ausgeschlossen wird, nach dieser Verhaltensänderung schlechter gestellt sein. Wäre die neue Situation nicht schlechter, so hätte er sie schon vorher gewählt[11]. Bei der Argumentation mit Indifferenzkurven bedeutet diese Schlechterstellung nichts anderes, als daß der Konsument auf eine niedrigere Indifferenzkurve gekommen ist.

Mit dieser Argumentation, die *U. K. Hicks* unter Rückgriff auf das Instrument der Konsumentenrente später wieder fallen läßt, nimmt sie also auch schon einige Aspekte der erst später in der ‚excess-burden'-Diskussion üblich werdenden Indifferenzkurvenanalyse vorweg[12].

Auch *J. R. Hicks* stellt schon seiner Darstellung der Konsumentenrente eine Indifferenzkurvenanalyse gegenüber[13].

Hilfe einer arithmetischen Darstellung auf die ganze Volkswirtschaft auszudehnen, vgl. schon *Frank P. Ramsey,* A Contribution to the Theory of Taxation, Ec. Journ. Bd. 37 (1927), S. 47—61, S. 55 ff.

10 Vgl. *U. K. Hicks,* The Finance of British Government 1920—1936, London 1938, S. 253 f.

11 Unverkennbar sind bei dieser Argumentation mit der ‚chosen position' die Gemeinsamkeit mit der erst später entwickelten ‚revealed preference' Theorie. Vgl. dafür z. B. *Reimut Jochimsen,* Ansatzpunkte der Wohlstandsökonomik, Versuch einer Neuorientierung im Bereich der normativen Lehre vom wirtschaftlichen Wohlstand, Tübingen 1961, S. 24.

12 Vgl. *U. K. Hicks,* Publ. Fin., 1955, S. 145 ff.

13 Vgl. *J. R. Hicks,* Value and Capital, 1946, S. 39 f.

B. Das partielle Gleichgewichtsmodell auf Grundlage der Indifferenzkurvenanalyse

Zunächst soll hier das Instrument der Indifferenzkurve etwas näher erläutert werden, da es im Laufe der weiteren Erörterungen immer wieder Verwendung finden wird. Entwickelt von *Edgeworth*[1] und *Pareto*[2] stellt die Indifferenzkurvenanalyse das in der Wirtschaftstheorie wohl gebräuchlichste Instrument zur Erklärung des individuellen Nachfrageverhaltens dar[3]. Anhand einer einfachen Zeichnung kann die Abhängigkeit der Nachfrage eines Individuums von seinem Einkommen, seiner Präferenzstruktur und den Preisen der Güter demonstriert werden.

In Abb. 2 sind auf der Abszisse die Mengen des Gutes X auf der Ordinate die Mengen des Gutes Y abgetragen, die einem Individuum zur Verfügung stehen können. Werden beide Güter begehrt, so führt ein Verlust an X oder Y zu einer Senkung, ein Gewinn an X oder Y zu einer Erhöhung des Nutzenniveaus. Nun sind stets Kombinationen denkbar, bei denen der Verlust an X gerade durch einen Gewinn an Y (oder umgekehrt) ausgeglichen wird und das Nutzenniveau unverändert bleibt. Eine Indifferenzkurve ist der geometrische Ort aller Güterkombinationen, die nach Ansicht des Individuums gleichwertig sind, also gleichen Nutzen stiften.

Wird angenommen, daß der Grenznutzen der einzelnen Güter mit steigender Menge dieser Güter abnimmt (1. Gossensches Gesetz), so muß der Verlust von Einheiten eines Gutes durch eine steigende Zahl von Einheiten des anderen Gutes kompensiert werden bzw. kann der Gewinn von Einheiten eines Gutes den Verlust von immer weniger Einheiten des anderen Gutes kompensieren. Die Indifferenzkurve ist

---

1 Vgl. *Francis Ysidro Edgeworth,* Mathematical Psychics. An Essay on the Application of Mathematics to Moral Sciences, London 1881, S. 21 ff.

2 Vgl. *Vilfredo Pareto,* Manuel d'économie politique, (1. Aufl. 1909), 4. Aufl., Paris 1966 als Bd. 7 der Oeuvres complètes publiées sous la direction de Giovanni Busino, S. 168 ff.

3 Für eine ausführliche Darstellung vgl. z. B. *J. R. Hicks,* Value and Capital, 1946, S. 12 ff.; *William A. Koivisto,* Principles and Problems of Modern Economics, New York 1957, S. 418 ff.; *Robert E. Kuenne,* Microeconomic Theory of the Market Mechanism. A General Equilibrium Approach, New York, London 1968, S. 44 ff.; *Erich Schneider,* Einführung in die Wirtschaftstheorie, 2. Teil, 12. Aufl., Tübingen 1969, S. 13 ff.; *Andreas Paulsen,* Allgemeine Volkswirtschaftslehre Bd. 2, Haushalte, Unternehmungen, Marktformen, 8. Aufl., Berlin 1968, S. 46 ff.; *Artur Woll,* Allgemeine Volkswirtschaftslehre, Berlin u. Frankfurt 1969, S. 108 ff.
Für einen Versuch, die Erkenntnisse der modernen Konfliktpsychologie bei einer Neuformulierung der Theorie der Präferenzstruktur zu berücksichtigen siehe *Gerhard Schmitt-Rink,* Präferenz, Indifferenz und Ambivalenz. Über alternative Interpretationen einer schwachen Ordnung von Präferenzsystemen, in: Jb. f. Nat. u. Stat. Bd. 182 (1968/69), S. 224—237.

wie die hier eingezeichneten Kurven i_1—i_3 konvex zum Ursprung gekrümmt. Die (negative) Steigung der Kurve in einem Punkt gibt an, welche Menge von *X* durch eine unendlich kleine Menge von *Y* bei konstantem Nutzenniveau substituiert werden kann. Man spricht von der Grenzrate der Substitution von *X* durch *Y*.

Die Präferenzstruktur des Individuums wird durch eine Schar von Indifferenzkurven beschrieben, durch die alle denkbaren Güterkombinationen erfaßt und bewertet werden. Bei konsistentem und transitivem Verhalten des Individuums kann jeder Punkt nur auf einer Indifferenzkurve liegen. Das heißt: die Indifferenzkurven können sich nicht schneiden, da sie als Kurven gleichen Nutzens definiert sind, zwei sich schneidende Indifferenzkurven also durch den gleichen Nutzen gekennzeichnet wären. Das aber hieße, daß eine Kombination, bei der das Individuum von einem Gut mehr, vom anderen aber nicht weniger hat, von diesem nicht bevorzugt würde.

Sind die Preise der beiden Güter durch das Individuum nicht zu beeinflussen, so sind bei einem konstanten Ausgabevolumen die dem Individuum zur Verfügung stehenden Mengenkombinationen der beiden Güter festgelegt. Die Budgetlinie (*CB* in Abb. 2) ist der geometrische Ort aller Güterkombinationen mit gleichem Ausgabevolumen. Die Budgetlinie ist in diesem Fall der konstanten Güterpreise mit der Preisgeraden identisch, da durch ihre Steigung auch das Verhältnis der Güterpreise zueinander angezeigt wird.

Die für das Individum optimale Situation ist erreicht, wenn es die bei diesem Budget höchstmögliche Indifferenzkurve erreicht. Dieses ist im Tangentialpunkt der Budgetlinie mit einer Indifferenzkurve der Fall. Die Grenzrate der Substitution entspricht dann gerade dem Preisverhältnis der beiden Güter. Diesen Punkt wird das Individuum zu erreichen suchen, wenn es Nutzenmaximierung anstrebt.

Das hier beschriebene Instrument der Indifferenzkurvenanalyse wird nun zum Nachweis der Wohlfahrtsverluste infolge selektiver Verbrauchsteuern angewandt[4].

---

[4] Ob die Indifferenzkurven eines Individuums sich empirisch nachweisen lassen, ist dabei durchaus strittig. Den ersten Versuch, Indifferenzkurven mit Hilfe psychophysischer Testverfahren zu ermitteln, macht wohl *Thurstone*. (Vgl. *Louis Leon Thurstone,* The Indifference Function, in: Journ. of Soc. Psychol. Bd. 2 [1931], S. 139—167, wieder abgedruckt in: ders., The Measurement of Values, Chicago 1959, S. 123—144). *Thurstone* kommt dabei zu einigen durchaus brauchbaren Ergebnissen. Inwiefern diese Beobachtungen und Befragungen einzelner Individuen bez. einzelner Güterpaare etwa zur Ableitung von Nachfragekurven und zur Begründung wirtschaftspolitischer Entscheidungen herangezogen werden können, ist jedoch fraglich. Recht pessimistisch äußern sich dazu z. B. *Fellner* und *Friedman.* (Vgl. *William Fellner,* Emergence and Content of Modern Economic Analysis, New York, Toronto, London 1960, S. 197 ff.; *Milton Friedman,* Price Theory, A Provisional Text, Chicago 1962, S. 35 f.).

Schon anfangs dieses Jahrhunderts wird die *Dupuit-Marshall*sche Konzeption der Konsumentenrente in Italien eingehend diskutiert[5]. Nach der Entwicklung der Indifferenzkurvenanalyse durch *Edgeworth* und *Pareto* wird dann dieses Instrument anstelle der Konsumentenrente für die Erklärung von Mehrbelastungen eingesetzt. Als erster weist wohl *Pareto*s Schüler *Barone* anhand eines partiellen Gleichgewichtsmodells mit Hilfe der Indifferenzkurvenanalyse die Mehrbelastungswirkung selektiver Verbrauchsteuern nach[6].

Er zeigt, daß bei *gleichem Nutzenentgang* des steuerzahlenden Individuums der Staat bei Auflage einer Einkommensteuer ein höheres Aufkommen erzielen kann als bei einer selektiven Verbrauchsteuer. Diese Darstellung wird dann von *Borgatta* wieder in die Form des üblichen ‚excess-burden'-Arguments gebracht, nach dem eine Mehrbelastung vorliegt, wenn die Steuerzahler bei *gleichem Steueraufkommen* stärker belastet werden[7]. Von *Fasiani* wird die Argumentation weiter präzisiert und vervollkommnet[8].

Diese Entwicklung wird jedoch im angelsächsischen Sprachgebiet nicht rezipiert[9]. So kann das von *Joseph* unabhängig von den italienischen Forschungsergebnissen entwickelte partielle Gleichgewichtsmodell[10] als der Ausgangspunkt der eigentlichen ‚excess-burden'-Diskussion angesehen werden, obwohl es kaum über die eben genannten Beiträge hinausgeht.

Die Argumentation mit dem partiellen Gleichgewichtsmodell kann anhand einer Zeichnung erläutert werden[11]. Ein Konsument habe ein fest vorgegebenes Einkommen, das er für die beiden Güter X (auf der

---

[5] Vgl. dafür insbes.: *Ulisse Gobbi*, Un preteso difetto delle imposte sui consumi, in: Giornale degli economisti, (1904), S. 296—306, passim.

[6] Vgl. *Enrico Barone*, Studi di economia finanziaria, in: Giornale degli Economisti, 3. serie, Bd. 44 (August 1912), S. 309—353, 469—505, S. 329 f., bes. Fußnote 2.

[7] Vgl. *Gino Borgatta*, Intorno alla pressione di qualunque imposta a parità di prelievo, in: Giornale degli Economisti, Bd. 61 (1921), S. 290—297.

[8] Vgl. *Mauro Fasiani*, Di un particolare aspetto delle imposte sul consumo, in: La riforma sociale, Bd. 41 (1930), S. 1—20. An dieser Stelle werden auch die Beiträge von einigen anderen italienischen Autoren zu diesem Thema erörtert.

[9] Daß dies schließlich doch noch geschehen ist, dürfte wohl dem Franzosen *Gérard Dehove* zu verdanken sein, der in seinem Impôt, Théorie et Politique Bd. 1, Pression fiscale et équilibre économique, Paris 1947, bes. S. 166 ff. die italienische Literatur ausgiebig berücksichtigt, während ihm seinerseits die angelsächsischen Beiträge zu diesem Thema unbekannt zu sein scheinen.

[10] Vgl. *Joseph*, Excess Burden, 1939, passim. Ansätze dazu finden sich auch in den zitierten Schriften von *U. K. Hicks* (Fin. of Brit. Gov., 1938, S. 253 f.) und *J. R. Hicks* (Value and Capital, 1946, S. 39 f.) sowie in dem etwa gleichzeitig erscheinenden Artikel von *Ragnar Frisch*, The Dupuit Taxation Theorem, in: Econometrica Bd. 7 (1939) S. 145—150, passim.

[11] Vgl. Anhang Abb. 3. Siehe für diese Zeichnung *Musgrave*, Finanztheorie, 1959/69, S. 123.

Abszisse abgetragen) und *Y* (auf der Ordinate abgetragen) völlig verausgabt. In diesem System kann es Unterschiede in den hier relevanten Wirkungen einer Kopfsteuer, einer Einkommensteuer und einer allgemeinen Verbrauchsteuer nicht geben. Der Konsument kann die Höhe der von ihm zu leistenden Steuerzahlung nicht beeinflussen, welche der drei Steuerformen auch bestehen mag. Beim Übergang von einer dieser drei Formen zu einer anderen hätte er also keinen Anlaß, sein Verhalten zu ändern.

In welchem Verhältnis der Konsument sein Einkommen auf die beiden Güter aufteilt, wird bestimmt durch die Form seines Indifferenzkurvensystem und das Preisverhältnis der beiden Güter, welches in der Steigung der Budgetlinie *CB* zum Ausdruck kommt. Das Ausgangseinkommen, gemessen in Einheiten des Gutes *X*, ist *OB*. Der Gleichgewichtspunkt, der angibt, in welchem Verhältnis die beiden Güter gekauft werden, ist *E*, der Tangentialpunkt der Budgetlinie *CB* mit der höchsten erreichbaren Indifferenzkurve i_3.

Nun soll eine Einkommensteuer in Höhe von *DB* Einheiten des Gutes *X* eingeführt werden. Das Preisverhältnis der beiden Güter wird durch die Steuer nicht berührt. Es erfolgt lediglich eine Parallelverschiebung der Budgetlinie des Individuums von *CB* nach *FD*. Das neue Gleichgewicht wird im Tangentialpunkt *L* der Budgetlinie *FD* mit der höchsten nun noch erreichbaren Indifferenzkurve i_2 erreicht.

Jetzt soll der Staat dasselbe Steueraufkommen durch eine spezielle Verbrauchsteuer auf das Gut *X* erhalten. Durch diese Steuer wird das Preisverhältnis zwischen den beiden Gütern verändert. Für sein Einkommen, das er nach wie vor in gleicher Höhe bezieht, kann der Konsument noch die gleiche Menge des Gutes *Y* wie im ursprünglichen Zustand, aber weniger an *X* erwerben. Die Preisgerade (und Budgetlinie) dreht sich in *C* von *CB* nach *CG*. Damit die Einnahmen des Staates wieder *SH* betragen, also ebenso hoch sind wie das Aufkommen *DB* der Einkommensteuer, muß ein Steuersatz gewählt werden, bei dem sich das neue Gleichgewicht im Tangentialpunkt *S* der Budgetlinie *CG* mit der Indifferenzkurve i_1 einstellt. Solange die Indifferenzkurven des Individuums zum Ursprung gekrümmt sind und sich nicht schneiden, muß es sich bei der Verbrauchsteuer auf das Gut *X* auf einer niedrigeren Indifferenzkurve befinden als bei der Einkommensteuer gleichen Aufkommens. Die Verbrauchsteuer verursacht also eine Mehrbelastung.

Das hier dargestellte partielle Gleichgewichtsmodell findet sich in dieser oder ähnlicher Form in zahlreichen Lehrbüchern und Abhandlungen[12].

[12] Vgl. z. B. außer den bisher erwähnten in chronologischer Ordnung

Dieser Nachweis eines Differentialwohlfahrtsverlustes durch eine selektive Verbrauchsteuer gilt allerdings nur, wenn der Staat mit der Besteuerung das Ziel verfolgt, das Realeinkommen und damit die kaufkräftige Nachfrage der Privaten zu reduzieren, wenn also Steuern gleichen Ertrages verglichen werden. Wie *Reder*[13] und wohl unabhängig davon in neuerer Zeit wieder *Morag*[14] gezeigt haben, läßt sich für den Fall, daß der Staat das Ziel verfolgt, nur den privaten Verbrauch des Gutes *X* zu reduzieren, nachweisen, daß die Einkommensteuer im Vergleich zur Verbrauchsteuer auf *X* mit einem Wohlfahrtsverlust verbunden ist. Das soll hier kurz anhand der folgenden Zeichnung demonstriert werden[15].

Abb. 4 ist eine Erweiterung von Abb. 3. *CB* ist wieder die Preisgerade vor Einführung der Steuer. *CG* ist die Preisgerade nach Einführung einer Verbrauchsteuer auf das Gut *X*. *OS* ist die Menge des Gutes *X*, die der Konsument nach Einführung der Steuer noch erwerben soll. Die Einkommensteuer mit dem gleichen Aufkommen *DB* wie die Verbrauchsteuer bringt das Individuum zwar auf die höhere Indifferenzkurve i_2, doch konsumiert es jetzt eine größere Menge des Gutes *X*, als der Staat es zulassen will. Eine Einkommensteuer, die den privaten Verbrauch von *X* auf die Menge *OS* reduzieren soll, muß die Preisgerade parallel bis zu *VU* verschieben. Die tangierende In-

---

Melvin W. Reder, Welfare Economics and Rationing, in: Quart. Journ. of Ec. Bd. 57 (1942), S. 153—159. *Kenneth E. Boulding*, The Concept of Economic Surplus, in: Am. Ec. Rev. Bd. 35 (1945), S. 851—869, abgedruckt in: *William Fellner* und *Bernard F. Haley* (Selection Committee of the American Economic Association), Readings in the Theory of Income Distribution, London 1950, S. 638—659, S. 656 ff. *George Joseph Stigler*, The Theory of Price, New York 1946, S. 81. In den neueren Auflagen ist dagegen diese Interpretation der graphischen Darstellung nicht mehr zu finden. Vgl. z. B. 3. Aufl., 1966, S. 63 ff.

Eli Schwartz u. *Donald A. Moore*, The Distorting Effects of Direct Taxation: A Re-Evaluation, in: Am. Ec. Rev. Bd. 41 (1951), S. 139—148, passim. *Alan T. Peacock* u. *D. Berry*, A Note on the Theory of Income Distribution, in: Economica N. S. Bd. 18 (1951), S. 83—90. (*Peacock* und *Berry* wenden die gleiche Argumentation auf negative Steuern, die staatlichen Transferzahlungen, an. Das Ergebnis ist bei ihnen, daß der Staat mit der Zahlung eines Geldbetrages mehr Nutzen stiften kann als mit Gutscheinen für den Erwerb eines bestimmten Gutes in gleicher Höhe.)

Tibor Scitovsky, Welfare and Competition, The Economics of a Fully Employed Economy, London 1952, S. 65 ff.

Cecil G. Phipps, Friedman's „Welfare Effects", in: Journ. of Pol. Ec. Bd. 60 (1952), S. 332—334, passim. *D. B. Suits* u. *R. A. Musgrave*, Ad Valorem and Unit Taxes Compared, in: Quart. Journ. of Ec. Bd. 67 (1953), S. 598—604, S. 600 f. *Koivisto*, Principles, 1957, S. 439 f. *Amotz Morag*, On Taxes and Inflation, New York 1965, S. 49 ff. *James E. Hibdon*, Price and Welfare Theory, London 1969, S. 84 f.

[13] Vgl. *Reder*, Welf. Ec. and Rationing, 1942, S. 155 ff.

[14] Vgl. *Morag*, On Taxes, 1965, S. 49 ff.

[15] Vgl. Anhang Abb. 4.

differenzkurve i_0 ist eindeutig die niedrigste von allen hier betrachteten. Die Einkommensteuer ist mit einem größeren Nutzenentgang verbunden als eine Verbrauchsteuer, die den Konsum des Gutes X gleich stark reduziert, sie hat also einen Wohlfahrtsverlust verursacht.

Das Argument ist schlüssig und mit der vorherigen Argumentation, nach der die selektive Verbrauchsteuer den Wohlfahrtsverlust verursacht, durchaus vereinbar. Allerdings sind die Annahmen über die Zielsetzung des Staates von den in dieser Untersuchung getroffenen sehr verschieden und wohl auch nicht sehr realistisch. Steuern, die lediglich den Konsum senken sollen, wobei das Steueraufkommen vernachlässigt wird, spielen u. U. in der politischen Argumentation eine gewisse Rolle (Alkoholsteuer, Kaffeesteuer, Zigarettensteuer), sind jedoch in der Realität äußerst selten.

Es sollen jedoch auch noch einige bisher nicht erwähnte restriktive Voraussetzungen des partiellen Gleichgewichtsmodells kurz angesprochen werden. Das auf dem hier dargestellten partiellen Gleichgewichtsmodell basierende Argument gegen die selektiven Verbrauchsteuern wird in zwei Stufen entwickelt. Zunächst werden die Auswirkungen selektiver und allgemeiner Steuern auf den einzelnen Konsumenten unter Vernachlässigung der Reaktionen der anderen Konsumenten geprüft. Wie z. B. *Davidson* gezeigt hat, ist dieser Nachweis der Mehrbelastung durch selektive Steuern auch für das einzelne Individuum nur schlüssig, wenn noch weitere stringente Annahmen getroffen werden[16].

In der zweiten Stufe der Argumentation wird von der Reaktion des einzelnen Individuums auf die Reaktion der Gesamtheit aller Individuen geschlossen und die Betrachtung auf die gesamte Volkswirtschaft ausgeweitet. Wie wohl unabhängig voneinander zuerst von *Rolph* und *Break*[17], *Little*[18] und *Friedman*[19] gezeigt wird, ist dies jedoch

16 Vgl. *Ralph K. Davidson,* The Alleged Excess Burden of an Excise Tax in the Case of an Individual Consumer, in: Rev. of Ec. Stud. Bd. 20 (1952/53), S. 209—215, passim. Die dabei notwendigen Qualifizierungen sind jedoch in gleicher Weise für das hier als Grundmodell C zu behandelnde allgemeine Gleichgewichtsmodell erforderlich und sollen daher erst später erörtert werden.

17 Vgl. *Earl R. Rolph* u. *George F. Break,* The Welfare Aspects of Excise Taxes, in: Journ. of Pol. Ec. Bd. 57 (1949), S. 46—54, abgedruckt in: Readings in the Econ. of Taxation, S. 110—122, S. 112.

18 Vgl. *I. M. D. Little,* Direct Versus Indirect Taxes, in: Econ. Journ. Bd. 61 (1951), S. 577—584, leicht verändert abgedruckt in: ders., Critique, 1957, S. 294 bis 306, und in: Readings in the Economics of Taxation, 1959, S. 123—131, S. 123 f. Es soll stets nach der letztgenannten Quelle zitiert werden.

19 *Milton Friedman,* The 'Welfare' Effects of an Income Tax and an Excise Tax, in: Journ. of Pol. Ec. Bd. 60 (1952), S. 25—38, korrigierte Fassung abgedruckt in: ders., Essays in Positive Economics, Chicago, London 1953, S. 100—113, S. 104 ff.

nicht ohne weiteres möglich. Die Preisgerade in Abb. 3 mag in der Individualbetrachtung die Budgetlinie, also alle dem Individuum zur Verfügung stehenden Güterkombinationen darstellen. Wird diese Betrachtung aber auf die Gesamtgesellschaft übertragen, so muß die offensichtlich unrealistische Annahme getroffen werden, daß die Gesellschaft beide Produkte mit konstanten Grenzkosten erstellen kann, daß also die gesellschaftliche Transformationskurve, die angibt, wieviel von einem Gut aufgegeben werden muß, damit das andere Gut erstellt werden kann, linear verläuft. Für eine allgemeingültige Aussage über die Wirkungen der Steuern auf die Volkswirtschaft erweist es sich also als notwendig, etwas näher auf die Produktionsverhältnisse einzugehen.

C. Das allgemeine Gleichgewichtsmodell

In der Vernachlässigung der Auswirkungen von Änderungen der Nachfrage auf die Produktion ist wohl die Hauptschwäche des partiellen Gleichgewichtsmodells zu sehen. Ansätze zur Berücksichtigung der Produktionskosten in der Erörterung finden sich schon bei *Meade*[1]. Die Bezugnahme *Hotellings* auf die Produktionskosten und die Vernachlässigung dieses Aspektes durch *Frisch* bildet wohl auch die eigentliche Grundlage der berühmten Econometrica-Kontroverse[2]. Zur Entwicklung eines allgemeinen Gleichgewichtsmodells kommt es jedoch erst bei *Rolph* und *Break*[3], *Little*[4] und *Friedman*[5].

Die Argumentation läßt sich gut in den Begriffen der neueren Wohlfahrtstheorie schildern[6]. Eine pareto-optimale Situation einer Volkswirtschaft ist dadurch gekennzeichnet, daß kein Individuum in eine bessere Situation kommen kann, ohne daß ein anderes in eine schlechtere gerät[7]. Sie ist, wie noch näher erläutert werden wird, erreicht,

---

[1] Vgl. *James Edward Meade,* An Introduction into Ecoonmic Analysis and Policy, Oxford 1936, S. 235 f.

[2] Die Econometrica-Kontroverse knüpft an den zitierten Artikel von *Hotelling* (Gen. Welfare 1938) an. Die weiteren Diskussionsbeiträge sind in chronologischer Ordnung. *Ragnar Frisch,* The Dupuit Taxation Theorem, in: Econometrica Bd. 7 (1939), S. 145—150, *Hotelling,* The Relation of Prices to Marginal Costs in an Optimum System, Bd. 7, S. 151—155, *Frisch,* A Further Note on the Dupuit Taxation Theorem, Bd. 7, S. 156—157, *Hotelling,* A Final Note, Bd. 7, S. 158—160.

[3] Vgl. *Rolph* u. *Break,* Welfare Aspects, 1949, S. 114 ff.

[4] Vgl. *Little,* Dir. versus Indir., 1951/59, S. 125 ff.

[5] Vgl. *Friedman,* Welfare Effects, 1952/1953, S. 106 ff.

[6] Die Formulierung der Mehrbelastungsproblematik als ein Problem der neueren Wohlfahrtstheorie findet sich wohl zuerst bei *Meade,* Introduction, 1936 S. 235 ff.

[7] Vgl. *Pareto,* Manuel d'économie politique, 1909/1966, S. 354.

wenn in der Volkswirtschaft alle Grenzraten der technischen und indifferenten Substitution untereinander und miteinander gleich sind[8].

Solange dies nicht der Fall ist, kann durch Reorganisation die Lage von mindestens einem Individuum verbessert werden, ohne daß sie sich für andere verschlechtert. Eine Mehrbelastung entsteht, wenn im Ausgangszeitpunkt das Paretooptimum erreicht ist und nun infolge der Steuer eine oder mehrere der für die Existenz des Paretooptimums notwendigen Marginalbedingungen nicht mehr erfüllt sind[9], die Volkswirtschaft also in eine suboptimale Situation gerät[10].

Da sie in der späteren Erörterung noch benötigt werden, sollen diese Marginalbedingungen hier kurz aufgezählt werden:

1. Wenn die Grenzrate der Substitution zweier Güter nicht für jedes Paar von Besitzern gleich ist, können beide Besitzer durch Austausch von Gütern ihr Wohlfahrtsniveau erhöhen.
2. Wenn die Grenzraten der Transformation bei der Produktion zweier Produkte nicht für alle Produzenten gleich sind, kann die Produktion eines Produktes gesteigert werden, ohne die Produktion irgendeines anderen zu verringern, indem die Produktion jedes Gutes zu dem Produzenten mit den „niedrigen Kosten" verlagert wird.
3. Wenn die physische Grenzproduktivität eines gegebenen Faktors bei der Erstellung eines gegebenen Produktes für zwei Produzenten nicht die gleiche ist, kann die bei einer gegebenen Faktormenge mögliche Gesamtproduktion dadurch gesteigert werden, daß der Faktor von dem Produzenten mit der niedrigen Produktivität zu dem mit der hohen umgeleitet wird.
4. Wenn die Grenzraten der Substitution zweier Faktoren bei der Erstellung eines Produktes bei zwei Produzenten nicht die gleichen sind, kann dieselbe Gesamtproduktion mit einem geringeren Faktoraufwand produziert werden, wenn jeder Faktor zu dem Produzenten umgeleitet wird,

---

[8] Vgl. z. B. *Kenneth E. Boulding,* Einführung in die Wohlfahrtsökonomik, in: Grundlagen der Wirtschaftspolitik, 1967, S. 77—109 (Übersetzung des amerik. Originals, Welfare Economics, in: *Bernard F. Haley* [Hrsg.], A Survey of Contemporary Economics, Homewood, Ill. 1952, Bd. 2, S. 1—34 von *Hans-Peter Sieweke)* S. 93 ff.

[9] Seit *Melvin W. Reder,* Studies in the Theory of Welfare Economics, New York u. a. 1947, S. 21 ff., werden gewöhnlich sieben dieser Marginalbedingungen explizit aufgeführt, doch ließe sich ihre Zahl, wie verschiedentlich gezeigt worden ist, nahezu beliebig erweitern.
Vgl. hierzu auch *Herbert Giersch,* Allgemeine Wirtschaftspolitik, Bd. 1, Grundlagen, Wiesbaden 1961, S. 106 ff., für die letzte Behauptung bes. S. 121.
Die hier angeführten Marginalbedingungen wurden bis auf die erste und siebente Bedingung wörtlich von *Boulding,* Einführung in die Wohlfahrtsökonomik, 1952/1967, S. 93—96 übernommen. Diese Grenzbedingungen sind allerdings nur als notwendige und nicht als hinreichende Bedingungen für die Erreichung eines paretianischen Optimums zu verstehen. Bedingungen, die als hinreichend gelten können, werden seit *Hicks* als Totalbedingungen bezeichnet. Siehe dazu *John Richard Hicks,* The Foundations of Welfare Economics, in: Ec. Journ. Bd. 49 (1939), S. 696—712, bes. S. 704.

[10] Vgl. dazu wieder *Reder,* Studies, 1947, S. 188.

bei dem die Grenzrate der Substitution dieses Faktors am kleinsten ist.

5. Wenn die Grenzrate indifferenter Substitution irgendeines Konsumenten für zwei Güter nicht gleich der Grenzrate der Transformation dieser Göter bei der Produktion ist, kann man den Konsumenten besserstellen durch Verlagerung der Produktion zu einem Gut, das die größere Grenzrate äquivalenten Faktorverbrauchs in der Produktion hat.
6. Wenn die Grenzentlohnung eines Faktors die Grenzrate der Substitution von Nutzung durch Entlohnung übersteigt, wird die Nutzung des Faktors gesteigert werden.
7. Wenn die Grenzrate der indifferenten zeitlichen Substitution (Zeitpräferenz) für die Individuen nicht gleich den Grenzraten der zeitlichen Substitution in der Produktion (der eigenen Grenzrate des Ertrages) für jedes Gut ist, können die Individuen durch intertemporale Substitution von Gütern ihr Wohlfahrtsniveau erhöhen.

Die Zahl der notwendigen Prämissen bei der Herleitung des Paretooptimums ist äußerst umfangreich. Ihre ausführliche Behandlung kann, wie z. B. *Graaff* gezeigt hat[11], der Gegenstand einer, zweifellos sehr wichtigen, selbständigen Untersuchung sein. Im Rahmen dieser Betrachtung können jedoch nur einige der wichtigsten Annahmen erwähnt und, bei der Kritik des Modells, kurz kritisch beleuchtet werden.

Bei der Erörterung von Mehrbelastungen wird in erster Linie auf Verstöße gegen die fünfte Marginalbedingung Bezug genommen und nachgewiesen, daß durch die Besteuerung die Grenzrate indifferenter Substitution und die Grenzrate der Transformation voneinander unterschiedliche Werte annehmen können. Diese Zusammenhänge lassen sich wieder anhand einer graphischen Darstellung verdeutlichen (vgl. Anhang Abb. 5).

Es wird eine geschlossene Zwei-Güter-Wirtschaft unterstellt. Alle Faktoren sind und bleiben vollbeschäftigt, womit impliziert ist, daß sie beliebig teilbar und völlig mobil sind. Das Faktorangebot soll zunächst als konstant angenommen werden. Auf allen Märkten herrscht vollkommene Konkurrenz. Auf der Abszisse in Abb. 5[12] wird die privat verfügbare Menge des Gutes *X*, auf der Ordinate die privat verfügbare Menge an *Y* abgetragen. Die Transformations- oder Produktionsmöglichkeitskurve *AB* gibt an, welche Kombinationen der beiden Güter für den privaten Sektor[13] maximal hergestellt werden können.

Weiter wird angenommen, daß es ein System sich nicht schneidender sozialer Indifferenzkurven gibt[14]. In der älteren Wohlfahrtstheorie, die

---

[11] Vgl. *Johannes de Villiers Graaff*, Theoretical Welfare Economics, Cambridge 1957, passim.

[12] Die Zeichnung wurde bei *Musgrave*, Finanztheorie, 1959/1969, S. 122 entnommen.

[13] Für eine etwas nähere Betrachtung der hier implizierten, recht problematischen Annahme konstanter Staatsausgaben siehe oben Kap. II und unten Kap. IV A.

[14] Für die Problematik der Konstruktion sozialer Indifferenzkurven siehe

davon ausgeht, daß der individuelle Nutzen kardinal meßbar ist, würde die Ermittlung sozialer Indifferenzkurven kein grundlegendes Problem darstellen[15]. Wird dagegen, wie in der neueren (paretianischen) Wohlfahrtstheorie, der individuelle Nutzen als lediglich ordinal meßbare Größe betrachtet[16], so ist eine derartige Addition nicht möglich[17]. Alle dann mit der Ermittlung sozialer Indifferenzkurven verbundenen Schwierigkeiten können vermieden werden, wenn die später noch eingehend zu diskutierende zusätzliche Annahme getroffen wird, daß alle Individuen in bezug auf Geschmack, Einkommen und Faktorausstattung identisch sind. Dann könnte aus den individuellen Indifferenzkurvensystemen ein System sich nicht schneidender sozialer Indifferenzkurven hergeleitet werden.

„Identische und homogene individuelle Indifferenzkurven würden eine eindeutige Reihe sich nicht schneidender gesellschaftlicher Indifferenzkurven ergeben. Unabhängig von der Art und Weise, in der die individuellen Kurven kombiniert werden, würde zu einem gegebenen Warenkorb nur eine Kurve gehören[18]."

Im Ausgangszeitpunkt soll eine Einkommensteuer erhoben werden. Das Gleichgewicht hat sich im Tangentialpunkt E der Transformationskurve AB und der höchsten erreichbaren sozialen Indifferenzkurve i_2 eingestellt. Damit ist die Grenzrate der technischen Substitution (Steigung der Transformationskurve) gleich der Grenzrate der indifferenten Substitution (Steigung der Indifferenzkurve). Durch den Punkt E wird auch das Preisverhältnis, zu dem die beiden Güter getauscht werden, bestimmt. Die Preisgerade CD durch E ist gleichzeitig Tangente zur

---

bes. *Wolfgang F. Stolper*, A Method of Constructing Community Indifference Curves, in: Schw. Zeitschr. f. Volksw. u. Stat., Bd. 86 (1950), S. 150—157; *Paul Anthony Samuelson*, Social Indifference Curves, in: Quart. Journ. of Ec., Bd. 70 (1956), S. 1—22; *Pahlke*, Welfare Economics, 1960, S. 70 ff.; *Klaus Rose*, Theorie der Außenwirtschaft, 3. Aufl., Berlin, Frankfurt 1970, S. 298 ff.

Für den Hinweis darauf, daß ohne eine Möglichkeit soziale Situationen nach ihrer Erwünschtheit zu ordnen also ohne eine soziale Präferenzfunktion jede rationale Politik unmöglich wird vgl. auch die Untersuchung sozialer Nutzenfunktionen bei: *Wilhelm Krelle* unter Mitarbeit von *Dieter Coenen*, Präferenz- und Entscheidungstheorie, Tübingen 1968, S. 85 ff.

15 Allerdings ist die Indifferenzkurvenanalyse in erster Linie als Instrument der ordinalen Nutzenmessung entwickelt worden. In der älteren Wohlfahrtstheorie, die den Nutzen für kardinal meßbar hält, wird nicht mit Indifferenzkurven gearbeitet, sondern mit Gütermengen.

16 Vgl. dafür z. B. *Pahlke*, Welfare Economics, 1960, S. 26 ff. und *Jochimsen*, Ansatzpunkte der Wohlstandsökonomik, 1961, S. 27.

17 Für eine nähere Untersuchung der Schwierigkeiten bei einer solchen Summation vgl. z. B. *Elisabeth Lauschmann*, Grundlagen, Grenzen und Entwicklungsmöglichkeiten der Welfare Economics, in: *Erwin von Beckerath* und *Herbert Giersch* (Hrsg.), Probleme der normativen Ökonomik und der wirtschaftspolitischen Beratung, Schriften des Vereins für Socialpolitik N. F., Bd. 29, Berlin 1963, S. 99—128, S. 110 f. und die dort angeführte Literatur.

18 *Mishan*, Überblick über die Wohlfahrtsökonomik, 1960/67, S. 166, Fußnote 68.

Transformationskurve und zur Indifferenzkurve i_2. Das Preisverhältnis ist also für Produzenten und Konsumenten gleich.

Nun soll dasselbe Steueraufkommen durch eine Verbrauchsteuer auf Gut *X* aufgebracht werden. Da damit dem Staat nach wie vor die gleiche Menge der einzelnen Güter zur Verfügung gestellt werden soll, muß auch den Privaten die durch die gleiche Netto-Transformationskurve[19] bestimmte Gütermenge wie vorher zur Verfügung stehen. Der neue Gleichgewichtspunkt muß also wieder auf der Produktionsmöglichkeitskurve *AB* liegen.

Nun wird jedoch das Preisverhältnis der beiden Güter durch die Steuer auf Gut *X* verändert. Der Bruttopreis, den die Konsumenten für das Gut *X* bezahlen, ist um die Steuer höher als der Nettopreis, den die Produzenten erhalten. Bei der hier angenommenen normalen Form der Indifferenzkurven reagieren die Konsumenten auf die Verteuerung des Gutes *X* mit einer Substitution von *X* durch *Y*. Entsprechend führt bei der hier angenommenen Steigung der Transformationskurve, der die Annahme mit der Ausbringungsmenge eines Gutes steigender Grenzkosten zugrunde liegt, die technische Substitution von *X* durch *Y* zu einer Senkung des Nettopreises von *X*. Es wird weniger *X* hergestellt, womit das Gut in der Erzeugung billiger wird, während mehr *Y* hergestellt wird, womit sich die Erzeugung dieses Gutes verteuert. Die Nettopreisgerade der Produzenten *KF*, die das Verhältnis der Grenzkosten angibt, wird als flacher, während die Bruttopreisgerade der Konsumenten *GH* steiler werden muß, solange die Produzenten die Steuer nicht völlig alleine tragen. In jedem Fall weichen die beiden Preisgeraden voneinander ab.

Das neue Gleichgewicht stellt sich in einem Punkt wie *L* ein, der links von *E* und auf der Transformationskurve *AB* liegt, die dort von einer niedrigeren Indifferenzkurve, hier i_1, geschnitten wird. Die Grenzrate der technischen Substitution, bestimmt durch das Verhältnis der für die Produzenten gültigen Nettopreise, ist nicht mehr gleich der Grenzrate der indifferenten Substitution, die durch das Verhältnis der für die Konsumenten gültigen Marktpreise bestimmt wird.

Die Verbrauchsteuer auf das Gut *X* hat also die Volkswirtschaft von der paretooptimalen Situation entfernt und damit eine Mehrbelastung verursacht.

Es kann gezeigt werden, daß die Höhe der Mehrbelastung zunimmt, je stärker das besteuerte Gut substituiert wird, denn um so weiter

[19] Die Netto-Transformationskurve wird durch Subtraktion der konstanten Menge der vom Staat beanspruchten Güter von der gesellschaftlichen Transformationskurve gewonnen. Die Implikationen dieser Annahme konstanter Staatseinnahmen und -ausgaben sollen im Anschluß an die Darstellung des Grundmodells etwas eingehender erörtert werden Kap. IV, A.

wird der neue Gleichgewichtspunkt L vom Optimalpunkt E entfernt sein[20]. Die Mehrbelastung ist also um so größer, je steiler die Indifferenzkurven und je flacher die Transformationskurve im relevanten Bereich ist. Kann ein Gut gar nicht substituiert werden, ist also die maximale Produktionsmenge der Güter fest vorgegeben (rechtwinklige Transformationskurve) oder die Nachfrage bei gegebenem Einkommen unabhängig von den relativen Preisen (rechtwinklige Indifferenzkurve), so wirkt eine Verbrauchsteuer auf dieses Gut wie eine Einkommensteuer und verursacht keine Mehrbelastung[21]. *Marshalls* Forderung, Verbrauchsteuern, wenn überhaupt, dann nur auf Güter mit starrer Nachfrage[22] zu legen, erfährt so eine neue Begründung.

Als Ergebnis kann also vorläufig festgehalten werden, daß eine Mehrbelastung nur von Steuern verursacht wird, die einzelne Güter stärker belasten als andere und damit eine Substitution dieser besteuerten Güter durch weniger stark besteuerte auslösen. Dies ist der Fall, wenn die Steuer ‚speziell'[23] ist, also im Gegensatz zur ‚allgemeinen' Steuer

---

20 Wie *Head* und *Shoup* zeigen, gilt diese Behauptung allerdings nur für nicht prohibitive Steuern. Im Rahmen des Konzepts der Konsumentenrente (Grundmodell A) argumentierend weisen sie darauf hin, daß die Höhe der Konsumentenrente mit Zunahme der Substitutionsmöglichkeiten abnimmt und damit auch, wenn der Verbrauch nicht weiter reduziert werden kann, der Verlust an Konsumentenrente durch die Steuer. Anders gesagt, der Verlust durch eine den Verbrauch völlig verhindernde Steuer ist geringer, wenn es gute Substitutionsmöglichkeiten gibt. Vgl. *J. G. Head* u. *Carl S. Shoup*, Excess Burden: The Corner Case, in: Am. Ec. Rev. Bd. 59 (1969), S. 181—183, passim.

Dieser Fall ist jedoch für die hier angestellte Betrachtung der Wirkungen von Steuern gleichen Ertrages nicht weiter interessant — Prohibitivsteuern erbringen ex definitione keine Erträge und können daher in dieser Hinsicht nicht mit anderen Steuern verglichen werden — er soll daher nicht näher untersucht werden.

Für eine umfassende Untersuchung der Bedeutung von Eck-Lösungen in der Wohlfahrtstheorie vgl. z. B. *William J. Baumol*, Welfare Economics and the Theory of the State, with a New Introduction: Welfare and the State Revisited, London 1965, S. 9 ff. und die dort angeführte Literatur.

21 Vgl. dazu auch *U. K. Hicks*, Fin. of Brit. Gov., 1938, S. 253. *Haskell Philip Wald*, The Classical Indictment of Indirect Taxation, in: Quart. Journ. of Ec. Bd. 59 (1944/45), S. 577—596, S. 594 ff. Für eine graphische Darstellung dieser Beziehungen vgl. *Leif Johansen*, Public Economics, Amsterdam 1965, S. 303 ff.; *Woll*, Volkswirtschaftslehre, 1969, S. 109.

22 Vgl. *Marshall*, Principles, 1920, S. 387. Siehe auch oben Kap. III, A.

23 Der Ausdruck ‚speziell' wird hier gewählt, um den Gegensatz zu ‚allgemein' besonders hervortreten zu lassen. In der deutschen *Musgrave*-Übersetzung findet sich in diesem Zusammenhang der Ausdruck ‚diskriminierend' (Finanztheorie, 1959/1969, S. 306 ff.). Von *Musgrave* werden im Original „general taxes" und „discriminatory taxes" unterschieden. (Vgl. z. B. On Incidence, 1953, S. 307 ff., Publ. Fin., 1959, S. 357 ff.) Im Englischen werden auch die Begriffe ‚differential', ‚selective' und ‚partial' statt ‚discriminatory' verwandt. (Vgl. z. B. *J. E. Stiglitz* und *P. Dasgupta*, Differential Taxation, Public Goods, and Economic Efficiency, in: Rev. of Ec. Stud. Bd. 38 (1971), S. 151—174, S. 151.) Kolms verwendet den Begriff ‚partiell' (*Heinz Kolms*, Finanzwissenschaft, Bd. 2 Erwerbseinkünfte, Gebühren und Beiträge, Allgemeine Steuerlehre, 3. Aufl., Berlin 1966, S. 86 f.).

nicht alle, sondern nur einzelne Güter belastet. Zur Erläuterung der in der ‚excess-burden'-Diskussion häufig vertretenen Faustregel, daß spezielle Steuern zu vermeiden sind, da sie eine Mehrbelastung verursachen, ist jedoch noch eine nähere Untersuchung des Begriffes ‚spezielle Steuer' erforderlich.

Wenigstens drei Kriterien sind denkbar, um spezielle und allgemeine Steuern zu unterscheiden: Zunächst einmal kann gesagt werden, daß eine Steuer speziell ist, wenn sie nur ein einziges Gut belastet und zunehmend allgemeiner wird, je mehr Güter der Steuer unterworfen werden. Dieses Einteilungskriterium stellt also auf die Zahl der besteuerten Güter ab. Auch abgesehen von den Schwierigkeiten der Feststellung, wann es sich um Einheiten *eines bestimmten* Gutes handelt, und wann um *verschiedene* Güter, ist dieses Einteilungskriterium für die hier angestellte Betrachtung nicht zweckmäßig. Zwar läßt sich sagen, daß eine Steuer auf z. B. 10 000 Güter wahrscheinlich weniger zu einer Substitution führen wird als eine Steuer auf z. B. 10 Güter, weil wahrscheinlich weniger unbesteuerte Substitutionsgüter zur Verfügung stehen dürften. Jedoch kommt es entscheidend darauf an, in welcher Beziehung die einzelnen Güter zueinander stehen. Eine Steuer auf die 10 000 Erzeugnisse einer ausländischen Arzneimittelfirma, deren Produkte sich von den inländischen fast nur durch den Namen unterscheiden, wird z. B. wesentlich stärkere Substitutionswirkungen auslösen als eine Steuer auf die zehn einzigen auf dem Markt erscheinenden Insulinpräparate, die das gleiche Aufkommen erbringt. Wichtig ist also nicht nur die Zahl der unbesteuert bleibenden Substitutionsgüter, sondern auch der Grad ihrer Eignung als Substitutionsgüter.

Ein zweites denkbares Einteilungskriterium stellt auf die Bedeutung der besteuerten Güter im Budget der Individuen ab. Eine Steuer ist speziell, wenn der Steuerträger nur einen sehr kleinen Teil seines Einkommens für die besteuerten Güter verwendet, sie wird zunehmend allgemeiner, je größer der Teil des Einkommens ist, den der Steuerträger auf den Kauf der besteuerten Güter verwendet. Auch dieses Einteilungskriterium ist in dem *hier* zu untersuchenden Zusammenhang nicht brauchbar. Zwar läßt sich auch hier wieder argumentieren, daß eine Steuer auf ein Gut, für das nur wenig bezahlt wird, kaum nennenswerte Substitutionswirkungen auslösen dürfte, da den meisten Individuen die Suche nach Alternativgütern nicht der Mühe wert ist, daß rationales Konsumentenverhalten, verstanden als Streben nach Maximierung des Gesamtnutzens aller auf dem Markt zu erwerbenden Güter, erst oberhalb einer gewissen Reizschwelle des von einer Verhaltensänderung zu erwartenden Nutzenzuwachses einsetzt. Jedoch ist es auch hier wieder entscheidend, in welcher Beziehung die einzelnen Güter zueinander stehen. Die Steuer auf ein geringwertiges Gut, das mit nahen Substitutionsgütern in Konkurrenz steht, wird eher zu Substitutionswirkungen führen als eine Steuer auf ein sehr teures Gut, für das keine nahen Substitutionsgüter existieren.

Hier soll also ein drittes Unterscheidungskriterium zugrunde gelegt werden, nach dem eine Steuer um so allgemeiner ist, je weniger Substitutionsgüter unbesteuert zur Verfügung stehen. Die für die Stärke der Mehrbelastung entscheidende Höhe der zu erwartenden Substitutionswirkungen geht also direkt in die Definition mit ein.

Bei dieser Definition der Begriffe kann gesagt werden, daß die allgemeinen Steuern den speziellen überlegen sind, da letztere eine Mehrbelastung verursachen. Dieses Argument der Überlegenheit der allgemeinen über die speziellen Steuern wird häufig auch als Argument der Überlegenheit der (allgemeinen) Einkommensteuer über die (spezielle) Verbrauchsteuer verstanden. Dieser Gegensatz Einkommensteuer—Verbrauchsteuer wiederum wird oft mit dem Gegensatz direkte—indirekte Steuern identifiziert. Im Rahmen der ‚excess-burden'-Diskussion ist das Argument für allgemeine Steuern und gegen spezielle Steuern mit den Argumenten für (direkte) Einkommensteuern und gegen (indirekte) Verbrauchsteuern identisch. Die drei Argumente unterliegen denselben Einschränkungen und sollen daher im folgenden nicht mehr unterschieden werden. Es wird jedoch noch eingehend zu prüfen sein, inwieweit die Einkommensteuern in der Realität als allgemeine und inwieweit die Verbrauchsteuern als spezielle Steuern bezeichnet werden können.

IV. Erweiterungen und Qualifizierungen

A. Zur Annahme konstanter Staatsausgaben

Die Wirkung einer neu eingeführten Steuer wird maßgeblich davon mitbestimmt, wie der Staat die zusätzlichen Einnahmen verwendet. In der eben dargestellten Argumentation wird diese Problematik vermieden, indem angenommen wird, daß die mit der ursprünglichen Einführung einer Steuer eingetretene Ausgabenänderung bereits berücksichtigt worden ist und im Untersuchungszeitraum lediglich die Wirkungen geprüft werden, die eintreten, wenn die bestehende Steuer bei konstanten Staatsausgaben durch eine andere Steuer gleichen Ertrages ersetzt wird. Diese Annahme konstanter Staatsausgaben bzw. konstanter mengenmäßiger Güternachfrage führt zu dem Problem, wie die in Abb. 5 dargestellte Transformationskurve zustande kommt, und wie etwa berücksichtigt werden kann, daß der Staat ja auch als Nachfrager der besteuerten Güter auftreten kann[1]. Es soll daher kurz angesprochen werden, wie eine Änderung der Staatsausgaben in dem als Grundmodell C bezeichneten allgemeinen Gleichgewichtsmodell berücksichtigt werden kann. Dies kann wieder anhand einer graphischen Darstellung erläutert werden[2].

Abb. 6[3] beschreibt dasselbe Modell wie Abb. 5. Auf der Abszisse werden also wieder die Mengen des Gutes X, auf der Ordinate die Mengen des Gutes Y abgetragen. Vor Einführung einer Steuer hat sich das Gleichgewicht im Tangentialpunkt E_0 der gesellschaftlichen Produktionsmöglichkeits- oder Transformationskurve mit der höchsten erreichbaren sozialen Indifferenzkurve eingestellt. Durch diesen Gleichgewichtspunkt wird auch das Preisverhältnis der beiden Güter, dargestellt durch die Steigerung der Preisgeraden TS bestimmt. Mit der Einführung einer Steuer, die vom Staat wieder verausgabt wird, stehen den Privaten weniger Güter zur Verfügung. Der Einfachheit halber soll hier angenommen werden, daß der Staat auf jeden Fall die neuen Einnahmen für den Erwerb von BP Einheiten des Gutes X verwenden

[1] Vgl. für eine eingehende Behandlung dieser Problematik z. B. *Musgrave*, Finanztheorie, 1959/1969, S. 124 ff., S. 136 ff., *James M. Buchanan*, Comparative Tax Analysis and Economic Methodology, in: ders., Fiscal Theory and Political Economy, Selected Essays, Chapel Hill 1960, S. 151—169, S. 155 ff.

[2] Vgl. Anhang Abb. 6.

[3] Abb. 6 wurde *Musgrave*, Finanztheorie, 1959/1969, S. 125 entnommen.

wird. An den gesellschaftlichen Produktionsmöglichkeiten kann durch eine solche Maßnahme nichts geändert werden. Für die Privaten ist jetzt jedoch nur noch eine um *BP* an *X* verminderte Produktionsmöglichkeitskurve *AB*, die als Netto-Produktionsmöglichkeitskurve bezeichnet werden kann[4], relevant. Sie gibt an, welche Mengen an *X* und *Y* von den Privaten nun noch erworben werden können.

Das neue Gleichgewicht wird in einem Punkt erreicht. in dem die Netto-Produktionsmöglichkeitskurve *AB* die höchste nun noch erreichbare Indifferenzkurve tangiert. Das mag der Punkt E_1 sein, in dem die Konsumenten lediglich auf die *BP*-Einheiten des Gutes *X* verzichten und die Nachfrage nach *Y* unverändert bleibt. Das Preisverhältnis bleibt dann in diesem Fall genau erhalten. Es kann aber auch der Punkt E'_1 (das Preisverhältnis p_y/p_x steigt) oder E''_1 (das Preisverhältnis p_y/p_x fällt) sein. In welchem Punkt das neue Gleichgewicht sich einstellt, ist abhängig von der Form des Indifferenzkurvensystems, der Form der gesellschaftlichen Produktionsmöglichkeitskurve und der Verwendung der Staatseinnahmen, wodurch der Verlauf der Netto-Produktionsmöglichkeitskurve mit bestimmt wird.

Es soll an dieser Stelle jedoch festgehalten werden, daß die Veränderung der Preisverhältnisse, die, wie eben gezeigt wurde, auch in diesem Modell von einer Einkommensteuer verursacht werden kann, noch nicht zu einer Mehrbelastung führt. Diese tritt erst auf, wenn für verschiedene Gruppen verschiedene Preisverhältnisse gelten.

Die Bewegung zum Gleichgewicht kann zur Verdeutlichung als Ablauf zweier sukzessiver Anpassungsprozesse beschrieben werden. Zunächst müssen die Privaten auf die vom Staat erworbene Gütermenge verzichten (Bewegung von E_0 nach E_1). Wird in E_1 keine Indifferenzkurve tangiert, können sie ihre Situation durch Substitution verbessern. Es folgt eine Bewegung auf *AB* bis zur höchsten nun noch erreichbaren Indifferenzkurve. Der Punkt *E* in Abb. 5 soll einen solchen Gleichgewichtspunkt darstellen.

Mit diesen beiden Anpassungsprozessen ist die Wirkung einer Einkommensveränderung der Privaten berücksichtigt. Wird nun außerdem noch eines der Güter steuerlich relativ *stärker* belastet und daher relativ teurer, so wird noch eine Substitution dieses Gutes erfolgen. In der Theorie des Konsumentenverhaltens wird hier ein Einkommens- und ein Substitutionseffekt unterschieden. Da diese Unterscheidung auch in der weiteren Untersuchung mehrfach von Bedeutung ist, soll sie hier etwas ausführlicher dargestellt werden[5]. Der Einfachheit halber

---

4 *Harberger* (Taxation, 1964) spricht von einer „private-sector expenditures frontier“ (S. 31).

5 Vgl. für die ganze Erörterung z. B. *Friedman*, Price Theory, 1962, S. 49 ff.

sollen die (durch Introspektion) leichter erfaßbaren Reaktionen der einzelnen Individuen anhand des partiellen Gleichgewichtsmodells für die Erklärung herangezogen werden.

Wird einem Individuum Einkommen entzogen, so wird es von dem gerade untersuchten Gut weniger kaufen, wenn es sich um ein normales Gut handelt. Es wird mehr kaufen, wenn es sich um ein inferiores Gut handelt. Diese Reaktion wird als der Einkommenseffekt bezeichnet.

Wird ein Gut für ein Individuum teurer und bleibt sein Realeinkommen dabei konstant, so wird das Individuum von dem teurer gewordenen Gut weniger und von den jetzt relativ billiger gewordenen Substitutionsgütern mehr kaufen. Diese Reaktion wird als der Substitutionseffekt bezeichnet.

Es ist wichtig, darauf hinzuweisen, daß der Substitutionseffekt auf jeden Fall zu einer Reduktion der Nachfrage nach dem teurer gewordenen Gut führt. Er mag bei inferioren Gütern durch einen entgegengesetzten Einkommenseffekt teilweise kompensiert oder bei ‚superinferioren' Gütern, im sogenannten Giffen-Fall, sogar überkompensiert werden, wirkt jedoch stets in die gleiche Richtung.

Problematisch bei dieser Unterscheidung von Einkommens- und Substitutionseffekt ist jedoch, daß die Erhöhung des Preises eines Gutes nicht nur über eine Veränderung der relativen Preise einen Substitutionseffekt auslöst, sondern über die Erhöhung des Preisniveaus (ein gewogener Durchschnitt, in den auch der erhöhte Preis des betrachteten Gutes eingeht) auch eine Senkung des Realeinkommens. Es wird also auch ein Einkommenseffekt ausgelöst. Einkommens- und Substitutionseffekt treten fast immer gemeinsam auf und lassen sich nur schwer isolieren. In der Literatur werden hauptsächlich zwei Ansätze dafür erörtert, die wieder anhand einer Zeichnung erläutert werden sollen[6].

In Abb. 7 sind wie in Abb. 3 auf der Abszisse die Mengen des Gutes *X*, auf der Ordinate die Mengen des Gutes *Y* abgetragen. Preisverhältnis der beiden Güter und Realeinkommen des Individuums im Ausgangszeitpunkt sind wieder mit Steigung und Abstand der Preisgeraden oder Budgetlinie *CB* vom Ursprung bestimmt. Das Gleichgewicht im Ausgangszustand stellt sich im Tangentialpunkt *E* der Budgetlinie mit der höchsten erreichbaren Indifferenzkurve i_3 ein. Nun soll der Preis des Gutes *X* erhöht werden.

Es erfolgt eine Drehung der Preisgeraden und Budgetlinie nach links zum Ursprung von *CB* nach *CG*. Entsprechend seiner Präferenzstruktur

---

und *Richard A. Bilas*, Microeconomic Theory: A Graphical Analysis, New York u. a. 1967, S. 67 ff.

[6] Vgl. Anhang Abb. 7.

kauft das Individuum im Gleichgewicht nun nicht mehr die Menge x_E des Gutes *X*, sondern nur noch x_S. Es werden weniger Güter gekauft, und es wird das Gut *X* durch das Gut *Y* substituiert. Um die einzelnen Effekte zu isolieren, wird nun angenommen, daß dem Individuum der Einkommensentgang ersetzt wird, also nur noch die Änderung des Preisverhältnisses wirksam wird.

Diese Erhöhung des Einkommens kommt in einer Parallelverschiebung der Budgetlinie zum Ausdruck. Dabei gibt es zwei alternative Definitionen des Realeinkommens. Nach *Slutsky* ist das alte Realeinkommen wieder erreicht, wenn das Individuum theoretisch wieder in der Lage wäre, das Güterbündel des Ausgangszustandes zu kaufen[7]. Die Budgetlinie muß dann durch den Punkt *E*, den Gleichgewichtspunkt des Ausgangszustandes, verlaufen. Da jetzt jedoch ein anderes Preisverhältnis besteht, würde das Individuum dieses Güterbündel nicht mehr präferieren, sondern das teurer gewordene Gut *X* durch das billiger gewordene Gut *Y* substituieren. Das neue Gleichgewicht stellt sich dann in E_S, dem Tangentialpunkt der neuen Budgetlinie mit der nun höchsten Indifferenzkurve i_4 ein. Die Verminderung der gekauften Menge an *X* von x_E auf x_{E_S} ist nach *Slutzky* der Substitutionseffekt, die weitere Verminderung von x_{E_S} auf x_S ist der Einkommenseffekt.

Bei der *Slutsky*-Methode wird das Realeinkommen mit einem am Güterbündel des Ausgangszustandes orientierten Preisindex ermittelt. Da im neuen Gleichgewichtszustand jedoch relativ weniger des teuren Gutes *X* und relativ mehr des billigen Gutes *Y* gekauft wird, kann mit einem nach dieser Definition konstanten Realeinkommen ein höheres Nutzenniveau (im Beispiel die Indifferenzkurve i_4) erreicht werden.

Im Gegensatz dazu wird von *Hicks* das Realeinkommen am Güterbündel des jeweiligen Endzustandes bzw. am von diesem Güterbündel bewirkten Nutzen definiert[8]. Das Realeinkommen ist konstant geblieben, wenn das gleiche Nutzenniveau wieder erreicht wird. Im Beispiel von Abb. 7 bedeutet das eine Parallelverschiebung der Budgetlinie *CG* bis zu einem Punkt E_H, in dem sie die Indifferenzkurve des Ausgangszustandes i_3 tangiert. Nach *Hicks* ist der Substitutionseffekt also die Verminderung der gekauften Menge *X* von x_E auf x_{E_H} und der Einkommenseffekt die weitere Verminderung von x_{E_H} auf x_S.

---

[7] Vgl. dazu *Eugen E. Slutsky*, Zur Theorie des Verbraucherbudgets (Übersetzung des italien. Originals, Sulla teoria del bilancio del consumatore, in: Giornale degli economisti, Bd. 51 [1915], S. 1—26 von *Gisela Fischer*) in: *Alfred Eugen Ott* (Hrsg.), Preistheorie, Köln, Berlin 1965, S. 87—116, S. 101 f.

[8] Vgl. *John Richard Hicks* und *Roy G. D. Allen*, Eine erneute Betrachtung der Werttheorie (Übersetzung des engl. Originals, A Reconsideration of the Theory of Value, in: Economica NS Bd. 1 (1934), Teil I S. 52—76, Teil II S. 196—219 von *Hans-Jürgen Schmitt*) in: Preistheorie, 1965, S. 117—161, Teil I von *J. R. Hicks*, S. 125 ff.

Bei der hier angestellten Untersuchung der unterschiedlichen Wirkungen von Steuern gleichen Ertrages ist die in der Literatur eigentlich weniger gebräuchliche Definition des Einkommens- und Substitutionseffektes nach *Slutsky* günstiger. An einer weiteren zeichnerischen Darstellung kann dies verdeutlicht werden[9].

Abb. 8 beschreibt dasselbe System wie Abb. 3 und Abb. 7. Nach Einführung einer Steuer auf das Gut X steigt der Preis von X und das Realeinkommen des Individuums geht zurück. Die Preisgerade und Budgetlinie dreht sich nach links zum Ursprung von CB nach CG; das neue Gleichgewicht stellt sich in S, dem Tangentialpunkt der neuen Budgetlinie mit der höchsten nun noch erreichbaren Indifferenzkurve i_1 ein.

Der Einkommenseffekt wird durch die Senkung des Realeinkommens, der Substitutionseffekt durch die Änderung des Preisverhältnisses der beiden Güter ausgelöst. Die beiden Effekte müssen sich also auch isolieren lassen, wenn statt des Realeinkommens zunächst das Preisverhältnis unverändert gelassen wird. Eine Reduzierung des Realeinkommens kommt bei konstantem Preisverhältnis in einer Parallelverschiebung der Budgetlinie zum Ausdruck.

In der Definition von *Slutsky* bedeutet die Reduzierung des Realeinkommens auf das Niveau des Endzustandes S ohne Veränderung des Preisverhältnisses eine Parallelverschiebung der Budgetlinie von CB zu FD durch den Punkt S. Auf jedem Punkt dieser Budgetlinie FD ist der Konsument gezwungen, auf Güter im selben Wert wie im Punkt S zu verzichten. Die Parallelverschiebung von CB zu FD verursacht in der Verminderung der Nachfrage nach X von x_E auf x_{S_S} den Einkommenseffekt, die Veränderung des Preisverhältnisses verursacht durch die Bewegung auf FD bis S mit einer Verminderung der Käufe von X von x_{S_S} auf x_S den Substitutionseffekt. Erst durch die Bewegung von S_S zu S, auf der Nettobudgetlinie FD, also mit dem Substitutionseffekt, wird eine Mehrbelastung ausgelöst. Ohne weitere Senkung des Realeinkommens à la *Slutsky* kommt das Individuum von der Indifferenzkurve i_2 auf die niedrigere Kurve i_1.

In der Definition von *Hicks* bedeutet die Reduzierung des Realeinkommens auf das Niveau des Endzustandes S, wenn das Preisverhältnis aufrechterhalten bleiben soll, eine Parallelverschiebung der Budgetlinie von CB bis zur Linie $F'D'$, die eine Tangente zu der im Endzustand S tangierten Indifferenzkurve i_1 darstellt. Der gleiche Verlust an Realeinkommen wird als die Senkung des Nutzenniveaus auf die gleiche Indifferenzkurve verstanden. Mit der Parallelverschiebung

[9] Vgl. Anhang Abb. 8.

der Budgetlinie nach *F'D'* wird als Reduzierung der Nachfrage nach *X* von x_E zu x_{S_H} der Einkommenseffekt ausgelöst. Die Änderung des Preisverhältnisses bewirkt als Substitutionseffekt eine weitere Reduzierung von x_{S_H} auf x_S.

Auch hier läßt sich die Mehrbelastung als Folge des Substitutionseffektes interpretieren. Mit der Substitution von *X* durch *Y*, der Bewegung von S_H nach *S*, nimmt das Individuum Güterkombinationen in Anspruch, die nach dem alten, ‚unverzerrten' Preisverhältnis immer teurer werden, ohne dadurch auf ein höheres Nutzenniveau zu gelangen. Hier handelt es sich offensichtlich um *Barones* Darstellung der Mehrbelastung, wo gezeigt wird, daß ein Wohlfahrtsverlust für die Volkswirtschaft auftritt, wenn der Staat das Steueraufkommen erhöhen könnte (im Beispiel etwa von *DB* an *X* auf *D'B*), ohne daß die Individuen dadurch einen Nutzenentgang erleiden (sie bleiben auf i_1)[10].

Um die Übersichtlichkeit der Argumentation nicht zu gefährden, wird in dieser Untersuchung durchweg mit konstanten Staatseinnahmen und daher auch mit konstanten Realeinkommensminderungen der Individuen in Form eines Verzichts auf Güter wie bei *Slutsky* und nicht eines Verzichts auf Nutzen wie bei *Hicks* gerechnet.

Abschließend soll noch erwähnt werden, daß die am Anfang dieses Abschnittes (Kap. IV, A) getroffene Annahme, der Staat beziehe eine konstante Menge nur eines Gutes, lediglich zur Vereinfachung der Darstellung dient. Sie könnte ohne eine Auswirkung auf das Ergebnis der Betrachtung fallengelassen werden[11].

In Abb. 9 wird die Reduktion der gesellschaftlichen Produktionsmöglichkeitskurve *RP* auf die Netto-Produktionsmöglichkeitskurve *AB* der Privaten unter der Annahme dargestellt, daß der Staat eine konstante Menge x_1 des Gutes *X* und eine konstante Menge y_1 des Gutes *Y* nachfragt[12]. Eine wesentliche Änderung der bisherigen Darstellung wird dadurch nicht bewirkt.

B. Zur Annahme der optimalen Ausgangssituation

1. Andere Steuern

a) Zwei-Güter-Modell

Es wird jetzt im allgemeinen Gleichgewichtsmodell (Grundmodell C) die zusätzliche[1] Annahme getroffen, daß im Ausgangszeitpunkt schon eine Kopfsteuer und eine spezielle Verbrauchsteuer auf Gut *X* be-

---

[10] Vgl. dazu oben Kap. III, B.

[11] Vgl. dazu Anhang Abb. 9.

[12] Vgl. für eine ähnliche Darstellung *Harberger*, Taxation, 1964, S. 32.

[1] Vgl. für die Annahmen auch wieder oben Kap. III, C.

stehen. Wie oben gezeigt worden ist, entstand mit der Einführung dieser speziellen Steuer eine Mehrbelastung, denn die Grenzrate der technischen Substitution der Produzenten ist nicht mehr gleich der Grenzrate indifferenter Substitution der Konsumenten. Die Ausgangssituation ist nicht optimal.

Nun soll anstelle der Kopfsteuer eine andere Steuer eingeführt werden. Drei Möglichkeiten dazu bestehen: eine Einkommensteuer, eine spezielle Steuer auf das Gut *Y* und eine weitere spezielle Steuer auf das Gut *X*. Bei der letzten Möglichkeit ist unmittelbar einsichtig, daß die bestehende Mehrbelastung dadurch noch verstärkt würde.

Durch die Einkommensteuer werden je nach Lage der Kurven die Preisverhältnisse der beiden Güter beeinflußt oder unbeeinflußt gelassen. Unverändert bleibt in jedem Fall die Tatsache bestehen, daß für Produzenten und Konsumenten ein verschiedenes Preisverhältnis gültig ist. Die Mehrbelastung durch die spezielle Verbrauchsteuer auf das Gut *X* bleibt also bestehen.

Anders jedoch, wenn eine spezielle Steuer auf das Gut *Y* eingeführt wird. Durch die Steuer wird das Gut *X*, dessen Bruttopreis auf Grund der bisherigen Steuer relativ hoch war, für die Konsumenten im Verhältnis zum teurer werdenden Gut *Y* billiger, während das Gut *X* für die Produzenten wegen der wachsenden Produktion wieder teurer wird. Die Preisverhältnisse von Produzenten und Konsumenten kommen einander also wieder näher, bis sie im Idealfall gleicher ad-valorem Steuersätze für beide Güter wieder gleich sind.

Dieses Ergebnis war allerdings auch zu erwarten, denn in einem Zwei-Güter-Modell wie hier kann es keinen Unterschied in der Wirkung der allgemeinen Verbrauchsteuer (und nichts anderes ist ein System spezieller Verbrauchsteuern, in dem alle Güter mit dem gleichen Satz besteuert werden), einer Einkommensteuer und einer Kopfsteuer geben. Durch die Einführung einer speziellen Verbrauchsteuer auf das Gut *Y* anstelle einer allgemeinen Steuer ist die Volkswirtschaft von einer suboptimalen in eine paretooptimale Situation gelangt. In der Literatur wird in diesem Fall von ‚excess benefits' im Gegensatz zu ‚excess burden' gesprochen.

Die Erörterung möglicher ‚benefits' findet sich in der ‚excess-burden'-Diskussion wohl zuerst ein *Rolph* und *Break*[2]. Schon vorher hat sich

[2] Vgl. *Rolph* u. *Break*, Welfare Aspects, 1949, S. 112. Weiter ausgeführt wird diese Erörterung bei *Rolph*, Equity versus Efficiency in Federal Tax Policy, in: Am. Ec. Rev. Bd. 40 (1950) Suppl. S. 391—404, S. 391 und *Break*, Excise Tax Burdens and Benefits, in: Am. Ec. Rev. Bd. 44 (1954), S. 577—594, passim.

Speziell mit dem hier als Ausgangspunkt gewählten Fall, daß vor Einführung der Steuer schon eine spezielle Verbrauchsteuer besteht, befassen allerdings *Pigou* in einer sehr viel breiter angelegten Untersuchung eingehend mit der je nach Ausgangslage ver- oder entzerrenden Wirkung von Steuern beschäftigt[3]. *Pigou* spricht hier von ‚announcement effects', da das Ausmaß ihrer Wirkung von der Form abhängt, in der „their own particular liability is announced (im Original Schrägdruck) to each several taxpayer"[4]. Der Ausdruck kann zu Mißverständnissen Anlaß geben, da vom Wortsinn her auch die Reaktionen der Wirtschaftssubjekte auf die Ankündigung (‚announcement') einer steuerlichen Maßnahme allgemein oder die Signalwirkungen, die von einer solchen Ankündigung ausgehen, gemeint sein könnten. Das mag einer der Gründe sein, weshalb sich *Pigous* Begriff in der Diskussion nicht durchgesetzt hat. *Rolph* z. B. führt hier den Ausdruck ‚price-allocation effects' ein, mit dem der Teil der ‚announcement effects' erfaßt wird, der wirklich zu einer Änderung der Marktpreise führt[5]. *Buchanan* behält den Ausdruck bei und kommt der Auffassung *Pigous* wohl sehr nahe, wenn er ihn wesentlich klarer als dieser definiert als ‚those changes in behavior that may be produced as a result of the imposition of the tax'[6].

An dieser Stelle soll festgehalten werden, daß eine spezielle Verbrauchsteuer auch unter den restriktiven Annahmen des Grundmodells C nur sicher zu einer Mehrbelastung führt, wenn in der Ausgangssituation das Paretooptimum erreicht war. Unter realistischeren Annahmen können stets entweder ‚excess burden' oder ‚excess benefit' verursacht werden. Anhand eines Drei-Güter-Modells lassen sich diese Zusammenhänge noch wesentlich klarer darlegen. Das soll nun versucht werden.

*b) Drei-Güter-Modell**

Unterstellt wird eine Volkswirtschaft, in der lediglich drei Güter produziert werden. Die übrigen Annahmen des Grundmodells C wer-

---

sich z. B. *Friedman,* Welfare Effects, 1952 bzw. 1953, S. 110 f., *Phipps,* Friedman's ‚Welfare Effects', 1952, passim und *Davidson,* Alleged Excess Burden, 1952/53, S. 211 ff.

3 Vgl. *Arthur Cecil Pigou,* A Study in Public Finance, (1. Aufl. 1928), 3. Aufl., London 1947, S. 63 ff. Ebenso auch schon *Richard Ferdinand Kahn,* Some Notes on Ideal Output, in: Ec. Journ., Bd. 45 (1935), S. 1—35, bes. S. 11 ff.

Für eine ausführliche Erörterung der Benefiteffekte der Besteuerung siehe auch *Graaff,* Theoretical Welfare Economics, 1957, S. 22 ff., S. 47 f., S. 66 ff.

4 *Pigou,* Public Finance, 1947, S. 55. Für eine ausführliche Erörterung des Begriffs ‚announcement effects' vgl. *Rolph,* The Theory of Fiscal Economics, Berkeley, Los Angeles 1954, S. 14 ff.

5 Vgl. *Rolph,* A Proposed Revision of Excise-Tax Theory, in: Journ. of Pol. Ec. Bd. 60 (1952), S. 102—117, S. 104.

6 *James M. Buchanan,* The Public Finances, 2. Aufl., Homewood, Ill., 1965, S. 312.

* Die Erweiterung des Grundmodells C auf drei Güter findet sich in der

den aufrechterhalten. Auf Gut X liege eine spezielle Verbrauchsteuer, die beiden anderen Güter Y und Z seien steuerfrei. Außerdem soll im Ausgangszustand eine Kopfsteuer bestehen. Die Grenzraten der indifferenten Substitution der Konsumenten (im folgenden: Grenzraten der Substitution S) und die Grenzraten der technischen Substitution der Produzenten (im folgenden: Grenzraten der Transformation T) sind also in bezug auf die unbesteuerten Güter Y und Z gleich. Zwischen besteuertem und unbesteuertem Gut X und Y bzw. X und Z sind sie ungleich.

Schematisch: $S \neq T$ für X, Y
$S \neq T$ für X, Z
$S = T$ für Y, Z.

Nun soll anstelle der Kopfsteuer eine neue Steuer eingeführt werden. Durch eine Einkommensteuer werden die bisher unerfüllten Marginalbedingungen nicht berührt, die suboptimale Situation nicht verändert.

Durch eine spezielle Verbrauchsteuer auf Gut Y werden, wenn für X und Y derselbe Steuersatz gilt, die Grenzraten der Substitution und Transformation in bezug auf die Güter X und Y gleich. In dieser Hinsicht wird die Situation also verbessert. Dagegen werden jetzt die Grenzraten der Substitution und Transformation in bezug auf die Güter Y und Z, die bisher gleich waren, ungleich. Nach wie vor sind also die Grenzraten der Substitution und Transformation in zwei Fällen ungleich.

Schematisch: $S = T$ für X, Y
$S \neq T$ für X, Z
$S \neq T$ für Y, Z.

Das entsprechende Ergebnis wird mit einer speziellen Steuer auf das Gut Z mit gleichem Satz erreicht.

Schematisch: $S \neq T$ für X, Y
$S = T$ für X, Z
$S \neq T$ für Y, Z.

Bei diesen Annahmen gestattet das Modell also keine Aussage darüber, ob eine Einkommensteuer einer speziellen Verbrauchsteuer vorzuziehen ist.

Ohne Gewichtung der mit jedem ungleich besteuerten Güterpaar auftretenden Mehrbelastungen läßt sich auch nicht sagen, ob ein all-

Literatur wohl zuerst bei *Little*, Direct Versus Indirect Taxes, 1951 bzw. 1959, S. 126 ff., dann aber auch bei *Anthony Y. C. Koo*, Welfare and Direct Taxation, Canadian Journ. of Ec. a. Pol. Sc. Bd. 21 (1955), S. 43—57, S. 48 ff.

gemeineres (im Beispiel: zwei besteuerte Güter) Verbrauchsteuersystem einem mehr selektiven (im Beispiel: ein besteuertes Gut) vorzuziehen ist. Ohne Gewichtung der Mehrbelastungen kann nicht einmal beurteilt werden, ob nun eine Steuer, die *alle* Grenzraten der Substitution und Transformation ungleich werden läßt, den bisher betrachteten Steuern, durch die nur die Grenzraten der Substitution und Transformation zwischen zwei Gütern ungleich wurden, unterlegen ist.

Mit Sicherheit läßt sich lediglich sagen, daß in diesem System eine Steuer auf die Güter Y und Z mit dem Satz der auf Gut X liegenden Verbrauchsteuer allen anderen überlegen wäre. Durch die Einführung dieser Steuer werden die Grenzraten der Substitution und Transformation zwischen den Güterpaaren X und Y sowie X und Z einander angeglichen, ohne daß die Gleichheit für das Güterpaar Y, Z dadurch gestört wird.

Schematisch: $S = T$ für X, Y
$S = T$ für X, Z
$S = T$ für Y, Z.

Dieses Steuersystem wirkt in diesem Modell wie eine allgemeine Verbrauchsteuer, eine Einkommensteuer oder eine Kopfsteuer und führt zum Paretooptimum. Die Zusammenhänge lassen sich wieder anhand einer graphischen Darstellung, die sich in dieser Form wohl zuerst bei *Little* findet[7], weiter verdeutlichen[8].

In Abb. 10 sind auf den Achsen die Mengen der drei Güter X, Y und Z abgetragen. Die Zeichnung stellt eine Erweiterung der Abb. 6 dar. Aus der Nettoproduktionsmöglichkeitskurve AB, die angibt, welche Kombinationen der Güter X und Y für den privaten Sektor möglich sind, wird hier mit der Berücksichtigung des dritten Gutes Z die Nettoproduktionsmöglichkeitsfläche ABC. Sie gibt an, welche Kombinationen der drei Güter dem privaten Sektor maximal zur Verfügung stehen. Der Gleichgewichtspunkt E_0 gibt an, welche Güterkombination im Optimum, wenn die Produktionsmöglichkeits- oder Transformationsfläche von der entsprechenden Indifferenzfläche tangiert wird, von den Privaten gewählt wird. Die Linien AA', BB' und CC' sind die geometrischen Orte für die Punkte, in denen eine der paretianischen Optimalbedingungen erfüllt ist. So ist für alle Punkte der Linie CC' die Grenzrate der Transformation von X und Y gleich der Grenzrate der Substitution. Nur im Punkt E_0 sind *alle* Grenzraten der Produktion gleich den Grenzraten der Substitution.

In dem zuerst beschriebenen Ausgangszustand liegt eine spezielle Steuer auf Gut X. Die Grenzraten der Substitution und Transformation

---

7 Vgl. *Little*, Direct Versus Indirect, 1959, S. 129.
8 Vgl. Anhang Abb. 10.

sind nur in bezug auf die Güter *Y* und *Z* einander gleich. Es wird eine Kombination auf der Linie *BB'* gewählt. Der Ersatz einer ebenfalls bestehenden Kopfsteuer durch eine Einkommensteuer in gleicher Höhe ändert in dieser Situation nichts.

Wird nun eine entsprechende Steuer auf das Gut *Y* gelegt, so werden die Grenzraten der Transformation und Substitution in bezug auf die beiden Güter *X* und *Y* einander gleich. Es wird eine Kombination auf der Linie *CC'* gewählt. Bei einer entsprechenden Steuer auf das Gut *Z* anstelle von Gut *Y* fällt die Wahl auf eine Kombination, die durch die Linie *AA'* bestimmt ist.

Lediglich wenn der Steuersatz für alle drei Güter *X*, *Y* und *Z* gleich ist, werden alle Marginalbedingungen erfüllt. Der Optimalpunkt E_o liegt auf allen drei Linien des Partialgleichgewichts für eine Güterkombination. Er ist allen anderen Punkten überlegen.

Sollen verschiedene nichtoptimale Situationen miteinander verglichen werden, etwa E_1 auf *AA'* mit E_2 auf *CC'*, so muß geprüft werden, welcher Punkt auf einer höheren, die Transformationsfläche schneidenden, Indifferenzfläche liegt, es müssen also die relativen Wohlfahrtsverluste verglichen werden. Es ist jedoch aus der Zeichnung unmittelbar ersichtlich, daß etwa ein Punkt E_3, der in der Nähe von E_o auf der Nettoproduktionsmöglichkeitsfläche liegt, sich auf einer höheren Indifferenzfläche befinden kann als die Punkte E_1 und E_2, für die jeweils wenigstens eine der Marginalbedingungen erfüllt ist. Die Zahl der verletzten Marginalbedingungen kann also kein Maßstab für die Höhe der Marginalbedingungen sein, solange die Situation überhaupt suboptimal ist, wenn also die Zahl der verletzten Marginalbedingungen größer als Null ist.

2. Unvollständige Konkurrenz

Die Annahme, daß in der Ausgangssituation die Volkswirtschaft sich in einer paretooptimalen Situation befindet, impliziert, wenn ein marktwirtschaftliches System zugrunde gelegt wird, daß alle Güter unter den Bedingungen der vollkommenen Konkurrenz produziert werden. Nur wenn monopolistische Verknappungen des Angebots ausgeschlossen werden, ist es möglich, daß die Grenzraten der Transformation und Substitution einander gleich sind. Diese Annahme vollkommener Konkurrenz soll jetzt fallengelassen werden.

In der Zwei-Güter-Variante des Grundmodells C[9] soll jetzt das Gut *X* unter Monopolbedingungen produziert werden, während das Gut *Y*

[9] Die oben Kap. III, C angeführten Annahmen sollen im übrigen weiter gelten.

weiter unter den Bedingungen der vollständigen Konkurrenz hergestellt wird. Unter diesen Umständen erscheint auf dem Markt eine relativ verknappte Menge an *X* und entsprechend mehr an *Y*. Durch die Verknappung wird der für die Konsumenten gültige Marktpreis von Gut *X* erhöht. Dahingegen müssen, auf Grund der dieser Form der Transformationskurve zugrunde liegenden Annahme mit der Ausbringungsmenge eines Gutes steigender Grenzkosten, die Grenzkosten der Produzenten fallen. Der Preis für das unter Konkurrenzbedingungen erzeugte Gut *Y* ist aber nach wie vor gleich den Grenzkosten. Das Kostenpreisverhältnis (p_y/p_x) der Produzenten ist größer als das Marktpreisverhältnis der Konsumenten. Die Grenzraten der Substitution und Transformation nehmen also unterschiedliche Werte an. Die Volkswirtschaft befindet sich in einer suboptimalen Situation.

Wieder läßt sich nicht mehr generell sagen, daß der (allgemeinen) Einkommensteuer der Vorzug vor der (speziellen) Verbrauchsteuer zu geben ist. Denkbar wäre insbesondere, daß durch eine Steuer auf das unter Konkurrenzbedingungen produzierte Gut *Y* dieses für die Konsumenten relativ verteuert werden könnte, wodurch die Preisverhältnisse von Produzenten und Konsumenten einander wieder näher kämen, bis im Idealfall die Volkswirtschaft wieder in die Optimalsituation kommt.

Der so skizzierte Ansatz stellt darauf ab, ungeachtet der Kostenverhältnisse die optimale Güterkombination zu erreichen. Ein anderes derartiges Verfahren wäre der Versuch, die Monopolisten durch Zahlung von Subventionen zu veranlassen, die Ausbringungsmenge wieder auszudehnen.

Ein grundlegend anderer Ansatz zur Lösung dieses Problems, der z. B. bei *Robinson* erörtert wird[10], besteht in den Versuchen, durch Beseitigung von Monopolstellungen die Preisbildung nach den Grenzkosten zu erzwingen. Darauf soll an dieser Stelle jedoch nicht weiter eingegangen werden[11].

---

10 Vgl. *Joan Robinson,* The Economics of Imperfect Competition, London 1933, S. 163 ff.

11 Siehe dafür *Musgrave,* Finanztheorie 1959/1969, S. 129 f. und die dort zitierte Literatur. Für den Versuch neben dem hier betrachteten Wohlfahrtsverlust aufgrund der infolge der monopolistischen Verknappungen auftretenden Fehlallokation auch einen Wohlfahrtsverlust wegen höherer Produktionskosten unter Monopolverhältnissen nachzuweisen siehe *William S. Comanor* u. *Harvey Leibenstein,* Allocative Efficiency, X-Efficiency and the Measurement of Welfare Losses, in: Economica Bd. 36 (1969), S. 304—309 und *M. A. Crew* u. *C. K. Rowley,* On Allocative Efficiency, X-Efficiency and the Measurement of Welfare Loss, in: Economica Bd. 38 (1971), S. 199—203.

3. Externe Effekte

Das Paretooptimum setzt u. a. voraus, daß die Grenzraten der Substitution und Transformation bei allen Gütern gleich sind. Dies ist im allgemeinen gewährleistet, wenn die Preisverhältnisse für Konsumenten und Produzenten gleich sind. Diese Preisverhältnisse spiegeln jedoch nur die den Privaten zugerechneten Nutzen und Kosten wider. Es ist aber denkbar, daß durch die Produktion eines Gutes, etwa durch Luftverschmutzung, Lärmbelästigung oder Schädigung der Volksgesundheit, der Gesellschaft Kosten entstehen, die nicht dem Produzenten angelastet werden und die daher seine Preisgestaltung nicht beeinflussen. Man spricht hier von sozialen Kosten oder externen Nachteilen[12].

Ebenso ist es denkbar, daß durch die Produktion eines Gutes, etwa durch Schaffung von Erholungsgebieten bei Abbau von Kies oder durch Senkung der Kriminalitätsquote bei Aufbau neuer Wohngebiete, der Gesellschaft ein Nutzen zugute kommt, der nicht in das Nutzenkalkül der Nachfrager des Gutes eingeht und daher ihr Verhalten nicht beeinflußt. Man spricht hier von externen Vorteilen.

Treten nun diese externen Effekte auf[13], so wird das Paretooptimum selbst dann nicht erreicht, wenn für Konsumenten und Produzenten das gleiche Preisverhältnis gilt oder, was dasselbe bedeutet, die Grenzrate der Substitution der Privaten gleich der Grenzrate der Transformation der Privaten ist, da die Grenzrate der gesellschaftlichen Sub-

[12] Auf die Problematik einer genauen Definition der ‚social costs' und ‚social benefits' soll hier nicht näher eingegangen werden. Es sei lediglich auf die umfangreiche Literatur hierzu verwiesen. Vgl. insbesondere die wohl ersten umfassenden Darstellungen dieser Zusammenhänge bei *Marshall* (Principles, 1920, S. 365 ff.) und *Pigou* (Economics of Welfare, 1932, S. 172 ff.) und die Erörterung der Schwierigkeiten der Begriffsbildung bei *Elisabeth Lauschmann* (Private und soziale Kosten, in: Probleme der normativen Ökonomik, S. 267—278, bes. S. 268 ff.) und *Harald Jürgensen* (Private und soziale Kosten, in: Probleme der normativen Ökonomik, S. 245—266, S. 245 ff.).

Eine Systematisierung und Darstellung der neueren Entwicklungen in der Theorie der sozialen Kosten findet sich bei K. *William Kapp*, Volkswirtschaftliche Kosten der Privatwirtschaft (Übersetzung des amerik. Originals, The Social Costs of Private Enterprise, Cambridge, Mass. 1950, von *Bruno Fritsch)* Tübingen, Zürich 1958; *Bruno Fritsch*, Zur Theorie und Systematik der volkswirtschaftlichen Kosten, in: Kyklos Bd. 15 (1962) S. 240—278, abgedruckt in: Grundlagen der Wirtschaftspolitik, 1967, S. 177—207 und *Ulrich Schlieper*, Pareto-Optima, Externe Effekte und die Theorie des Zweitbesten, Köln, Berlin, Bonn, München 1969, S. 39 ff.

Zu Versuchen einer Quantifizierung der sozialen Kosten vgl. bes. K. *William Kapp*, Social Costs and Social Benefits. A Contribution to Normative Economics, in: Probleme der normativen Ökonomik, S. 183—210, S. 196 ff. und *Jürgensen*, Private und soziale Kosten, 1963, S. 252 ff.

[13] Vgl. für die nun zu beschreibende Problematik besonders *Pigou*, Public Finance, 1947, S. 94 ff. und noch wesentlich ausführlicher ders., The Economics of Welfare, 4. Aufl., New York, Toronto, London 1932, S. 127 ff., insbes. S. 172 ff.

stitution (gesellschaftlicher Grenznutzen) nicht gleich der Grenzrate der gesellschaftlichen Transformation (gesellschaftliche Grenzkosten) ist.

Wie in den beiden schon untersuchten Fällen einer suboptimalen Position läßt sich auch hier keine generelle Aussage mehr darüber treffen, ob eine Einkommensteuer einer speziellen Verbrauchsteuer überlegen ist. Denkbar wäre insbesondere, daß durch eine spezielle Steuer auf die Güter, deren soziale Grenzkosten die privaten übersteigen, die Ressourcen auf die Produktion von Gütern gelenkt werden kann, wo dies nicht der Fall ist, oder wo sogar die sozialen Grenznutzen höher liegen als die privaten, und daß dadurch die Volkswirtschaft näher an eine paretooptimale Situation herangeführt würde[14].

4. Interne Effekte

Bei externen Effekten kann das Preissystem nicht zu einem Optimum führen, da Vor- und Nachteile auch für Individuen auftreten, wenn diese *nicht* als Anbieter oder Nachfrager auf dem Markt erscheinen. Interne Effekte sind z. B. Vor- oder Nachteile, die sich innerhalb eines Unternehmens mit der Variation des Prozeßniveaus ergeben[15]. Das beste Beispiel hierzu sind die mit steigender Ausbringungsmenge steigenden Grenzerträge, die ‚economies of scale'. Fehlallokationen sind dann fast unvermeidlich, da die Produktion der einzelnen Güter sich nicht zu den bei gleicher Ausbringungsmenge am rationellsten arbeitenden Unternehmen verlagert, sondern zu den größten. Hierdurch werden gewissermaßen kumulative Prozesse ausgelöst, die immer weiter von der Optimalposition wegführen, da mit der Verlagerung der Produktion zu einem größeren Unternehmen weitere interne Vorteile durch steigende Grenzerträge bewirkt werden, was zu weiteren Verlagerungen führt[16]. Durch diese Entwicklung besteht außerdem eine Tendenz

---

14 Für eine Erörterung der Möglichkeit, bei Anwesenheit von externen Effekten die Volkswirtschaft durch geeignete Steuersätze und Subventionen in eine Optimalsituation zu bringen, aber auch die damit verbundenen Schwierigkeiten vgl. *F. Trenery Dolbear* jr. On the Theory of Optimum Externality, in: Am. Ec. Rev. Bd. 57 (1967), S. 90—103, passim; *Schlieper*, Pareto-Optima, 1969, S. 41 ff. und die dort angeführte Literatur.

15 Vgl. für diese Erörterung z. B. *Little*, Critique, 1957, S. 161 f.; *Hans Karl Schneider*, Über Grenzkostenpreise und ihre Anwendung im Energie- und Verkehrssektor, in: *Harald Jürgensen* (Hrsg.), Gestaltungsprobleme der Weltwirtschaft. *Andreas Predöhl* aus Anlaß seines 70. Geburtstages gewidmet. Gleichzeitig Heft 3 von Jb. f. Soz. wiss. Bd. 14 (1963), S. 206—236, S. 212 und *Hans-Günther Krüsselberg*, Marktwirtschaft und Ökonomische Theorie. Ein Beitrag zur Theorie der Wirtschaftspolitik, Freiburg 1969, S. 87, S. 136 ff.

16 Hier liegt offenbar die Vorstellung zugrunde, daß die bei gleicher Ausbringungsmenge rationeller arbeitenden Unternehmen nur sehr langsam expandieren können. Sie würden so geraume Zeit eine geringere Ausbringungsmenge haben als das schon am Anfang größere Unternehmen und vom

zur Monopolbildung, was, wie oben schon ausgeführt, ebenfalls das Erreichen einer Optimalposition verhindert.

Wird ein Produkt nicht von den am rationellsten arbeitenden Produzenten erstellt, so tritt ein Wohlfahrtsverlust auf, weil die Produktion niedriger ist, als sie bei gegebenem Faktoreinsatz sein könnte. Die erstellte Güterkombination wird durch einen Punkt links von der Produktionsmöglichkeitskurve in Abb. 5 beschrieben.

Kommt es zu einer Monopolisierung, so kann die Situation suboptimal werden, weil die Preise nicht mehr den Grenzkosten entsprechen. Die erstellte Güterkombination wird durch einen Punkt links oder rechts von E auf der Produktionsmöglichkeitskurve in Abb. 5 beschrieben.

Bestehen die internen Effekte darin, daß die Grenzerträge in bezug auf die einzelnen Güter mit steigender Ausbringungsmenge dieser Güter zunehmen, so ist die Produktionsmöglichkeitskurve nicht mehr wie bisher stets zugrunde gelegt nach links, sondern nach rechts gekrümmt. Ist diese zum Ursprung konvexe Krümmung stärker als die Krümmung der Indifferenzkurven, so gibt es keine Optimalsituation mehr. Bei der etwas realistischeren Annahme, daß die Grenzerträge nur in einem gewissen Bereich ansteigen und dann wieder absinken, gibt es u. U. kein eindeutiges Optimum mehr. Die Produktionsmöglichkeitskurve kann von den Indifferenzkurven in mehreren Punkten tangiert werden.

Eine Kompensation der internen Effekte mit steuerlichen Maßnahmen stößt auf größte Schwierigkeiten.

C. Erweiterungen des Modells — weitere Mehrbelastungen

1. Behinderung der Substitution von Gütern durch Tausch

In der bisherigen Erörterung ist der Grund für eine Mehrbelastung stets in Verstößen gegen die fünfte paretianische Marginalbedingung gesehen worden, wonach die Grenzrate der Transformation gleich der Grenzrate indifferenter Substitution sein muß. Dieser Ansatz soll jetzt erweitert werden. Eine Mehrbelastung tritt immer auf, wenn die Volkswirtschaft aus einer optimalen in eine suboptimale Position kommt, wenn also irgendeine der Marginalbedingungen nicht mehr erfüllt ist. Während in der bisherigen ‚excess-burden'-Diskussion neben Verstößen gegen die fünfte Marginalbedingung auch Verstöße gegen die sechste

---

Markt verschwinden, ehe sie ihrerseits in den Genuß der internen Vorteile kommen.

Unverkennbar ist hier die Ähnlichkeit der Argumentation mit dem Erziehungszollargument in der Außenhandelstheorie.

(Substitution von Einkommen und Freizeit) und siebente (Substitution gegenwärtiger gegen künftige Güter) Marginalbedingungen eingehender erörtert, andere dagegen fast völlig vernachlässigt werden, soll hier systematisch die Möglichkeit von Verstößen gegen jede einzelne der hier aufgeführten Marginalbedingungen geprüft werden[17]. Dabei bleibt die Untersuchung stets auf Mehrbelastungswirkungen beschränkt, die auf steuerliche Maßnahmen zurückzuführen sind.

Außerdem wird aber bei dieser Analyse auch danach gefragt, welches Ausmaß diese Wirkungen bei den in der Realität anzutreffenden Steuern annehmen können.

Zuvor sollten jedoch noch einige Bemerkungen zu den methodischen Problemen dieses Vorgehens gemacht werden. Aufgrund einer sehr abstrakten theoretischen Analyse wird die Hypothese aufgestellt, daß die Wirtschaftssubjekte ein bestimmtes besteuertes Gut durch ein unbesteuertes substituieren. Diese Hypothese soll nun anhand empirischer Untersuchungen überprüft werden, um das Ausmaß der in der Realität zu erwartenden Substitutionswirkung abschätzen zu können. Im ersten Moment erscheint es aber unmittelbar einleuchtend, daß der Abstraktionsgrad und die Realitätsbezogenheit einer Theorie negativ korreliert sind[18]. Eine durch einen hohen Abstraktionsgrad gekennzeichnete Theorie kann nur durch eine schrittweise Annäherung an die Realität — wobei die Zahl der Variablen ständig zunimmt, die Theorie immer komplizierter wird — zu einer Aussage über die Wirklichkeit gelangen. Abstraktion heißt schließlich nichts anderes als Vernachlässigung bestimmter empirischer Tatbestände, und eine Theorie ist in der Regel um so realitätsbezogener, erlaubt z. B. um so bessere Prognosen, je mehr Bestimmungsgrößen in die Theorie mit einbezogen werden.

Diese Argumentation ist jedoch nicht völlig überzeugend. Wenn von vielen Tatbeständen und Wirkungszusammenhängen abstrahiert wird, so geschieht dieses mit dem Ziel, nur die wichtigsten Größen zu erfassen und zu einer möglichst einfachen und übersichtlichen Theorie zu gelangen. Ob die Theorie *zu* einfach, also *zu* abstrakt geworden ist, kann nur eine Überprüfung anhand empirischer Daten zeigen. Wird die Theorie falsifiziert, so kann der Grund für ihr Versagen u. a. auch in einem zu hohen Abstraktionsgrad liegen, muß aber nicht. So ist es aber erklärlich, daß die Entwicklung in der Wirtschaftstheorie zu immer stärker desaggregierten, realitätsnäheren, weniger abstrakter Theorien führt. Die falsifizierte einfache Theorie wird als Spezialfall einer neuen,

[17] Die Annahmen des Grundmodells C (vgl. oben Kap. III, C) werden im folgenden variiert. Sie sollen nicht sukzessiv aufgegeben werden.

[18] Vgl. für diese Überlegung z. B. auch *Reimut Jochimsen*, Grundlagen, Grenzen und Entwicklungsmöglichkeiten der Welfare Economics, in: Probleme der normativen Ökonomik, 1963, S. 129—163, S. 150.

weniger abstrakten Theorie verstanden, in der auch funktionale Zusammenhänge erfaßt werden, die in der ersten Theorie als feste Relationen oder externe Einflüsse betrachtet oder vernachlässigt werden. Es ist aber durchaus möglich, daß eine Theorie von hohem Abstraktionsgrad durch die Überprüfung nicht falsifiziert, sondern vorläufig bestätigt wird. So stellt etwa die Keynessche Konsumfunktion eine Theorie von denkbar hohem Abstraktionsgrad dar, ohne daß dadurch ihr Prognosewert im wesentlichen geschwächt worden wäre.

Die Überprüfung auch einer sehr abstrakten Theorie, wie der hier beschriebenen, anhand empirischer Untersuchungen, sozusagen der Sprung aus der abstrakten Theorie in die rauhe Wirklichkeit, ist also nicht notwendigerweise unfruchtbar. Zumindest einige Ansätze dazu sollen versucht werden. Die diesbezüglichen Ausführungen erscheinen jedoch sozusagen in Parenthese und sind nicht als Ergebnisse einer Untersuchung, sondern eher als Hinweis auf die Notwendigkeit weiterer und eingehender Untersuchungen zu verstehen.

Die erste Marginalbedingung bezieht sich auf die Substitution von Gütern durch Tausch zwischen Individuen. Wenn die Grenzraten der Substitution zweier Güter nicht für jedes Paar von Besitzern dieser Güter gleich sind, so können beide Besitzer durch Austausch von Gütern ihr Wohlfahrtsniveau erhöhen. Dadurch wird gewährleistet, daß die einzelnen Güter *den* Individuen zugeordnet werden, bei denen sie den größten Nutzen stiften, wobei die relative Verteilung der Güter auf die einzelnen Individuen unverändert bleibt.

Zur Prüfung der auf Verstöße gegen die erste Marginalbedingung zurückzuführenden Mehrbelastungen der im Grundmodell C untersuchten Steuern muß zunächst die restriktive Annahme völlig identischer Individuen fallengelassen werden. Eine unterschiedliche Grenzrate der Substitution zwischen zwei Gütern ist für die Individuen nur möglich, wenn sie sich hinsichtlich der Ausstattung mit Gütern oder hinsichtlich ihres Präferenzsystems unterscheiden. Ein Austausch von Gütern zwischen Individuen ist auch nur dann sinnvoll, wenn diese außer Verbrauchsgütern auch Gebrauchsgüter, langlebige Konsumgüter besitzen, denn was sollten die Individuen sonst tauschen? Alle anderen Annahmen können aufrechterhalten bleiben[19].

Drei Steuern lassen sich anhand der Drei-Güter-Variante des Grundmodells C untersuchen: die Kopfsteuer, die Einkommensteuer, die im bisherigen Modell unter der Annahme fest vorgegebener Faktoreinsatzmengen und völliger Verausgabung des Einkommens für konsumtive Zwecke in ihrer Wirkung mit der allgemeinen Verbrauchsteuer und

---

[19] Vgl. für diese wieder oben Kap. III, C.

der allgemeinen Umsatzsteuer identisch war, und die spezielle Verbrauchsteuer. Mit der zusätzlichen Annahme von Vermögensbesitz ist die Wirkung von Einkommen- und allgemeiner Verbrauchsteuer jedoch unterschiedlich, wenn die Übereignung von Vermögensgegenständen zwischen den Individuen steuerpflichtig ist. In diesem Fall wird der Tausch zwischen den Individuen, durch den die Erfüllung der Bedingung gleicher Grenzraten der Substitution zwischen den Gütern für alle Individuen gewährleistet wird, sowohl von der allgemeinen Verbrauchsteuer bzw. der Umsatzsteuer als auch der speziellen Verbrauchsteuer behindert. Die Grenzraten der Substitution bei den verschiedenen Individuen können sich nicht vollständig angleichen, diese Steuern verursachen also eine Mehrbelastung. Durch die Kopfsteuer und die Einkommensteuer wird dagegen das Erreichen des Optimalzustandes nicht behindert.

Für die in der Realität anzutreffenden Steuern wird sich eine derartige Mehrbelastung kaum in nennenswertem Umfang nachweisen lassen. Käufe und Verkäufe zwischen Individuen unterliegen nicht der allgemeinen Umsatzsteuer (in der BRD: Mehrwertsteuer) und den Verbrauchsteuern. Einige spezielle Steuern, wie die Grunderwerbssteuer und die Börsenumsatzsteuer, sind dagegen nach der hier angestellten Analyse durchaus mit einer Mehrbelastungswirkung verbunden, doch ist die Bedeutung dieser Steuern gering.

2. Fehleinweisung der Produktion

Die zweite Marginalbedingung besagt, daß, wenn die Grenzraten der Transformation bei der Produktion irgend zweier Produkte nicht für alle Produzenten gleich sind, die Produktion eines Produktes gesteigert werden kann, ohne daß die Produktion irgendeines anderen verringert wird, indem die Produktion jedes Gutes zu dem Produzenten mit den ‚niedrigen Kosten' verlagert wird. Das Optimum ist erreicht, wenn alle Produzenten sich auf die Produktion der Güter spezialisiert haben, die sie am relativ billigsten herstellen können.

Von den im Grundmodell C untersuchten Steuern wird die optimale Spezialisierung der Produktion nicht behindert. Bei den Ausprägungen, die diese Steuern in der Realität gefunden haben, mag sich dagegen eine derartig begründete Mehrbelastungswirkung in einigen Fällen nachweisen lassen. So könnte etwa die Spezialisierung auf einzelnen Produktionsstufen durch die Begünstigung der vertikalen Integration etwa bei einer Allphasen-Bruttoumsatzsteuer behindert werden oder die regionale Spezialisierung durch Steuerbegünstigung der Produktion in einzelnen Regionen. Die wohl bedeutsamsten Mehrbelastungen dieser Art dürften wohl durch die Erhebung von Zöllen ausgelöst werden, durch die eine Spezialisierung im internationalen Rahmen behindert wird.

3. Fehleinweisung der Faktoren

Wenn die physische Grenzproduktivität eines gegebenen Faktors bei der Erstellung eines gegebenen Produktes für zwei Produzenten nicht die gleiche ist, kann die bei einer gegebenen Faktormenge mögliche Gesamtproduktion dadurch gesteigert werden, daß der Faktor von dem Produzenten mit der niedrigen Produktivität zu dem mit der hohen Produktivität umgeleitet wird. Eine Mehrbelastung tritt auf, wenn aufgrund von steuerlichen Maßnahmen einzelne Produzenten begünstigt werden und so die Verlagerung der Produktion zu den mit geringeren Kosten arbeitenden Produzenten unterbleibt.

Durch keine der drei im Grundmodell C untersuchten Steuern werden bestimmte Produzenten begünstigt und damit die Faktoren zu diesem Produzenten ohne Rücksicht auf die Produktivitätsverhältnisse hingeleitet. Keine dieser Steuern — Kopfsteuer, Einkommensteuer (bzw. allgemeine Verbrauchsteuer), spezielle Verbrauchsteuer — ist also in ihrer im Modell betrachteten Form mit einer Mehrbelastung verbunden, die aus einer Verletzung der dritten Marginalbedingung resultiert.

Anders die in der Realität anzutreffenden Steuern: Hier lassen sich bei fast jeder Steuer Begünstigungen einiger Produzenten und damit die relative Diskriminierung anderer nachweisen. Die von den einzelnen Produzenten zu zahlenden Steuerbeträge unterscheiden sich u. a.:

nach der Branche, in der der Produzent tätig ist
(z. B. durch Steuererleichterungen für landwirtschaftliche Betriebe; so ist es z. B. für die Ertragslage von Hühnerfarmen von entscheidender Bedeutung, ob es gelingt, als landwirtschaftlicher Unternehmer anerkannt zu werden.)

nach dem Standort der Unternehmung
(z. B. Berlin-Präferenzen bei Einkommensteuer und Umsatzsteuer),

nach der Rechtsform der Unternehmung
(als Kapitalgesellschaft unterliegt eine Unternehmung z. B. der Körperschaftssteuer, als Personalgesellschaft der Einkommensteuer),

nach dem Ausmaß der vertikalen Integration
(z. B. durch die Ersparnis der ‚alten‘ Allphasen-Bruttoumsatzsteuer bei Umsätzen innerhalb einer Unternehmung oder nach Maßgabe der Organschaft auch innerhalb eines Konzerns, entsprechend auch durch das Schachtelprivileg bei der Körperschaftsteuer).

Es zeigt sich schon bei dieser kurzen Übersicht, die sich noch wesentlich erweitern ließe — insbesondere könnte hier noch die Problematik der progressiven Einkommensteuer erörtert werden —, daß von der Besteuerung in der Realität eine Vielzahl von Verzerrungen — Verstößen gegen die paretianischen Marginalbedingungen — ausgeht. Eine nähere Betrachtung der einzelnen Verzerrungen zeigt jedoch auch, daß sie häufig bewußt zur Erreichung bestimmter politischer Zielsetzungen ausgelöst werden. Hier ist also schon die unten noch näher zu untersuchende Frage angesprochen, inwieweit das Ziel der Paretooptimalität, wie es hier anhand der Marginalbedingungen definiert worden ist, mit anderen wirtschaftspolitischen Zielsetzungen in Konflikt steht oder vereinbart werden kann.

4. Substitution von Faktoren

Wenn die Grenzraten der Transformation oder technischen Substitution zweier Faktoren bei der Erstellung eines Produktes bei zwei Produzenten nicht die gleichen sind, kann dieselbe Gesamtproduktion mit einem geringeren Faktoraufwand produziert werden, wenn jeder Faktor zu dem Produzenten umgeleitet wird, bei dem die Grenzrate der Substitution dieses Faktors am kleinsten ist.

Eine Mehrbelastung entsteht z. B., wenn ein Produzent, bei dem die Grenzrate der technischen Substitution eines Faktors durch einen anderen kleiner als bei den anderen Produzenten ist, aufgrund von steuerlichen Maßnahmen vermeidet, diesen Faktor verstärkt einzusetzen. Ein Beispiel mag dies illustrieren: Wenn unter der Annahme zweier Produktionsfaktoren — Arbeit und Kapital — ein Produzent den Output bei Substitution einer Einheit Arbeit durch eine Einheit Kapital konstant hält (Grenzrate der Substitution: 1/1), ein anderer Produzent jedoch dafür zwei Einheiten Kapital benötigte (Grenzrate der Substitution: 1/2), so kann der Output mit geringerem Faktoreinsatz (Input) produziert werden, wenn der erste Produzent Einheiten des Faktors Arbeit an den anderen abtritt und dafür Einheiten des Faktors Kapital erhält. Wird durch eine starke steuerliche Belastung des Faktors Arbeit oder eine entsprechende Entlastung des Faktors Kapital der zweite Produzent von dieser Substitution abgehalten, so entsteht eine Mehrbelastung.

Von den im Grundmodell *C* behandelten Steuern wird keine derartige Mehrbelastung verursacht, da durch sie die Substitution von Produktionsfaktoren nicht berührt wird[20]. Auch von den in der Re-

[20] In diesem Zusammenhang wird nur die Nachfrage nach Produktionsfaktoren durch die Produzenten betrachtet. Die Möglichkeit der Diskriminierung des Angebots an Produktionsfaktoren mit steuerlichen Maßnahmen, die etwa zur Substitution von Arbeit durch Freizeit und von Gütern, die dem zukünftigen Konsum dienen (Kapitalgüter) durch gegenwärtige Konsumgüter führen, soll erst in den folgenden Abschnitten näher untersucht werden.

alität anzutreffenden Steuern sind derartige Wirkungen wohl kaum zu erwarten.

Mehrbelastungen können jedoch auch entstehen, wenn ein Produktionsfaktor gegenüber den anderen diskriminiert wird. Bei den in der Realität anzutreffenden Steuern mag dabei durchaus die Möglichkeit einer Mehrbelastung bestehen. Ein Beispiel für die Verursachung einer derartigen Mehrbelastung mag etwa eine Einkommensteuer sein, bei der das eingesetzte Kapital begünstigt wird, indem eine steuerliche Abschreibung vor dem wirklichen Verbrauch liegen darf. Ein anderes Beispiel wäre die Diskriminierung des Produktionsfaktors Arbeit durch die Lohnsummensteuer oder die Diskriminierung des Produktionsfaktors Kapital durch die Gewerbekapitalsteuer.

Unter diesem Aspekt ist auch die Diskussion der Diskriminierung durch die Mehrwertsteuer von Interesse, die bei ihrer Einführung in der BRD geführt worden ist. Eine große Bedeutung hat in dieser Diskussion die Behauptung, daß der Produktionsfaktor Arbeit durch die Mehrwertsteuer diskriminiert wird, da nur für das eingesetzte Kapital, nicht aber für die eingesetzte Arbeit die Vorsteuer abgezogen werden kann. Danach würde u. U. im angeführten Beispiel der zweite Produzent auf die Substitution von Kapital durch Arbeit verzichten, weil er damit der Möglichkeit des Vorsteuerabzugs verlustig ginge.

Dieser Behauptung liegt jedoch, wie die weitere Erörterung gezeigt hat, ein Trugschluß zugrunde. Wenn die Vorsteuer auf das eingesetzte Kapital abgezogen werden kann, dann nur, weil diese Steuer vorher bezahlt worden ist. Bei voller Überwälzung der Steuer ist das eingesetzte Kapital vorher also um genau den Betrag teurer geworden, worin eine Diskriminierung des Faktors Kapital liegt, die durch die Möglichkeit des Vorsteuerabzugs wieder ausgeglichen wird.

5. Substitution von Einkommen und Freizeit

a) Proportionale Steuern

Wenn die Grenzentlohnung eines Faktors (die Entlohnung der letzten zur Produktion genutzten Einheit) die Grenzrate der Substitution von Nutzung durch Entlohnung übersteigt, wird die Nutzung des Faktors gesteigert werden, hieß es bei der Formulierung der sechsten Marginalbedingung, die sich auf die Substitution von Freizeit durch Einkommen bezieht. Es soll nun geprüft werden, wie die Grenzentlohnung durch steuerliche Maßnahmen beeinflußt werden kann.

Dabei wird angenommen, daß Freizeit von den Individuen wie ein Konsumgut betrachtet wird[21] und mit dem Einkommen als der Summe

---

[21] Für diese Betrachtungsweise vgl. auch schon *Joseph Alois Schumpeter*,

der anderen Konsumgüter in Substitutionsbeziehung steht. Eine Veränderung der Grenzentlohnung für die eingesetzte Arbeit, also für den Verzicht auf Freizeit löst dann eine Substitution aus[22].

Die Argumentation soll zunächst kurz anhand der Zwei-Güter-Variante des Grundmodells C[23] skizziert werden[24]. In Abb. 5 soll jetzt das Gut Y als Freizeit, das Gut X als Arbeit interpretiert werden. Die Transformationskurve AB gibt nun an, welche Kombination von Einkommen und Freizeit für die Privaten physisch maximal möglich sind, wenn die Entlohnung nach der Grenzproduktivität erfolgt[25] und bereits eine Kopfsteuer besteht. Die Indifferenzkurven geben wieder an, wie die Güter Einkommen und Freizeit von den Individuen relativ bewertet werden. Der Lohnsatz je Zeiteinheit wird durch die Steigung der Preisgeraden CD dargestellt.

Nun soll die Kopfsteuer durch eine Einkommensteuer ersetzt werden. Die Transformationskurve AB wird durch die physischen und technischen Gegebenheiten bestimmt und kann durch die Steuer nicht verändert werden. Der neue Gleichgewichtspunkt muß also wieder auf dieser Kurve liegen. Durch die Steuer wird der Nettolohnsatz der Arbeitnehmer reduziert, während die (immaterielle) Entlohnung der Freizeit unverändert bleibt. Das Preisverhältnis p_y/p_x der Arbeitnehmer wird kleiner, die Preisgerade steiler. Solange Einkommen und Freizeit in einer Substitutionsbeziehung stehen, werden die Arbeitnehmer nach Einführung einer Einkommensteuer anstelle einer Kopfsteuer Einkommen durch Freizeit substituieren, also weniger arbeiten.

Durch diese Einschränkung der Arbeitszeit erhöht sich bei der dieser Form der Transformationskurve zugrunde liegenden Annahme mit der

---

Kapitalismus, Sozialismus und Demokratie (Übersetzung des amerikanischen Originals, Capitalism, Socialism and Democracy, New York 1942, von *Susanne Preiswerk*) 2. Aufl., Bern, München 1950, S. 213. Auf die Schwierigkeiten bei der Definition der Freizeit, die teils Zwischenprodukt, teils Endprodukt ist und zum Einkommen teils in substituiver, teils in komplementärer Beziehung steht, sei dabei nur verwiesen. Vgl. dafür auch *Clara K. Sullivan*, The Tax on Value-Added, New York, London 1965, S. 273.

22 Der Einsatz des Faktors Arbeit wird jetzt also als variabel betrachtet. Alle anderen Annahmen des Grundmodells C (vgl. oben Kap. III, C) werden aufrecht erhalten.

23 Für die entsprechende Erweiterung des Grundmodells B, auf die hier verzichtet werden soll, vgl. z. B. *Wald*, Classical Indictment, 1944/45, S. 582 ff.

24 Vgl. dafür auch schon z. B. *Meade*, Introduction, 1936, S. 241 f.; *Duncan Black*, The Incidence of Income Taxes, London 1939, S. 9 ff.; *Wald*, Classical Indictment, 1944/45, S. 582 ff.; *A. Henderson*, The Case for Indirect Taxation, in: Ec. Journ. Bd. 58 (1948), S. 538—553, S. 538 ff.; *Little*, Direct Versus Indirect Taxes, 1959, S. 126 ff. Eine sehr ausführliche Erörterung findet sich auch bei *Rolph*, Fiscal Economics, 1954, S. 227 ff., *Musgrave*, Finanztheorie, 1959/1969, S. 130 ff., S. 183 ff. und *Werner Meißner*, Ökonomie der Freizeit, in: Jb. f. Nat. u. Stat. Bd. 185 (1971), S. 385—402, passim.

25 Für die Verwendung einer solchen „income transformation curve" vgl. auch *Koo*, Welfare and Dir. Tax., 1955, S. 45.

Länge der Arbeitszeit sinkender Grenzproduktivität die Grenzproduktivität der Arbeit und damit auch der für die Produzenten maßgebliche Bruttolohnsatz. Das Preisverhältnis p_y/p_x der Produzenten nimmt einen größeren Wert an, die Preisgerade wird flacher. Das neue Gleichgewicht stellt sich in einem Punkt L links von E ein, in dem sich die Preisgeraden von Arbeitnehmern und Produzenten schneiden. Bei normaler Krümmung der Kurven muß L jedoch auf einer niedrigeren Indifferenzkurve liegen, denn solange die Indifferenzkurven sich nicht untereinander schneiden, kann keine Indifferenzkurve AB schneiden, die höher als die in E tangierende Kurve i_2 ist. Anders gesagt: Die Grenzrate der technischen Substitution der Produzenten und die Grenzrate indifferenter Substitution der Arbeitnehmer fallen auseinander. Es tritt eine Mehrbelastung auf.

Die Frage, ob die Einkommensteuer einer speziellen Verbrauchsteuer überlegen ist oder nicht, kann nach der eben angestellten Betrachtung jedoch noch nicht entschieden werden. In dem Zwei-Güter-Modell, in dem alle auf dem Markt erscheinenden Güter als Gut Einkommen zusammengefaßt und dem Gut Freizeit gegenübergestellt werden, kann es keinen Unterschied in der Wirkung einer Einkommensteuer, einer allgemeinen Verbrauchsteuer und einer speziellen Verbrauchsteuer geben. Die Erörterung soll daher in der Drei-Güter-Variante des Grundmodells C fortgeführt werden[26].

Es gebe die drei Güter X, Y und Z, wobei das Gut Z die Freizeit ist. Im Ausgangszustand bestehe eine Kopfsteuer; es wird angenommen, daß die Optimalbedingungen erfüllt sind; die Grenzraten der Transformation der Produzenten (Arbeitgeber) und die Grenzraten der Substitution der Konsumenten (Arbeitnehmer) sind in bezug auf alle Güterpaare einander gleich.

Schematisch: $S = T$ für X, Y
$S = T$ für X, Z
$S = T$ für Y, Z.

Wird nun die Kopfsteuer durch eine spezielle Verbrauchsteuer auf Gut X ersetzt, so führt dies dazu, daß die Grenzraten der Substitution und Transformation zwischen dem besteuerten Gut X und den unbesteuerten Gütern Y und Z unterschiedliche Werte annehmen, denn für die Konsumenten gilt der Bruttopreis von X, während für die Produzenten der Nettopreis nach Abzug der Steuern maßgeblich ist.

Schematisch: $S \neq T$ für X, Y
$S \neq T$ für X, Z
$S = T$ für Y, Z.

---

[26] Vgl. dafür wieder *Little*, Direct Versus Indirect Taxes, 1959, S. 126 ff. und oben Kap. IV, B, 1, b).

Das entsprechende Ergebnis wird für eine spezielle Verbrauchsteuer auf das Gut Y erreicht. Doch auch eine allgemeine Verbrauchsteuer, die in diesem Modell in der Wirkung noch mit einer Einkommensteuer identisch ist, verursacht eine Mehrbelastung, da durch sie das Gut Z nicht belastet wird. Die Grenzraten der Substitution und Transformation nehmen in bezug auf die besteuerten Güter X und Z zum unbesteuerten Gut Z unterschiedliche Werte an.

Schematisch: $S = T$ für X, Y

$S \neq T$ für X, Z

$S \neq T$ für Y, Z.

Die Optimalsituation bleibt also nur unter der Kopfsteuer erhalten. Es wäre jedoch noch zu prüfen, ob aus dieser Analyse ein Schluß auf die Höhe der Mehrbelastungen, die von der Einkommensteuer einerseits und der speziellen Verbrauchsteuer andererseits verursacht werden, möglich ist. So wird z. B. von *Henderson* behauptet, daß die Mehrbelastung durch die Einkommensteuer relativ geringer ist, denn hier wird nur das Verhältnis zwischen Freizeit und den auf dem Markt erscheinenden Gütern gestört, während durch die Verbrauchsteuer auch noch das Verhältnis zwischen den einzelnen auf dem Markt befindlichen Gütern gestört wird[27]. Wie jedoch gezeigt wurde, ist die Zahl der Güterpaare, für die Verzerrungen auftreten, in beiden Fällen gleich. Doch selbst wenn dies nicht der Fall wäre, kann, wie schon oben (Kap. IV, B, 1, 6) ausgeführt, aus dieser Darstellung noch keine Aussage über die quantitative Bedeutung der von den verschiedenen Steuern verursachten Mehrbelastungen gefolgert werden.

Wie wohl zuerst von *Corlett* und *Hague*[28], dann aber auch von *Meade*[29] sowie *Lipsey* und *Lancaster*[30] aufgezeigt wird, ist jedoch in jedem Fall ein System spezieller (indirekter) Steuern denkbar, das eine geringere Mehrbelastung verursacht als die allgemeine (direkte) Einkommensteuer[31].

---

27 Vgl. *Henderson,* Case for Indirect Taxation, 1948, passim. Siehe für die gleiche Meinung auch *O. H. Brownlee* und *Edward D. Allen,* Economics of Public Finance, 2. Aufl., Englewood Cliffs N. J. 1954, S. 290.

28 Vgl. *W. J. Corlett* u. *D. C. Hague,* Complementarity and the Excess Burden of Taxation, in: Rev. of Ec. Stud. Bd. 21 (1953/54), S. 21—30, passim bes. S. 24 ff.

29 Vgl. *James Edward Meade,* The Theory of International Economic Policy, Bd. 2 Trade and Welfare, New York, Toronto, London 1955, S. 117 f. Mathem. Supplement S. 24 ff.

30 Vgl. *Richard G. Lipsey* u. *Kelvin Lancaster,* The General Theory of the Second Best, in: Rev. of Ec. Stud. Bd. 24 (1956/57), S. 11—32, S. 14 f. S. 18.

31 Für eine Untersuchung der Frage, inwieweit ein solches System realisiert werden kann, siehe z. B. *Harberger,* Taxation, 1964, S. 28, S. 52 ff.

Die Argumentation kann folgendermaßen zusammengefaßt werden:

Durch eine wirklich allgemeine Steuer werden die einzelnen Güter — einschließlich des Gutes Freizeit — nicht ungleichmäßig belastet. Die Individuen werden nicht dazu veranlaßt, durch Substitution stärker belasteter Güter durch schwächer belastete die optimale Allokation der volkswirtschaftlichen Ressourcen zu stören. Eine solche nicht verzerrende Steuer ist die Kopfsteuer. Durch die Einkommensteuer werden dagegen die auf dem Markt erscheinenden Güter belastet, das Gut Freizeit aber unbelastet gelassen, so daß, im Vergleich zum Fall der Kopfsteuer, eine Substitution von Einkommen durch Freizeit bewirkt wird.

Die gleiche Wirkung hat im allgemeinen auch ein Verbrauchsteuersystem, denn auch hier werden nur die auf dem Markt erscheinenden Güter belastet. Nun kann jedoch in einem N-Güter-Modell, in dem die Güter nach dem Grad ihrer Komplementarität zum Gut Freizeit geordnet sind, durch relativ stärkere Belastung der stark komplementären Güter (z. B. Kinokarten) und relative Entlastung der weniger komplementären Güter (z. B. Arbeitskleidung) auch das Gut Freizeit indirekt belastet werden, wodurch die Volkswirtschaft näher an die Optimalsituation herangeführt wird[32].

b) *Prüfung der Realitätsbezogenheit*

Die bisherige Untersuchung hat gezeigt, daß keine Aussagen über die Mehrbelastungswirkungen der allgemeinen Einkommensteuer im Vergleich zu denen der speziellen Verbrauchsteuer mehr möglich sind, wenn das Arbeitsangebot als variabel betrachtet wird. Es muß jedoch noch geprüft werden, ob auch in der Realität damit gerechnet werden kann, daß die Individuen auf eine Änderung des Steuersystems mit

---

[32] Es muß an dieser Stelle vielleicht noch einmal darauf aufmerksam gemacht werden, daß dieser Argumentation der Paretooptimalität das Werturteil zugrunde liegt, daß die Individuen selbst am besten beurteilen können, welche Verwendung der Lebenszeit — Arbeitszeit oder Freizeit — in einer konkreten Situation vorzuziehen sind. (Für eine ausführliche Erörterung der mit dem Kriterium der Paretooptimalität implizierten Werturteile siehe *Jochimsen*, Grundlagen und Grenzen, 1963, S. 135 ff.)

Wenn man dagegen wie *Zinn* der Meinung ist, daß „die Lebenszeit als letzter Wohlstandsmaßstab zu gelten hat" und daher postuliert: (Arbeits-) „Freie Lebenszeit darf nicht als ein Konsumgut neben anderen verstanden werden", so kann in dieser Belastung der Freizeit über die Besteuerung ihrer komplementären Güter nach der Theorie des Zweitbesten keine Möglichkeit zur Erhöhung des Wohlfahrtsniveaus gesehen werden.

Karl Georg Zinn, Basistheorie des ökonomischen Wohlstandes in der Demokratie. Die Interdependenz von Gleichheit, Zeit und Nutzen und die verteilungspolitische Konsequenz, Wiesbaden 1970, S. 266 ff.

Siehe auch ders., Überstunden in der Freizeitkultur? Mikroökonomisches Arbeitsangebot bei Lohn- und Arbeitszeitvariationen, in: Jb. f. Nat. u. Stat. Bd. 185 (1971), S. 403—429, passim.

einer Änderung ihres Arbeitsangebotes reagieren, wenn von den *Musgrave*schen ‚spite effects'[33] einmal abgesehen wird.

Ob in der Realität die Individuen auf eine Steuererhöhung mit einer Tendenz zur Substitution von Arbeit durch Freizeit reagieren, ist strittig. Hier wird häufig die Meinung vertreten, daß wenigstens ein Teil der Einkommensbezieher, etwa die Selbständigen und die freiwillig Überstunden leistenden Arbeiter, in der Lage sind, sich die Länge ihrer Arbeitszeit selbst zu bestimmen. Insbesondere *Schwarz* und *Moore* sind jedoch der Auffassung, daß sowohl von Anbietern als auch von Nachfragern auf dem Arbeitsmarkt die Länge der Arbeitszeit so festgelegt ist, daß die Individuen nicht die Möglichkeit einer kontinuierlichen Variation der Arbeitszeit haben[34]. Auch empirische Untersuchungen lassen es zweifelhaft erscheinen, daß von steuerlichen Maßnahmen ein nennenswerter Einfluß auf die Wahl zwischen Arbeit und Freizeit ausgeht[35]. Es bleibt jedoch zu prüfen, welche Bedeutung diese Feststellung für den Nachweis einer Mehrbelastung hat.

Zunächst soll die den eben genannten empirischen Untersuchungen meistens zugrunde liegende theoretische Argumentation noch einmal kurz skizziert werden[36]. Durch eine *neu* eingeführte Verbrauch- oder Einkommensteuer wird der Nettolohnsatz gesenkt. Mit der gleichen

---

33 Vgl. *Musgrave,* Public Finance, 1959, S. 240 f. In der deutschen Übersetzung findet sich dafür der nicht ganz treffende Ausdruck „Groll-Effekt". (Vgl. Finanztheorie, 1959/1969, S. 191 f.) Während mit dem englischen ‚spite' ein aktiver Widerstand, eine Handlung assoziiert wird, wie es wohl auch von *Musgrave* gemeint ist, denkt man bei „Groll" eher an eine mehr passive Haltung des Übelnehmens oder Beleidigtseins.

34 Vgl. *Schwartz* u. *Moore,* Distorting Effects, 1951, S. 142 f. Siehe aber auch schon *Wald,* Classical Indictment, 1944/45, S. 593 und *Henderson,* The Case for Indirect Taxation, 1948, S. 548.

35 Vgl. z. B. *Gershon Cooper,* Taxation and Incentives in Mobilization, in: Quart. Journ. of Ec. Bd. 66 (1952), S. 43—66, abgedruckt in: Readings in the Economics of Taxation, S. 470—492; *J. Keith Butters,* Taxation, Incentives, and Finanzcial Capacity, in: Am. Econ. Rev. Bd. 44 (1954), S. 504—519, abgedruckt in *Arthur Smithies* u. *J. Keith Butters* (Selection Committee of the American Economic Association) Readings in Fiscal Policy, London 1955, S. 502—518; bes. aber *Georg F. Break,* Income Taxes and Incentives to Work: An Empirical Study, in: Am. Econ. Rev. Bd. 47 (1957), S. 529—549. Siehe zur Incentive-Diskussion auch *Burkhard Strümpel,* Steuersystem und wirtschaftliche Entwicklung. Funktion und Technik der Personalbesteuerung im sozioökonomischen Wandel, Tübingen 1968, S. 124 ff. Für eine umfassende Erörterung der theoretischen Argumentation und der Versuche einer empirischen Überprüfung dieser Hypothesen siehe auch *Gunther Engelhardt,* Verhaltenslenkende Wirkungen der Einkommensteuer. Ein Beitrag zum Problem der wirtschaftspolitischen Beratung. Finanzwissenschaftliche Forschungsarbeiten N. F. Heft 38, Berlin 1968, S. 85 ff.

36 Vgl. dazu wieder *Musgrave,* Finanztheorie, 1959/69, S. 183 ff. und die dort angeführte umfangreiche Literatur. Siehe auch *Günter Hedtkamp,* Lehrbuch der Finanzwissenschaft, Neuwied u. Berlin 1968, S. 316 ff. für eine knappe Erläuterung anhand graphischer Darstellungen.

Arbeitszeit können nun weniger Güter auf dem Markt erworben werden. Der Wert der Arbeit sinkt also im Verhältnis zum Wert des nicht besteuerten Gutes Freizeit, es besteht eine Tendenz Arbeit durch Freizeit zu substituieren. Gleichzeitig wird durch die Steuer jedoch auch das *„Einkommen“*[37] vermindert. Unter der nicht unplausiblen Annahme mit steigendem Einkommen fallenden Grenznutzens des Geldes, steigt in diesem Fall der Grenznutzen des Nettolohnsatzes. Es besteht eine Tendenz, die Arbeitszeit auszudehnen. Der Substitutionseffekt und der „Einkommens“effekt wirken hier also in entgegengesetzter Richtung. Theoretische Überlegungen können keinen Aufschluß mehr darüber geben, welcher Effekt in der Realität stärker sein mag[38].

Sowohl der Substitutionseffekt als auch der „Einkommens“effekt können mit einer Wohlfahrtswirkung verbunden sein. Ein volkswirtschaftlicher Wohlfahrtsverlust kann einmal auftreten, wenn der Nutzenentgang der Privaten infolge einer *neu* eingeführten Steuer höher ist als der Nutzenzuwachs infolge der damit finanzierten Staatsausgaben. Dieser Aspekt wird hier nicht untersucht.

Zum anderen kann ein Wohlfahrtsverlust auftreten, weil die Individuen bei einer Änderung der Preisverhältnisse die relativ teurer gewordenen durch relativ billige Güter substituieren, auch wenn ihr „Einkommen“ unverändert bleibt. Nur dieser letzte Aspekt ist Gegenstand unserer Erörterungen.

Die vorliegenden empirischen Untersuchungen gestatten wohl keine Aussage über das Ausmaß der Substitutionswirkungen von Einkommensteuern. Die Tatsache, daß nach einer Steuererhöhung das Arbeitsangebot unverändert bleibt, kann nicht als Beweis für die Abwesenheit eines Substitutionseffektes gewertet werden, wie dies, zumindest impliziert, häufig geschieht[39]. Der Substitutionseffekt kann durchaus durch einen starken „Einkommens“effekt kompensiert werden[40]. Der Substitutionseffekt läßt sich im Modell isolieren, wenn, wie es in der hier angestellten Untersuchung durchweg geschieht, angenommen wird, daß die steuerliche Maßnahme das Nettoeinkommen der Individuen unver-

---

[37] Das „Einkommen“ umfaßt hier sowohl das Geldeinkommen als auch den Freizeitnutzen.

[38] Vgl. dafür auch schon *Lionel Robbins*, On the Elasticity of Demand for Income in Terms of Effort, in: Economica Bd. 10 (1930), S. 123—129, passim; *Lerner*, Economics of Control, 1944, S. 237 f.; *J. R. Hicks*, Value and Capital, 1946, S. 36 ff.; *Wald*, Classical Indictment, 1944/45, S. 582 ff.; *Richard Goode*, The Income Tax and the Supply of Labor, in: Journ. of Pol. Ec. Bd. 57 (1949), S. 428—437, passim.

[39] Vgl. dafür z. B. *Walter Wittmann*, Zur Frage der wachstumspolitischen Effizienz eines rationalen Steuersystems, in: Fin. Arch. N.F. Bd. 24 (1965), S. 51—69, S. 54 f.

[40] Wenn der Faktoreinsatz als variabel betrachtet wird, muß, wie gesagt, dieses „Einkommen“ auch den Freizeitnutzen umfassen.

ändert läßt und nur, wie oben, der Ersatz einer Kopfsteuer durch eine andere Steuer gleichen Aufkommens betrachtet wird, oder wenn angenommen wird, daß die neuen Einnahmen als Transferzahlungen den Steuerzahlern wieder voll zugute kommen[41] und der Grenznutzen des Geldes daher als unverändert angesehen werden kann. Wichtig ist die Feststellung, daß die Höhe der hier untersuchten Mehrbelastung nur von der Größe des Substitutionseffektes abhängig ist und nicht von der auch vom „Einkommens"effekt beeinflußten Variation des Arbeitsangebotes[42]. Es erfolgt also keine Kompensation der Wohlfahrtswirkung der beiden Effekte, eine Mehrbelastung wird verursacht, solange überhaupt ein Substitutionseffekt auftritt, der durch eine ungleiche Belastung von Arbeit und Freizeit verursacht wird[43].

c) Progressive Steuern

Bisher ist stets davon ausgegangen worden, daß die untersuchten Steuern durch einen proportionalen Tarif, also einen konstanten Grenzsteuersatz gekennzeichnet sind. Diese Annahme soll jetzt fallengelassen werden[44].

Progressive Steuern sind nur sinnvoll, wenn sie dazu führen, daß die verschiedenen Individuen mit Steuersätzen unterschiedlicher Höhe belastet werden, was z. B. bei unterschiedlichem Einkommen und sinkendem Grenznutzen des Einkommens dazu führen soll, daß alle Individuen das gleiche Opfer bringen. Die für die verschiedenen Individuen unterschiedlichen Steuersätze lassen sich jedoch in dem als Grundmodell *C* bezeichneten allgemeinen Gleichgewichtsmodell nur sehr schwer berücksichtigen, da hier von der Voraussetzung identischer Individuen ausgegangen werden mußte, um u. a. die sozialen Indifferenzkurven zu ermitteln. Die Argumentation soll daher zunächst für den Fall des einzelnen Individuums in dem als Grundmodell *B* bezeichneten partiellen Gleichgewichtsmodell geschildert werden[45].

Eine Kopfsteuer soll durch eine progressive Einkommensteuer ersetzt werden. Die Einkommensteuer übt keine Wirkung auf das Preis-

---

41 Vgl. dafür z. B. *Pigou*, Public Finance, 1947, S. 65.

42 Siehe dazu auch *Wald*, Classical Indictment, 1944/45, S. 586 und *David Walker*, The Direct-Indirect Tax Problem: Fifteen Years of Controversy, in: Public Finance Bd. 10 (1955), S. 153—176, S. 159.

43 Vgl. dafür auch *Ansel M. Sharp* und *Bernhard F. Sliger*, Public Finance. An Introduction to the Study of the Public Economy, Homewood, Ill. 1964, S. 243.

44 Vgl. für die folgenden Überlegungen z. B. *Musgrave*, Finanztheorie 1959/1969, S. 135 f., 192 ff.

45 Diese Argumentation im partiellen Gleichgewichtsmodell findet sich wohl zuerst bei *Kenneth E. Boulding*, Economic Analysis, 2. Aufl., New York 1948, S. 773 ff.

verhältnis der auf dem Markt erscheinenden Güter gegenwärtigen Konsums aus. Erst wenn das Arbeitsangebot als variabel betrachtet wird, führt die Einkommensteuer aufgrund der Störung des Arbeit-Freizeit-Verhältnisses zu einer Mehrbelastung. Dieser Fall soll untersucht werden.

Abb. 11 ist eine Erweiterung der in Abb. 3 dargestellten partiellen Gleichgewichtsbetrachtung. Auf der Ordinate wird das Einkommen, auf der Abszisse das Gut Freizeit abgetragen. Die Linie *CB* gibt an, welche Kombination von Einkommen und Freizeit dem Individuum vor Einführung der Steuern maximal zur Verfügung stehen. Das Gleichgewicht stellt sich in Punkt *E*, dem Tangentialpunkt der Budgetlinie, deren Steigung das Preisverhältnis von Arbeit zu Freizeit angibt, und der Indifferenzkurve i_3 des Individuums ein. Die Einführung einer Kopfsteuer bewirkt eine Parallelverschiebung der Budgetlinie in Richtung des Ursprungs zu *FD*. Bei jedem Einkommen muß die gleiche Steuersumme *CF* aufgebracht werden. Das Gleichgewicht stellt sich nun im Tangentialpunkt *L* der Nettobudgetlinie *FD* mit der höchsten nun noch erreichbaren Indifferenzkurve i_2 ein.

Nun soll die Kopfsteuer durch eine proportionale Einkommensteuer ersetzt werden. Der konstante Lohnsatz je Arbeitseinheit wird dadurch um den Steuersatz gemindert. Der gezahlte Steuerbetrag nimmt mit der Länge der Arbeitszeit, also mit steigendem Einkommen, linear zu. Die Budgetlinie *CB* wird in *B* nach *GB* gedreht. Der Schnittpunkt *S* der Nettobudgetlinie *FD* mit der Nettobudgetlinie *GB* gibt an, bei welcher Kombination von Arbeit und Freizeit der Steuerbetrag bei beiden Steuern im Gleichgewicht den gleichen Wert erreicht. Dieser Punkt *S* muß rechts von *L* (denn die Richtung des Substitutionseffektes ist eindeutig bestimmt) auf einer niedrigeren Indifferenzkurve i_1 liegen als der Punkt *L*. Solange sich die Indifferenzkurven nicht schneiden, kann kein Punkt der Nettobudgetlinie *FD* auf einer Indifferenzkurve liegen, die nicht niedriger als die in *L* tangierte Indifferenzkurve i_2 ist. Die proportionale Einkommensteuer hat also eine Mehrbelastung verursacht.

Anstelle der proportionalen Einkommensteuer soll jetzt eine progressive Einkommensteuer eingeführt werden. Der vom Individuum zu zahlende Steuerbetrag soll also mit steigender Arbeitszeit bzw. mit steigendem Einkommen überproportional ansteigen. Die Bruttobudgetlinie *CB* wird mit Einführung der Steuer in *B* nach unten gedreht und außerdem noch nach unten gekrümmt. Es ergibt sich die Nettobudgetlinie *HB*.

Der Schnittpunkt *T* der Nettobudgetlinie *FD* mit der Nettobudgetlinie *HB* gibt wieder an, bei welcher Kombination von Arbeit und

Freizeit der Steuerbetrag unter beiden Steuern den gleichen Wert erreicht. Dieser Punkt *T* muß ebenso wie der Punkt *S* auf einer niedrigeren Indifferenzkurve liegen als der Punkt *L*. Er muß jedoch auch auf einer niedrigeren Indifferenzkurve liegen als der Punkt *S*, denn solange die Indifferenzkurven sich nicht schneiden, müssen alle rechts von *L* auf *FD* liegenden Punkte auf immer tieferen Indifferenzkurven liegen. Gleichzeitig muß die Steigung der Indifferenzkurven in ihrem jeweiligen Schnittpunkt mit FD nach rechts ständig abnehmen. Da die Steigung der Nettobudgetlinie *HB* der progressiven Steuer im Schnittpunkt *T* mit *FD* jedoch auch geringer sein muß als die Steigung der Nettobudgetlinie *GB* der proportionalen Steuer im Schnittpunkt *S* mit *FD*, muß *T* immer rechts von *S* liegen. Die von der progressiven Steuer verursachte Mehrbelastung ist also höher als die von einer proportionalen Steuer gleichen Ertrages verursachte. Dieses Ergebnis gilt allerdings nicht unbedingt für die proportionale Steuer mit Freibetrag, die indirekt progressive Steuer.

Es ist jedoch nicht ganz unproblematisch, aus diesem für das einzelne Individuum gültige Ergebnis eine Aussage über die Wirkung progressiver Steuern auf die Volkswirtschaft abzuleiten, wenn nicht davon ausgegangen werden kann, daß die Individuen alle das gleiche Einkommen beziehen. Einer Gruppe, die durch die progressive Steuer im Vergleich zu einer proportionalen Steuer oder einer Kopfsteuer benachteiligt wird, steht dann stets eine Gruppe gegenüber, die durch eben diese Maßnahme begünstigt wird. Noch komplizierter wird die Problematik, wenn z. B. Annahmen über einen abnehmenden Grenznutzen des Einkommens explizit in die Untersuchung mit einbezogen werden[46]. In jedem dieser Fälle lassen sich ohne interpersonelle Nutzenvergleiche keine Aussagen über die Wirkung progressiver Steuern auf das volkswirtschaftliche Wohlfahrtsniveau treffen.

6. Intertemporale Substitution

a) Die theoretische Argumentation

Ebenso wie der Produktionsfaktor Arbeit unter Berücksichtigung des Gutes Freizeit als variabel angesehen wird, kann auch die Einsatzmenge des Faktors Kapital als variabel angesehen werden. Durch Sparen wird der Konsum gegenwärtiger Güter in die Zukunft verlagert[47].

---

[46] Vgl. für eine eingehendere Untersuchung *Robin Barlow* und *Gordon R. Sparks*, A Note on Progression and Leisure, in: Am. Ec. Rev. Bd. 54 (1964), S. 372—377; *J. G. Head*, A Note on Progression and Leisure: Comment, in: Am. Ec. Rev. Bd. 56 (1966), S. 172—179 und dazu Reply, von *Barlow/Sparks*, ebenda, S. 180. Für einen Überblick siehe auch *Shoup*, Public Finance, 1969, S. 335.

[47] Vgl. für diese Überlegungen auch *G. C. Archibald*, Saving and the

Wenn die Grenzraten der indifferenten zeitlichen Substitution für die Individuen nicht gleich den Grenzraten der zeitlichen Substitution in der Produktion sind, können die Individuen durch intertemporale Substitution von Gütern ihr Wohlfahrtsniveau erhöhen. Im folgenden soll geprüft werden, durch welche steuerlichen Maßnahmen es zu Unterschieden in den Grenzraten der intertemporalen Substitution kommen kann.

Die optimale Allokation der Produktionsfaktoren in der Zeit stellt eins der am häufigsten diskutierten Probleme der Wohlfahrtstheorie dar. In diesem Zusammenhang brauchen jedoch nur die Grundzüge der Argumentation angedeutet zu werden[48]. Auf die bei der Untersuchung von Zinsproblemen besonders wichtigen, aber sehr komplizierten geldtheoretischen Aspekte kann in dem engen Rahmen dieser Untersuchung nicht eingegangen werden[49].

Die Argumentation kann wieder mit Hilfe des als Grundmodell *C* bezeichneten allgemeinen Gleichgewichtsmodells erläutert werden[50]. Dabei wird zunächst angenommen, daß es nur ein Gut X gibt, das einmal als Gut X_0 im Zeitpunkt 0, zum anderen als Gut X_1 im Zeitpunkt 1 konsumiert werden kann. Auf eine besondere graphische Darstellung kann hier verzichtet werden. Man denke sich lediglich anstelle von Gut Y in Abb. 5 das gegenwärtig konsumierte Gut X_0 auf der Ordinate abgetragen und auf der Abszisse das künftig zu konsumierende Gut X_1.

Die Grenzrate indifferenter Substitution zwischen gegenwärtigem und zukünftigem Verbrauch wird durch die in der Form der Indifferenzkurven zum Ausdruck kommende Zeitpräferenz der Konsumenten bestimmt. Die Grenzrate der Transformation wird durch technische Bedingungen, insbesondere den Kapitalkoeffizienten und die techni-

---

Welfare Theory of Taxation, in: Econ. Record, Bd. 31 (1955), S. 90—94; siehe auch wieder *Musgrave,* Finanztheorie, 1959/1969, S. 133 f., 215 ff. und *Hedtkamp,* Finanzwissenschaft, 1968, S. 327 ff.

[48] Für eine ausführlichere Behandlung dieser Problematik siehe z. B. *Gerhard Tintner,* The Maximisation of Utility over Time, in: Econometrica, Bd. 6 (1938), S. 154—158; *Graaff,* Theoretical Welfare Economics, 1957, S. 93 ff., 156 ff.; *Tjalling C. Koopmans,* Stationary Ordinal Utility and Impatience, in: Econometrica, Bd. 28 (1960), S. 287—309; *Jan Tinbergen,* Optimum Savings and Utility Maximisation Over Time, in: Econometrica, Bd. 28 (1960), S. 481 bis 489; *Mishan,* Überblick über die Wohlfahrtsökonomik 1960/1967, S. 147 ff.; *Tjalling, C. Koopmans, Peter A. Diamond, Richard E. Williamson,* Stationary Utility and Time Perspective, in: Econometrica, Bd. 32 (1964), S. 82 bis 100; *M. Inagaki,* Utility Maximisation over Infinite Time, A General Existence Proof, (The Netherlands Economic Institute, Division for B. I. G. Publ. 34/1966) Rotterdam 1966; *Earl A. Thompson,* Intertemporal Utility Functions and the Long-Run Consumption Function, in: Econometrica, Bd. 35 (1967), S. 356—362.

[49] Für einen Überblick vgl. z. B. *Little,* Critique, 1957, S. 145 ff.

[50] Für die einzelnen Annahmen, die daher getroffen wurden, vgl. wieder oben Kap. III, C.

schen Möglichkeiten, Ressourcen von der Produktion von Konsumgütern zur Produktion von Investitionsgütern und umgekehrt umzulenken, bestimmt. Im Gleichgewicht ist die Grenzrate der Substitution gleich der Grenzrate der Transformation, solange, wie hier angenommen wird, die anderen Marginalbedingungen erfüllt sind.

Durch die *Neu*einführung einer Kopfsteuer mag sich das Verhältnis der Preise gegenwärtiger und zukünftiger Güter p_{x_0}/p_{x_1} verändern, da der Einkommenseffekt zu einer relativ stärkeren Verminderung der Nachfrage etwa nach künftigen Gütern führen kann. Es ist jedoch nach wie vor für Konsumenten und Produzenten gleich. Das Gleichgewicht stellt sich bei Punkt E in Abb. 5 ein, in dem die Transformationskurve AB von der Indifferenzkurve i_2 tangiert wird.

Nun soll die Kopfsteuer durch eine Einkommensteuer ersetzt werden. Da einer allgemeinen Einkommensteuer auch die Zinseinkommen unterliegen, ist der Nettozins, den die Konsumenten erhalten, um den Steuersatz niedriger als der Bruttozins, den die Produzenten zahlen. Durch die Einkommensteuer wird also der zukünftige Konsum X_1 stärker belastet als der gegenwärtige X_0. Das Preisverhältnis, in dem zukünftiger und gegenwärtiger Konsum getauscht werden, ist für Konsumenten (Steigung der Preisgeraden *GH:*

$$\frac{p_{x_0}}{p_{x_1}} = \frac{p_{x_0}}{p_{x_0} : (1 + i_N)} = 1 + i_N$$

wobei i_N der Nettozinsfuß ist) und für Produzenten (Steigung der Preisgeraden *KF:* $(1 + i_B)$, wobei i_B der Bruttozins ist) ungleich. Die Marginalbedingungen sind nicht mehr erfüllt; die allgemeine Einkommensteuer hat eine Mehrbelastung verursacht.

Genau entgegengesetzt ist, so könnte argumentiert werden, die Wirkung einer Verbrauchsteuer. Nur der in Periode Null konsumierte Teil des Einkommens wird besteuert, während der gesparte Teil zunächst unbesteuert bleibt. Das Verhältnis der Preise gegenwärtiger zu künftigen Konsumgütern p_{x_0}/p_{x_1}, die von den Konsumenten gezahlt werden müssen, nimmt aufgrund der Steuer einen höheren Wert an; die Preisgerade wird flacher und schneidet die Transformationskurve in einem Punkt rechts von E in Abb. 5. Mit der höheren Nachfrage nach zukünftigen Gütern X_1 wird (bei der hier angenommenen Krümmung der Transformationskurve) deren Erzeugung relativ teurer. Das Verhältnis der von den Produzenten empfangenen Netto-Preise nach Abzug der Steuern p_{x_0}/p_{x_1} nimmt einen niedrigeren Wert an. Auch hier sind die Grenzraten der Substitution und Transformation einander nicht mehr gleich; auch die Verbrauchsteuer verursacht eine Mehrbelastung.

Diese Argumentation ist jedoch bei den hier zugrunde gelegten Annahmen nicht schlüssig. Die beschriebenen Veränderungen in den Preisverhältnissen erfolgen nur, wenn im Ausgangszustand eine Einkommensteuer besteht, durch die auch das Zinseinkommen belastet und die dann durch eine Verbrauchsteuer ersetzt wird. Dann fallen jedoch, wie gerade beschrieben wurde, die für Konsumenten und Produzenten jeweils gültigen Preisverhältnisse schon im Ausgangszustand auseinander. Wird die Einkommensteuer durch eine Verbrauchsteuer ersetzt, führt die dann einsetzende gegenläufige Veränderung der Preisverhältnisse nur dazu, daß die bestehende Diskrepanz ausgeglichen wird. Wird dagegen eine optimale Situation der Volkswirtschaft als Ausgangspunkt gewählt, führt eine allgemeine Verbrauchsteuer zu keiner Veränderung der Preisverhältnisse zwischen gegenwärtigen und künftigen Gütern. Solange von den Individuen angenommen wird, daß die Verbrauchsteuer auch in Zukunft bestehen bleibt, werden die Preise von gegenwärtigen und zukünftigen Gütern in gleichem Maße erhöht, so daß das Verhältnis dieser beiden Größen unverändert bleibt.

Es ist festzuhalten, daß in diesem Modell eine Verbrauchsteuer ebensowenig eine Mehrbelastung verursacht wie eine Kopfsteuer, während die Einkommensteuer mit einer Mehrbelastung verbunden ist. Diese Mehrbelastungswirkung der Einkommensteuer kann jedoch vermieden werden, indem auf die Besteuerung des Zinseinkommens verzichtet wird. Über die Wirkungen einer speziellen Verbrauchsteuer kann keine Aussage gemacht werden, da diese Steuer in diesem Modell, in dem es nur ein in verschiedenen Perioden zu konsumierendes Gut gibt, nicht auftreten kann. Die Betrachtung soll daher noch kurz auf ein Zwei-Güter-Modell erweitert werden.

Zwei alternative Konsumgüter stehen zur Verfügung. Sie können in Periode Null konsumiert werden (X_0, Y_0), oder ihr Konsum wird bis Periode 1 (X_1, Y_1) aufgeschoben.

Nun soll eine Kopfsteuer durch eine Einkommensteuer ersetzt werden. Die Grenzrate der Substitution und Transformation zwischen den Gütern X und Y werden davon nicht beeinflußt. Weder in Periode Null noch in Periode 1. Dagegen werden, wie eben schon dargestellt, die Grenzraten der Substitution und Transformation zwischen gegenwärtigem und zukünftigem Konsum der einzelnen Güter ungleich.

$$\begin{aligned} \text{Schematisch:}\quad & S = T \text{ für } X_0, Y_0 \\ & S = T \text{ für } X_1, Y_1 \\ & S \neq T \text{ für } X_0, X_1 \\ & S \neq T \text{ für } Y_0, Y_1 \end{aligned}$$

Wird statt dessen die Kopfsteuer durch eine spezielle Verbrauchsteuer auf eines der beiden Güter ersetzt, bleiben die Grenzraten der

Substitution und Transformation zwischen gegenwärtigem und künftigem Konsum der Güter unverändert. Nun nehmen jedoch die Grenzraten der Substitution und Transformation zwischen den einzelnen Gütern voneinander unterschiedliche Werte an.

Schematisch: $S \neq T$ für X_0, Y_0
$S \neq T$ für X_1, Y_1
$S = T$ für X_0, X_1
$S = T$ für Y_0, Y_1

Die Zahl der Güterkombinationen, für die eine Verzerrung der Preisverhältnisse bewirkt wird, ist bei der allgemeinen Einkommensteuer und der speziellen Verbrauchsteuer gleich. Wieder ist es nicht möglich, eine Aussage über die Überlegenheit einer der beiden Steuerformen zu treffen, ohne eine Vorstellung über die quantitative Bedeutung der einzelnen Mehrbelastungswirkungen zu haben.

b) Prüfung der Realitätsbezogenheit

Die Aussagen über die Mehrbelastungswirkungen der verschiedenen Steuern haben nur Gültigkeit, wenn die zugrunde liegenden Annahmen über das Verhalten durch empirische Untersuchungen nicht widerlegt werden. So ist in der eben angestellten Überlegung stets vorausgesetzt worden, daß das Angebot an Ersparnissen positiv, die Nachfrage nach Ersparnissen negativ mit dem Zinsfuß korreliert ist. Die Realitätsbezogenheit dieser Annahme soll kurz untersucht werden.

Zunächst das Angebot an Ersparnissen: Die Annahme, daß eine Senkung des Nettozinsfußes zu einer Verringerung des Angebots an Ersparnissen führt, erscheint plausibel, wenn davon ausgegangen werden kann, daß die Individuen lediglich sparen, um später den laufenden Konsum zu finanzieren und — bei im Zeitablauf konstantem Grenznutzen des Geldes — ein Nutzenmaximum über alle Perioden anstreben. Dieses dürfte jedoch in der Realität nur in Ausnahmesituationen der Fall sein. Werden dagegen von den Sparern, sei es für eine größere Anschaffung, aus Gründen der sozialen Sicherung oder des Sozialprestiges ein bestimmter Kapitalbetrag oder Kapitalertrag angestrebt, so wird u. U. eine Senkung des Nettozinsfußes zu einer Erhöhung des Sparangebots führen.

Zudem sind die Sparleistungen der Individuen häufig durch institutionelle Regelungen wie z. B. Ratensparverträge, weitgehend festgelegt und lassen keine Reaktion auf Änderungen des Nettozinsfußes zu. Schließlich wird auch nur ein relativ geringer Teil der volkswirtschaftlichen Ersparnisse von Individuen aufgebracht, für die die hier angestellten Überlegungen zutreffen könnten[51].

[51] Für einen Versuch, bei der Erfassung der gesamtwirtschaftlichen Spar-

Soweit es sich um Ersparnisse des Staates, nicht ausgeschüttete Gewinne von Unternehmen oder Sparen von Unternehmern handelt, wird der Nettohabenzins kaum als bedeutsame Größe angesehen werden können. Die Zinsreagibilität des Sparens als volkswirtschaftliche Größe wird allgemein als gering angesehen[52].

Bei diesem Argument einer negativen Korrelation von Zinssatz und Angebot von Sparbeträgen, wenn mit dem Ziel eines bestimmten Kapitalertrages oder einer bestimmten Kapitalsumme gespart wird, handelt es sich jedoch offensichtlich um den Einkommenseffekt einer Zinssatzveränderung. Einkommenseffekte sind jedoch in dieser Untersuchung der unterschiedlichen Wohlfahrtswirkungen von Steuern gleichen Ertrages ausdrücklich ausgeschlossen worden. Wie bei der Untersuchung des Arbeitsangebotes kann auch hier der Nachweis, daß in der Realität durch die Steuern keine nennenswerten Substitutionswirkungen auftreten, nicht als Beweis für die Abwesenheit von Substitutionseffekten und damit Mehrbelastungswirkungen angesehen werden. Auch hier ist es wieder möglich, daß starke Substitutionseffekte auftreten, sich aber nicht ohne größere Schwierigkeiten nachweisen lassen, da sie von Einkommenseffekten kompensiert werden.

Die Nachfrage nach Ersparnissen kann als die Höhe der Nettoinvestitionen definiert werden. Diese wird hauptsächlich durch den internen Zinsfuß oder die Verzinsung des eingesetzten Kapitals und den Marktzinsfuß bestimmt. Dabei ist die bei der Argumentation mit der Transformationskurve in Abb. 5 implizierte Annahme nicht unplausibel, daß die Nachfrage nach Ersparnissen mit steigendem Zinsfuß abnimmt. Es kann angenommen werden, daß die Zahl der möglichen Investitionen, deren interner Zinsfuß über dem Marktzinsfuß liegt und die deshalb lohnend erscheinen, mit steigendem Marktzins abnimmt.

Damit ist jedoch noch nicht gesagt, daß ein Steigen des Marktzinses, etwa verursacht durch einen Rückgang des Angebots an Ersparnissen

---

neigung auch das Auftreten ausgeschütteter und nicht ausgeschütteter Gewinne zu berücksichtigen, vgl. z. B. *Alfred E. Ott*, Sparen und Investieren — erneute Diskussion eines alten Problems. Erich Preiser in memoriam, in: *Gottfried Bombach* (Hrsg.), Wachstum, Einkommensverteilung und wirtschaftliches Gleichgewicht, Schriften des Vereins für Socialpolitik NF. Bd. 53, Berlin 1969, S. 27—44, bes. S. 32 ff.

[52] Vgl. dazu z. B. *Musgrave*, Finanztheorie 1959/1969, S. 229. Als weiterer Beleg für die geringe Zinsempfindlichkeit des Sparverhaltens mag auch die Tatsache herangezogen werden, daß nach empirischen Untersuchungen durch die in der BRD anzutreffende Möglichkeit prämienbegünstigten Sparens lediglich eine Umschichtung zwischen den verschiedenen Sparformen, aber keine nennenswerte Erhöhung des Sparvolumens erreicht worden ist. Vgl. dafür *Engelhardt*, Verhaltenslenkende Wirkungen, 1968, S. 79 ff. und die dort angeführten Untersuchungen.

aufgrund einer Senkung des Nettozinsfußes durch eine Einkommensteuer, in der Realität einen Rückgang der Nachfrage nach Ersparnissen bewirken wird. Zunächst einmal kann die mit dem Rückgang des Angebots an Ersparnissen direkt verbundene Erhöhung der Nachfrage nach Gütern gegenwärtigen Konsums eine Erhöhung des internen Zinsfußes auslösen, die die Erhöhung des Marktzinsfußes überkompensieren kann. Darüber hinaus werden aber auch mit einer Investition oft andere Ziele angestrebt als die größtmögliche Rendite, wie z. B. Erhaltung oder Ausdehnung des Marktanteils und die Erweiterung des Unternehmensbereiches.

Von Variationen des Marktzinsfußes kann wohl nur dann ein nennenswerter Einfluß auf die Höhe der Investitionen erwartet werden, wenn sie, im Gegensatz zu den hier betrachteten Folgen einer Reduzierung des Angebots an Ersparnissen, etwa wie eine Erhöhung des Diskontsatzes mit Signalwirkungen verbunden sind oder mit einer Reduzierung der Liquidität einhergehen. Die Zinsreagibilität der Investitionstätigkeit kann als gering angesehen werden[53]. Auch die Bedeutung der Besteuerung ganz allgemein für die Investitionstätigkeit kann nach den neueren empirischen Untersuchungen als sehr viel geringfügiger angesehen werden, als es diese theoretischen Überlegungen[54] vermuten ließen[55].

Nach der Behandlung von Mehrbelastungen, die auf Verstöße gegen eine der sieben in der Literatur am häufigsten explizit aufgeführten

---

[53] Vgl. etwa *Lawrence E. Thompson* und *J. Keith Butters*, The Effects of Taxation on the Investment Policies and Capacities of Individuals, in: Journ. of Fin. Bd. 8 (1953), S. 137—151, bes. 149 ff.; *J. Keith Butters*, Effects of Taxation on the Investment Capacities and Policies of Individuals, in: Federal Tax Policy for Economic Growth and Stability, Papers, S. 126—135, bes. S. 133 ff.

Für neuere Versuche eines empirischen Nachweises der Auswirkungen der Steuerpolitik auf das Investitionsverhalten, die grundsätzlich zum gleichen Ergebnis kommen, vgl. *Robert E. Hall* und *Dale W. Jorgenson*, Tax Policy and Investment Behavior, in: Am. Ec. Rev. Bd. 57 (1967), S. 391—414; *Robert M. Coen*, Tax Policy and Investment Behavior: Comment, in: Am. Ec. Rev. Bd. 59 (1969), S. 370—379; *Robert Eisner*, Tax Policy and Investment Behavior: Comment, in: Am. Ec. Rev. Bd. 59 (1969), S. 379—388; *Robert E. Hall* und *Dale W. Jorgenson*, Tax Policy and Investment: Reply and Further Results, in: Am. Ec. Rev. Bd. 59 (1969), S. 338—401. An diesen Stellen finden sich auch weitere Hinweise auf Versuche, die dem Investitionsverhalten zugrunde liegenden Einstellungen und Verhaltensweisen mit Hilfe von ökonometrischen Methoden zu erfassen.

[54] Für den Versuch einer umfassenden theoretischen Analyse siehe z. B. *Helmut Schneider*, Der Einfluß der Steuern auf die unternehmerischen Investitionsentscheidungen, Tübingen 1964, passim.

[55] Vgl. dazu auch die ausführliche Erörterung dieser Problematik bei *Engelhardt*, Verhaltenslenkende Wirkungen, 1968, S. 67 ff., bes. S. 79.

Für die gegenteilige Ansicht vgl. jedoch *Martin Beckmann* und *Horst Albach*, Zur Reform der direkten Steuern, Wiesbaden 1970 passim und *Horst Albach*, Steuersysteme und unternehmerische Investitionspolitik, Wiesbaden 1970, passim.

paretianischen Marginalbedingungen zurückzuführen sind, sollen nun noch einige andere derartige Verzerrungen kurz angesprochen werden.

7. Substitution von Investitionen verschiedenen Risikogrades

Gelegentlich wird darauf hingewiesen, daß Mehrbelastungen auch dann entstehen, wenn infolge der Besteuerung die Grenzraten der Substitution und Transformation zwischen Investitionen unterschiedlichen Risikogrades gestört werden, wie dies nach Meinung einiger Autoren bei der Einkommensteuer der Fall ist[56].

Risikoreiche Investitionen sind dadurch gekennzeichnet, daß die Verlustchancen relativ groß sind, was durch die Möglichkeit entsprechend höherer Gewinne wieder ausgeglichen wird. Während sich die Steuerlast mit der Höhe der Gewinne bei progressiven Einkommensteuern überproportional vergrößert, beteiligt sich der Fiskus an den Verlusten entsprechend unterproportional oder — wenn das Einkommen eines Investors in einer Periode negativ wird — überhaupt nicht. Die stark schwankenden Gewinne risikoreicher Investitionen werden also gegenüber den relativ gleichbleibenden Gewinnen der risikoärmeren benachteiligt und durch letztere substituiert. Die Volkswirtschaft gerät dadurch in eine suboptimale Situation. Es entsteht eine Mehrbelastung.

Es ist jedoch fraglich, ob dieses Ergebnis auch für eine allgemeine, proportionale Einkommensteuer mit der Möglichkeit von Verlustausgleich, -vortrag und -abzug gültig ist[57].

---

[56] Vgl. z. B. *Pigou,* Public Finance, 1947, S. 71. Einen Abriß der Argumentation gibt auch *Lerner,* Econ. of Control, 1944, S. 238 ff.; vgl. dafür ferner *Johannes Koulis,* Soziale Gestaltung der Besteuerung oder volkswirtschaftliche Steuerpolitik, Tübingen 1948, S. 17; *Kurt Schmidt,* Möglichkeiten und Grenzen einer Finanzpolitik des sozialen Ausgleichs, in: ORDO, Bd. 10 (1958), S. 315—336, S. 325 ff. und die dort angeführte Literatur.

[57] Seit der umfassenden Untersuchung von *Evsey D. Domar* und *Richard Abel Musgrave,* Proportional Income Taxation and Risk-Taking, in: Quart. Journ. of Ec. Bd. 58 (1943/44), S. 388—422, abgedruckt in: Readings in the Economics of Taxation, S. 493—524 wird dies allgemein bezweifelt: Vgl. insbesondere *Martin S. Feldstein,* The Effects of Taxation on Risk Taking, in: Journ. of Pol. Ec. Bd. 77 (1969), S. 755—764 für den Nachweis, daß unter diesen Bedingungen auch nicht die von *Domar/Musgrave* und einigen anderen Autoren behauptete *Bevorzugung* risikoreicher Investitionen erwartet werden kann.

Für einen Überblick über die neuere Literatur zu diesem Thema vgl. z. B. *Carl S. Shoup,* Effects of Sales Taxation on Risk-Taking, in: *Heinz Haller* u. *Horst Claus Recktenwald* (Hrsg.), Finanz- und Geldpolitik im Umbruch, Robert Nöll von der Nahmer gewidmet, Mainz 1969, S. 237—244.

Für eine umfassende theoretische Untersuchung siehe *Aiko N. Shibata,* Effects of Taxation on Risk-Taking, in: Am. Ec. Rev. Bd. 59 (1969), Suppl. S. 553—561. Eine Zusammenfassung der Ergebnisse *Shibatas* gibt *Shoup,* Public Finance, 1969, S. 40 ff. Für weitere ausführliche Erörterungen siehe ebenda, S. 332 ff., 341 ff. und die dort angeführte Literatur.

8. Mehrbelastung durch unterschiedliche Steuersysteme bei Außenhandel

Die Erfüllung der für die Erreichung des Paretooptimums notwendigen Marginalbedingungen beinhaltet unter anderem, daß alle Produktionssaktoren für die Produktion *der* Güter bei *den* Produzenten in *der* Branche eingesetzt werden, in der sie den größten Ertrag bringen. Das ist nicht gewährleistet, wenn einzelne Faktoren, Produzenten, Branchen oder Güter durch Schutzzölle bevorzugt werden. Solange nicht alle Zollgrenzen beseitigt sind, können sich zwar einzelne Volkswirtschaften in einer Optimalsituation befinden, die Weltwirtschaft muß sich jedoch in einer suboptimalen Situation befinden. Durch Abschaffung der Zölle, so lautet das wohlfahrtstheoretische Freihandelsargument, kann die Weltwirtschaft in eine Optimalsituation kommen und damit besteht die Möglichkeit, daß — u. U. durch geeingnete Kompensationsmaßnahmen — alle Handelspartner von der Einführung des Freihandels profitieren[58].

Unter anderem wohl wegen der Schwierigkeiten in der politischen Durchsetzbarkeit eines universalen Freihandels wird hieraus das Argument der Zollunion abgeleitet. Die Höhe der mit der suboptimalen Situation der Weltwirtschaft verbundenen Mehrbelastung soll gesenkt werden, indem kleinere Wirtschaftseinheiten zu größeren zusammengefaßt werden und für das Gebiet der Zollunion durch Reallokation der Ressourcen das ‚partielle' Paretooptimum für den etwas größeren Bereich der Zollunion angestrebt wird. Dieses Paretooptimum für das Gebiet der Zollunion kann jedoch nur erreicht werden, wenn auch alle anderen bestehenden Verzerrungen beseitigt werden.

In diesem Zusammenhang sind neben einer Vielzahl von rechtlichen und administrativen Regelungen die unterschiedliche Höhe der Soziallasten in den verschiedenen Ländern und die unterschiedlichen Steuersysteme zu nennen. Nur auf letztere soll hier etwas näher eingegangen werden[59]. Das Paretooptimum kann nicht erreicht werden, eine Mehr-

---

[58] Vgl. dazu z. B. *Graaff*, Theoretical Welfare Economics, 1957, S. 122 ff.; *Little*, Critique, 1957, S. 238 ff. und *Rose*, Theorie der Außenwirtschaft, 1970, S. 365 ff. und die dort angeführte Literatur.

[59] Auf die mittlerweile äußerst umfangreiche Diskussion der Steuerharmonisierung kann hier nur verwiesen werden. Für einen Überblick vgl. z. B. *Hans Möller*, Ursprungs- und Bestimmungsprinzip. Ein Beitrag zur Lehre von den Steuerwirkungen auf die internationalen Wirtschaftsbeziehungen unter Berücksichtigung des Gemeinsamen Marktes, in: Fin. Arch. NF. Bd. 27 (1968), S. 385—458 und *Richard Abel Musgrave*, Fiscal Systems, New Haven, London 1969, S. 248 ff. und die dort angeführte umfangreiche Literatur. Eine ausführliche Diskussion der Probleme einer Steuerharmonisierung in der Europäischen Wirtschaftsgemeinschaft findet sich bei *Ingolf Metze*, Steuerharmonisierung in einer Wirtschaftsgemeinschaft, Hamburg 1969, passim. Für eine Formulierung der Problematik im auch hier ver-

belastung kann also nicht vermieden werden, solange nicht alle Güter und Faktoren in allen Ländern der Zollunion völlig gleich behandelt werden, unabhängig davon, wo sie erstellt und wo sie verbraucht werden. Dazu müßten die Steuersysteme in allen Ländern einander völlig angeglichen werden. Dies ist jedoch nicht möglich, da in den Steuersystemen die unterschiedliche Mentalität und die unterschiedliche Gewichtung der politischen Zielsetzungen in den einzelnen Ländern zum Ausdruck kommt, die kaum zu beeinflussen sind.

Es wird daher versucht, die zu einer Mehrbelastung führenden Unterschiede in der steuerlichen Belastung der einzelnen Güter durch ein System von Ausgleichsabgaben zu korrigieren. Spätestens seit dem Steuerstreit in der Montanunion und der daran anschließenden Diskussion[60] werden hauptsächlich nur noch zwei Ausgleichssysteme untersucht. 1. Das Bestimmungslandprinzip, nach dem die steuerliche Gleichbelastung erreicht werden soll, indem das ausführende Land alle das Gut belastende Steuern erstattet und das einführende Land, das Land, für das das Gut bestimmt ist, das Gut mit allen Steuern belastet, mit denen es bei der Erzeugung im Inland belastet worden wäre. Der Hauptvorteil dieses Prinzips besteht darin, daß alle Unterschiede in der Besteuerung zwischen den einzelnen Ländern an der Grenze ausgeglichen werden und damit eine Zoll- und Wirtschaftsunion möglich wird, ohne daß die Steuersysteme harmonisiert werden müssen. 2. Das Ursprungslandprinzip, nach dem alle Güter so belastet bleiben, wie sie im ausführenden Land, dem Ursprungsland, belastet werden. Der Hauptvorteil des Ursprungslandprinzips besteht darin, daß Grenzkontrollen und die schwierigen Erstattungsverfahren überflüssig werden.

Während im ersten System die Schwierigkeit vor allen Dingen darin liegt, die Belastung der einzelnen Güter durch die jeweiligen Steuern

---

wandten Begriffssystem der neueren Wohlfahrtstheorie siehe z. B. *Dieter Biehl,* Ausfuhrland-Prinzip, Einfuhrland-Prinzip und Gemeinsamer-Markt-Prinzip. Ein Beitrag zur Theorie der Steuerharmonisierung, Köln, Berlin, Bonn, München 1969, S. 311 ff. *Biehl* versucht auch mit Hilfe eines „Verzerrungsindexes" die auch nach Einführung der drei von ihm untersuchten Harmonisierungsverfahren (Ausfuhrland-Prinzip, Einfuhrland-Prinzip und Gemeinsamer-Markt-Prinzip) jeweils noch zu erwartenden Wohlfahrtsverluste in eine ordinale Folge zu bringen. Vgl. ebenda, S. 354 ff. Da in diesem Index allerdings lediglich die Zahl der Güterpaare (bzw. Güterbündel), für die in den einzelnen Ländern unterschiedliche Steuersätze bestehen, von Bedeutung ist, kann daraus kein Wohlfahrtsmaß abgeleitet werden. (Vgl. dazu auch wieder oben Kap. IV, B, 1, b) Wenn aber die „Abweichung vom Ausgangsoptimum" (*Biehl,* S. 354) kein Wohlfahrtsmaß darstellen soll, wäre zu fragen, wozu dieser Index dienen sollte und wer wohl daran interessiert wäre, seinen Wert kennenzulernen.

[60] Für einen Abriß der Problematik siehe z. B. *Rudolf Regul,* Wirtschaftsintegration und Steuersysteme (Der gegenwärtige Stand der Untersuchungen über das Steuerproblem in der Europäischen Gemeinschaft für Kohle und Stahl), in: Fin. Arch. N.F. Bd. 16 (1955/56), S. 313—330, passim.

zu ermitteln — in der Praxis beschränkt man sich daher auf die Zurechnung der indirekten Steuern, die als voll überwälzbar angesehen werden — werden bei Anwendung des Ursprungslandprinzips lediglich die Niveauunterschiede der Steuerbelastung durch Wechselkursänderungen ausgeglichen. Die Strukturunterschiede und damit die Hauptursache für Mehrbelastungen bleiben bestehen, solange die Steuersysteme nicht vollständig harmonisiert sind.

D. Berücksichtigung unterschiedlicher Individuen

Bisher lag der Erörterung grundsätzlich die Annahme zugrunde, daß alle Individuen in bezug am Geschmack (Präferenzen), Einkommen und Faktorausstattung völlig identisch sind[61]. Diese drei Identitätsmerkmale sollen jetzt alternativ aufgegeben werden, um zu prüfen, welche Bedeutung die Annahmen für die bisher erzielten Ergebnisse der Untersuchung haben[62].

Wird die Annahme, daß alle Individuen den gleichen Geschmack, also ein identisches Präferenzsystem haben, fallengelassen, so läßt sich in der Zwei-Güter-Variante des Grundmodells *C* eine Aufteilung der Konsumenten in zwei Gruppen danach vornehmen, ob sie das Gut *A* oder das Gut *B* relativ stärker bevorzugen als der Durchschnitt der Gesamtbevölkerung. Eine spezielle Verbrauchsteuer auf eines der beiden Güter, die nach wie vor einzige Steuer, die in diesem Modell eine Mehrbelastung verursachen kann, wird dann die dieses Gut präferierende Gruppe relativ stärker belasten als eine Einkommensteuer oder Kopfsteuer, während die das andere Gut präferierende Gruppe im Vergleich zur Einkommensteuer oder Kopfsteuer relativ entlastet wird. Eine Gruppe würde durch den Ersatz einer Kopfsteuer oder Einkommensteuer durch eine spezielle Verbrauchsteuer also besser gestellt, während die andere Gruppe schlechter gestellt würde. Durch die Einführung einer Einkommensteuer anstelle einer Kopfsteuer wird in diesem Zwei-Konsumgüter-Modell dagegen die relative Stellung der beiden Gruppen zueinander nicht verändert.

Als nächstes soll angenommen werden, daß die Individuen bei gleicher Präferenzstruktur und Faktorausstattung ein unterschiedlich hohes Einkommen beziehen. Wird in der Zwei-Konsumgüter-Variante des

---

61 Diese zweifellos sehr restriktive Voraussetzung wird in der bisherigen Diskussion kaum beachtet. Eine ausführlichere Untersuchung ihrer Implikationen findet sich wohl nur bei *Buchanan*, Comparative Tax Analysis, 1960, S. 163 ff., was auch die Grundlage der hier angestellten Überlegungen darstellt.

62 Alle anderen Annahmen des Grundmodells C sollten gültig bleiben. Vgl. dafür wieder oben Kap. III, C.

Grundmodells *C* eine Kopfsteuer durch eine proportionale Einkommensteuer ersetzt, so verschlechtert sich bei gleichem Gesamtaufkommen die Stellung der Bezieher von relativ hohen Einkommen, während die Bezieher relativ niedriger Einkommen besser gestellt werden. Ganz genauso wirkt in diesem Modell, in dem das Einkommen völlig verausgabt wird, eine spezielle Verbrauchsteuer, denn solange die Präferenzen gleich sind, wird von den Beziehern höherer Einkommen von allen Gütern mehr gekauft; eine progressive Einkommensteuer führt zu einer noch stärkeren Belastung der Bezieher hoher Einkommen.

Wird allerdings die zusätzliche Annahme getroffen, daß die verschiedenen Einkommensgruppen auch unterschiedliche Präferenzsysteme haben, ist die Wirkung von proportionaler Einkommensteuer und spezieller Verbrauchsteuer nicht mehr identisch. Wird z. B. eine Verbrauchstruktur angenommen, wie sie durch die Engelschen Gesetze beschrieben wird, so werden durch eine Verbrauchsteuer auf das lebensnotwendige Gut *X* die Ärmeren schlechter und die Reicheren besser und durch eine Verbrauchsteuer auf das Luxusgut *Y* die Ärmeren besser und die Reicheren schlechter gestellt als unter der proportionalen Einkommensteuer.

Das Gleiche gilt für die erweiterte Form des Grundmodells *C*. Auch wenn — wieder unter der Annahme gleichen Geschmacks der unterschiedlichen Einkommensschichten — das Angebot an Arbeit und Ersparnissen als variabel angesehen wird, muß das Ergebnis modifiziert werden. Auch hier wird die Stellung der Gruppen zueinander verändert, wenn die Kopfsteuer durch eine andere Steuer ersetzt wird. Von der selektiven Verbrauchsteuer (solange diese nicht auf inferioren Gütern liegt) und die allgemeine Verbrauchsteuer über die Einkommensteuer mit steuerfreiem Zinseinkommen (bei Annahme einer *Keynes*schen Konsumfunktion, also mit steigendem Einkommen zunehmender Sparneigung) die allgemeine proportionale Einkommensteuer bis zur progressiven Einkommensteuer wird die Gruppe der Armen ständig besser, die Gruppe der Reichen ständig schlechter gestellt.

Die Berücksichtigung der unterschiedlichen Ausstattung der Individuen mit Produktionsfaktoren im Grundmodell *C* erfordert die Anführung einiger weiterer Annahmen[63] über die der Transformations- oder Produktionsmöglichkeitskurve zugrunde liegenden Produktionsverhältnisse. So wird dabei angenommen, daß die Produktionsfaktoren beliebig teilbar und völlig mobil sind, ihre Mengen fest vorgegeben. Für die Produktion der Güter können die Faktoren frei substituiert werden, wobei der zusätzliche Einsatz eines Faktors zur Erstellung

[63] Für die anderen dabei getroffenen Annahmen vgl. wieder oben Kap. III, C.

eines Gutes mit abnehmenden Grenzerträgen verbunden ist. Die relativen Faktorintensitäten der einzelnen Güter sind unterschiedlich und irreversibel. Die Entlohnung der Faktoren erfolgt nach der Grenzproduktivität. Der Anschaulichkeit halber sollen auch hier wiederum nur zwei Güter (*X* und *Y*) und auch nur zwei Faktoren (Arbeit und Kapital) betrachtet werden. Das Gut *X* soll relativ arbeitsintensiver, das Gut *Y* relativ kapitalintensiver erstellt werden.

Die Individuen können in zwei Gruppen danach aufgeteilt werden, ob sie relativ besser mit dem Produktionsfaktor Arbeit oder mit dem Produktionsfaktor Kapital ausgestattet sind. In der Zwei-Konsumgüter-Variante des Grundmodells C verursacht der Ersatz einer Kopfsteuer durch eine Einkommensteuer keine Mehrbelastung, denn es wird keine Tendenz zur Substitution des einen Gutes durch das andere ausgelöst. Bei der speziellen Verbrauchsteuer besteht jedoch die Tendenz, das besteuerte Gut durch das unbesteuerte Gut zu substituieren. Es besteht eine Mehrbelastung.

Gleichzeitig wird jedoch auch *die* Gruppe der Faktorbesitzer stärker belastet, die *den* Faktor reichlicher besitzt, in dem das besteuerte Gut relativ intensiv ist. Es werden relativ mehr Einheiten dieses Faktors freigesetzt, die ganze Produktionsstruktur wird in bezug auf diesen Faktor relativ intensiver, die Grenzproduktivität des Faktors sinkt und damit auch seine Entlohnung. Im Vergleich zur Kopfsteuer oder Einkommensteuer wird durch eine spezielle Verbrauchsteuer also eine Gruppe von Faktorbesitzern relativ schlechter, die andere relativ besser gestellt.

Die nach dem bisherigen Schema der Argumentation eigentlich erforderliche Ausweitung der Betrachtung auf die erweiterte Form des Grundmodells C, in der Arbeits- und Sparangebot als variabel angesehen werden, ist hier in dieser Form nicht möglich. Mit der Annahme konstanter Faktormengen ist diese Erweiterung ausgeschlossen worden. Diese Annahme ist jedoch notwendig, wenn eine Aussage über die Veränderung der gesamtwirtschaftlichen Faktorintensität und damit über die Einflüsse einer Steuer auf die Stellung der verschiedenen Faktorbesitzer möglich sein soll. Auch ließe sich in dem erweiterten Modell, in dem das Gut Einkommen bzw. Arbeit und das Gut künftiger Konsum bzw. Investition als Variable eingeführt werden, nur schwer eine Unterscheidung dieser *Güter* von den *Faktoren* Arbeit und Kapital durchführen. Eine sinnvolle Aussage über die relative Verbesserung oder Verschlechterung der Situation der einzelnen Gruppen von Faktorbesitzern erscheint hier nicht mehr möglich.

Als Ergebnis der hier angestellten Überlegungen kann festgehalten werden, daß mit der Aufgabe der Annahme völlig identischer Individuen immer dann, wenn eine Mehrbelastung auftritt, auch eine Gruppe von Individuen schlechter gestellt wird, während eine andere Gruppe besser gestellt wird. In den Begriffen der Wohlfahrtstheorie heißt das, daß jede Effizienzwirkung mit einer Verteilungswirkung verbunden ist. Die Vermeidung von Mehrbelastungen durch eine Änderung der Steuerformen führt nur dann immer zu einer Verbesserung des gesellschaftlichen Wohlfahrtsniveaus, wenn davon ausgegangen werden kann, daß der Grenznutzen des Einkommens konstant und für alle Individuen gleich ist. Dann wird zwar eine Gruppe von Individuen durch die Maßnahmen begünstigt, während eine andere benachteiligt wird, doch sind nach den Kompensationskriterien der neueren Wohlfahrtstheorie[64] kompensierende Maßnahmen denkbar, durch die alle Gruppen besser gestellt werden.

Wenn eine Entschädigung nach den Kompensationskriterien auch denkmöglich sein mag, so sind doch die Schwierigkeiten bei einer praktischen Durchführung fast unüberwindlich. Wird die offensichtlich unrealistische Annahme aufgegeben, daß der Grenznutzen des Geldes konstant und für alle Individuen gleich ist, so kann ohne eine kardinale Nutzenmessung nicht mehr ohne größte Schwierigkeiten festgestellt werden, ob das Erreichen einer Optimalsituation zu einer Erhöhung des gesellschaftlichen Nutzenniveaus führen würde[65]. Da das Optimum immer nur für eine bestimmte Einkommensverteilung definiert werden kann, ist keine Aussage darüber möglich, ob ein Optimalzustand einem bestehenden suboptimalen Zustand bei anderer Verteilung vorzuziehen ist.

Hier liegt allerdings die eigentliche Aufgabe der erwähnten Kompensationskriterien. Wenn die Auswirkungen einer geplanten Maßnahme eine vollständige Kompensation der ‚Verlierer' zuließen, so müßte die Maßnahme zu einem Wohlfahrtsgewinn führen.

E. Die Grenzen des Modells — Kritik am theoretischen Konzept

Die bisherige Untersuchung des Grundmodells C ist als Gleichgewichtsbetrachtung in einem walras-paretianischen System durchgeführt worden. Alle Ergebnisse gelten nur für den Fall, daß sich

[64] Für eine Darstellung und kritische Würdigung der Möglichkeiten solcher Kriterien als Entscheidungshilfen der Wirtschaftspolitik vgl. z. B. *Pahlke*, Welfare Economics, 1960, passim. bes. S. 64 ff. und die dort zitierte Literatur.

[65] Für die Ansicht, daß die Überlegenheit etwa der Einkommensteuer ohne Kenntnis der Indifferenzkurvensysteme der Individuen nicht nachweisbar ist, vgl. auch *David Walker*, Some Comments on the Taxation of Personal Income and Expenditure in the United Kingdom, 1945—53, in: Pub. Fin. Bd. 9 (1954), S. 190—213, S. 196.

nach Durchführung der steuerlichen Maßnahme ein neues Gleichgewicht einstellt. Die Annahme, daß eine so starke Tendenz zum Gleichgewicht besteht, daß sich stets in einer so kurzen Zeitspanne ein neues Gleichgewicht einstellt, daß, wie in dieser komparativ statischen Analyse, die Anpassungsprozesse vernachlässigt werden können, erfordert eine Vielzahl zusätzlicher Voraussetzungen[66]. So muß z. B. so lange ein marktwissenschaftliches Modell angenommen wird, auf allen (atomistischen) Märkten vollständige Konkurrenz herrschen mit den dazugehörigen Implikationen über vollkommene Transparenz, Mobilität der Faktoren, Flexibilität der Preise und Löhne und die Abwesenheit unsicherer Erwartungen[67]. Die Argumentation erfolgt also im ‚Wunderland' neo-klassischer Modelltheorie[68].

Diese Voraussetzungen entsprechen offensichtlich nicht der Realität. Damit ist jedoch noch nicht gesagt, daß aus diesem Modell prinzipiell keine Prognosen über die Wirkung von steuerlichen Maßnahmen in der Realität abgeleitet werden können. Einmal ist es durchaus möglich, das Modell auf den N-Güter-M-Faktoren-Fall zu erweitern und die Annahmen unvollkommener Märkte und unsicherer Erwartungen zu berücksichtigen und auch die Anpassungsprozesse in die Betrachtung mit einzubeziehen. Dadurch würde lediglich die Erläuterung der verbalen Argumentation mit Hilfe von Graphiken als Darstellungsform unmöglich, und es müßte zu einer äußerst komplizierten arithmetischen Formulierung übergegangen werden[69].

---

66 Für eine ausführliche Diskussion dieser Kritikpunkte siehe z. B. *Jochimsen,* Ansatzpunkte der Wohlstandsökonomik, 1961, S. 58 ff.; *Krüsselberg,* Marktwirtschaft und ökonomische Theorie, 1969, S. 75 ff.

67 Vgl. dafür z. B. *Graaff,* Theoretical Welfare Economics, 1957, S. 116 ff. So wird insbesondere von *Borch* und *Morgenstern* die Meinung vertreten, daß „when uncertainty is introduced explicitely into the Walrasian-Paretian system there can in general be no equilibrium". Die Argumentation mit dem Paretooptimum erscheint dann nur sinnvoll, wenn die Individuen die Unsicherheit als ein Gut betrachten, welches auf einem Markt gehandelt wird, wobei dieser Markt als kooperatives N-Personen-Spiel zu verstehen ist. Vgl. *Karl Borch,* Equilibrium in a Reinsurance Market, in: Econometrica, Bd. 30 (1962), S. 424—444, passim und *Oskar Morgenstern,* Pareto Optimum and Economic Organization, in: *Norbert Kloten, Wilhelm Krelle, Heinz Müller, Fritz Neumark* (Hrsg.), Systeme und Methoden in den Wirtschafts- und Sozialwissenschaften, Erwin von Beckerath zum 75. Geburtstag, Tübingen 1964, S. 573—586, S. 576.

68 Die Aufzählung dieser notwendigen Annahmen ließe sich fast beliebig verlängern. Erwähnt werden soll noch, daß für eine eindeutige Lösung des Gleichungssystems alle relevanten Funktionen differenzierbar sein müssen und die Krümmung der Kurven stark genug sein muß, um Tangentiallösungen zu ermöglichen. Auch müssen die einzelnen Variablen ausreichend teilbar sein. Vgl. für diese Problematik auch *Mishan,* Überblick über die Wohlfahrtsökonomik, 1960/1967, S. 111.

69 Für einen Versuch der Entwicklung eines derartigen umfassenden Modells vgl. z. B. *Stiglitz/Dasgupta,* Differential Taxation, 1971, passim.

Auch ist zu fragen, ob sich nicht im Rahmen der steuerpolitischen Untersuchungen die Beschränkung auf den Nachweis einer sehr langfristigen Tendenz zum Gleichgewicht eher rechtfertigen läßt als in anderen Gebieten der Wirtschaftspolitik, da, von den hier nicht relevanten Veränderungen der Tarife einmal abgesehen, die Steuern eher ein Instrument zur Beeinflussung langfristiger Entwicklungen darstellen dürften. So wird die Vermeidung von Störungen des wirtschaftlichen Gleichgewichts durch häufige Eingriffe schon 1801 mit der Canardschen Steuerregel (alte Steuern — gute Steuern)[70] zum Prinzip erhoben und taucht auch als Grundsatz der Kontinuität, der gegen Variationen des Steuersystems (nicht aber der Steuersätze) zur Erreichung kurzfristig angestrebter Ziele gewendet ist, in den modernen Katalogen der Steuergrundsätze auf[71]. Der Nachweis, daß bestimmte Steuerformen eine sehr langfristig zu erwartende Erhöhung des gesellschaftlichen Wohlfahrtsniveaus weniger behindern als andere, kann in der Steuerpolitik durchaus von Bedeutung sein.

Wesentlich schwerwiegender ist der Einwand, daß der dieser Untersuchung zugrunde liegende wohlfahrtstheoretische Ansatz eine analytisch formulierte Entscheidungslogik darstellt, deren Gedankenexperimente und Rationalitätsargumente nicht zur Klärung von Fragen des tatsächlichen Marktverhaltens dienen können[72]. Hier muß etwas weiter ausgeholt werden.

In Anlehnung an *Zinn*[73] kann die Entwicklung der Wohlfahrtstheorie in folgender Weise interpretiert werden: Die ältere Wohlfahrtstheorie ist dadurch gekennzeichnet, daß die Nutzengrößen für kardinal meßbar, also quantitativ erfaßbar gehalten werden. Dabei werden „bestimmte Prämissen gesetzt, deren normativer Hintergrund nicht expliziert, sondern als evidente Selbstverständlichkeit suggeriert"[74] wird. Diese, gegenüber ihren normativen Grundlagen unkritische Wohlfahrtstheorie verliert unter dem Einfluß des positivistischen Wissenschaftsverständnisses zeitweilig fast jede Bedeutung. Mit der weitgehenden[75] Durchsetzung

---

[70] Vgl. *Nicolas Francois Canard*, Principes d'économie politique, Paris 1801, als Faksimile abgedruckt in: Grundsätze der Staatswirtschaft (Veröffentlichungen der Wirtschaftshochschule Mannheim, Reihe 1: Abhandlungen Bd. 5), Stuttgart 1958, S. 181, 197.

[71] Vgl. z. B. *Fritz Neumark*, Grundsätze der Besteuerung in Vergangenheit und Gegenwart, Wiesbaden 1955, S. 59.

[72] Vgl. dazu auch *Hans Albert*, Die Problematik der ökonomischen Perspektive, in: Z. f. d. ges. Staatsw. Bd. 117 (1961), S. 483—467, passim, bes. S. 446, Fußnote 2.

[73] Vgl. für diese Überlegungen auch *Zinn*, Basistheorie, 1970, S. 58.

[74] Ebenda, S. 58.

[75] Erreicht wird das Ziel der Werturteilsfreiheit dabei allerdings nie. Vgl. dazu z. B. *Little*, Critique, 1957, S. 67 ff.; *Jochimsen*, Ansatzpunkte der Wohlstandsökonomik, 1961, S. 51 ff.; ders., Grundlagen und Grenzen, 1963, S. 135 ff.

der Werturteilsfreiheit kommt es zu einer nahezu inhaltsleeren Formalisierung in der neueren Wohlfahrtstheorie[76]. In neuerer Zeit scheint sich nun die Entwicklung zu einer Wohlfahrtstheorie abzuzeichnen, die auf der Basis explizit angenommener Werturteile wieder zu gewissen Aussagen in bezug auf die Realität gelangen kann[77].

Hierbei wird einmal eine „kräftige Infusion von Empirismus" gefordert[78], um die Theorie auf eine Stufe zu bringen, auf der nicht mehr von fast allen in der Realität zu beobachtenden wirtschaftlichen Tatbeständen abstrahiert wird. Zweitens setzt sich langsam die Erkenntnis durch, daß auch der neo-positivistische Wissenschaftler „einen echten wissenschaftlichen Beitrag zur Beantwortung der Frage leisten kann, welche politischen Ziele als erstrebenswert zu gelten haben"[79]. Schließlich scheint nach neueren Untersuchungen die Entwicklung operationaler Methoden zur Ermittlung individueller Nutzengrößen nicht mehr völlig ausgeschlossen zu sein[80]. Es könnten mit der Methode der ‚revealed preferences'[81] oder mit auf spieltheoretischen Ansätzen basie-

[76] Das Ergebnis dieser Entwicklung ist die äußerst negative Beurteilung der Wohlfahrtstheorie durch fast alle Autoren, die sich zwischen 1950 und 1960 mit diesem Gebiet befassen. Vgl. dafür z. B. *Pahlke,* Welfare Economics, 1960, S. 79 und die dort zitierte Literatur.

[77] Eine Grundlage für diese neue Entwicklung in der Wohlfahrtstheorie ist der Fortschritt in der Diskussion über die Möglichkeit innerlich konsistenter und politisch anwendbarer sozialer Wohlfahrtsfunktionen. Eine sehr ausführliche Darstellung dieser Probleme und ihre mögliche Lösbarkeit gibt *Jerome Rothenberg,* The Measurement of Social Welfare, Englewood Cliffs, N.J. 1961, passim. Ansätze finden sich auch z. B. bei *Jochimsen,* Ansatzpunkte der Wohlfahrtsökonomik, 1961, S. 65 ff. Ein umfassendes wohlfahrtstheoretisches System liefern *Nath* (*S. K. Nath,* A Reappraisal of Welfare Economics, London 1969, passim) und *Zinn* (Basistheorie 1970, passim).

[78] *Mishan,* Überblick über die Wohlfahrtsökonomik 1960/1967, S. 151.

[79] *Bernhard Külp,* Zur Zielproblematik in der Lehre von der Gesellschaftspolitik, in: *Franz Greiß, Philip Herder-Dorneich, Wilhelm Weber* (Hrsg.), Der Mensch im sozio-ökonomischen Prozeß, Festschrift für Wilfried Schreiber zum 65. Geburtstag, Berlin 1969, S. 87—100, S. 87. Siehe dafür auch schon *Hans Albert,* Wertfreiheit als methodisches Prinzip, Zur Frage der Notwendigkeit einer normativen Sozialwissenschaft, in: Probleme der normativen Ökonomik, 1963, S. 32—63, S. 31 et passim. Siehe auch *Krelle/Coenen,* Präferenz- und Entscheidungstheorie, 1968, S. 25, 80 und die dort angeführte Literatur.

[80] Vgl. dafür z. B. *Clyde H. Coombs,* Social Choice and Strength of Preference, in: *Clyde H. Coombs, R. M. Trall,* and *R. L. Davies* (Hrsg.), Decision Processes, New York 1954, S. 69—86 und die dort zitierte Literatur und, sehr viel ausführlicher: ders., A Theory of Data, New York 1964, passim.

[81] Die ‚revealed preference' Analyse (siehe auch oben, Kap. III, A), bei der versucht wird, aus den zu beobachtenden Kaufentscheidungen bei sich ändernden Preisen auf die so offenbarte Präferenz zu schließen, geht auf einen Ansatz von *Samuelson* zurück. Vgl. *Paul Anthony Samuelson,* A Note on the Pure Theory of Consumer's Behavior, in: Economica N.S. Bd. 5 (1938), S. 61—71, 354 f.; ders., Consumption Theory in Terms of Revealed Preference, in: Economica N. S. Bd. 15 (1948), S. 243—253; ders., Consumption Theorems

renden Verfahren[82] u. U. die Bruchstücke von Nutzenkurven ermittelt werden, die für den relevanten Bereich gültig sind[83].

Diese letzte Aussage ist zweifellos sehr gewagt. Sie bedarf einer Qualifizierung. Zwar ist die Indifferenzkurvenanalyse unter der Annahme nur ordinaler Nutzenmessungen entstanden, jedoch lassen sich Indifferenzkurvensysteme auch unter der Annahme kardinaler Nutzenmessungen definieren. Auch so definierte Indifferenzkurvensysteme können für die Erklärung des Konsumentenverhaltens verwandt werden[84]. Wenn ein Indifferenzkurvensystem ein adäquates Abbild der Präferenzstruktur eines Individuums oder gar einer Gesellschaft sein soll, so müssen jedoch eine Vielzahl von Voraussetzungen erfüllt sein. Einige der wichtigsten, wie konsistentes und transitives Verhalten, Anstreben von Nutzenmaximierung (vgl. oben Kap. III, B) und die notwendigen Voraussetzungen zur Erreichung einer Gleichgewichtsposition (vgl. oben Kap. IV, E) sind bereits erwähnt worden. Darüber hinaus braucht lediglich noch auf die Notwendigkeit der Annahme aufmerksam gemacht zu werden, daß die einzelnen Präferenzstrukturen voneinander unabhängig sind[85], daß es also z. B. keinen Neid und kein Mitleid gibt, wenn ein eindeutiges soziales Optimum erreicht werden soll. Ganz offensichtlich wird keine dieser restriktiven Bedingungen

---

in Terms of Overcompensation Rather than Indifference Comparisons, in: Economica N.S. Bd. 20 (1953), S. 1—9. Für eine knappe Darstellung dieser Methode siehe *Woll,* Allgemeine Volkswirtschaftslehre, 1969, S. 120 ff. An dieser Stelle (S. 127 f.) finden sich auch Verweise auf die mittlerweile schon recht umfangreiche Literatur zu diesem Ansatz. Für einen Versuch, die „intensity of preference" zu erfassen, also zu kardinalen Nutzenmessungen zu kommen, siehe z. B. *Felix R. Fitzroy,* Theory of Preference and Utility, in: Universität Heidelberg, Fachgruppe Wirtschaftswissenschaften, Diskussionsschriften Nr. 5, Heidelberg 1969, passim bes. S. 23 ff.

[82] Vgl. dazu z. B. *John von Neumann* und *Oskar Morgenstern,* Spieltheorie und wirtschaftliches Verhalten (Übersetzung des amerik. Originals, Theory of Games and Economic Behavior, 3. Aufl., Princeton 1953, von *M. Leppig*), Würzburg 1961, S. 15 ff.; siehe auch *Fellner,* Modern Economic Analysis, 1960, S. 191 ff. und *Zinn,* Basistheorie 1970, S. 49 ff.

[83] Vgl. z. B. *William Fellner,* Operational Utility: The Theoretical Background and a Measurement, in: ders. u. a., Ten Economic Studies in the Tradition of *Irving Fisher,* New York, London, Sidney 1967, S. 9—74, passim. *Hubertus Müller-Groeling,* Maximierung des sozialen Gesamtnutzens und Einkommensgleichheit, Köln, Berlin, Bonn, München 1965, S. 48 ff., *Zinn,* Basistheorie 1970, S. 47 ff., S. 112 ff. Siehe auch oben, Kap. III, B.

[84] Vgl. dazu auch *Fellner,* Modern Economic Analysis, 1960, S. 189 ff. Unter der Annahme, daß kardinale Nutzenmessungen möglich sind, können die Ergebnisse der Indifferenzkurvenanalyse auch ohne Schwierigkeit in das Konzept einer allgemeinen Nutzenanalyse übertragen werden. Vgl. für die formale Durchführung z. B. *Richard H. Leftwich,* The Price System and Resource Allocation, 3. Aufl., New York u. a., S. 83 f. Für die Beziehung zwischen der Argumentation mit Indifferenzkurven und mit dem Grenznutzen siehe auch *Pahlke,* Welfare Economics, 1960, S. 32 ff.

[85] Siehe dazu auch *Mishan,* Überblick über die Wohlfahrtsökonomik, 1960/1967 und die dort angeführte Literatur, S. 146 f.

jemals vollständig erfüllt sein. Wenn hier trotzdem eine — zweifellos sehr gedämpft — optimistische Position bezogen wird, so geschieht dies aufgrund der Tatsache, daß für die Begründung einer wirtschaftspolitischen Maßnahme oft die Kenntnis einer Tendenz zu Veränderungen in eine bestimmte Richtung ausreichen kann und nur über den sehr kleinen relevanten Bereich der einzelnen Funktionen eine Information benötigt wird. Dieses scheint aber nach den angeführten Berichten nicht mehr völlig aussichtslos zu sein.

Auf die weitere Frage, ob der in der Wohlfahrtstheorie betrachtete ökonomische Nutzen überhaupt als repräsentativ für den Gesamtnutzen angesehen werden kann, soll am Schluß der Untersuchung näher eingegangen werden.

Auch wenn das, wie eben gezeigt wurde, noch immer etwas fragwürdige Konzept der neueren Wohlfahrtstheorie noch einige Aussagen hinsichtlich der Mehrbelastungswirkungen der einzelnen Steuern zulassen sollte, ergeben sich für eine Aussage über die Realität noch weitere Schwierigkeiten. Wie oben bereits eingehend erörtert worden ist, gelten die Ergebnisse der Untersuchung hinsichtlich der Mehrbelastungswirkungen der einzelnen Steuern nur, wenn davon ausgegangen werden kann, daß die Ausgangssituation optimal ist. Diese Optimalität ist in der Realität sicherlich nicht gegeben. Monopolstellungen in einzelnen Wirtschaftszweigen, externe Effekte, bestehende Steuern und Zölle im In- und Ausland führen zu ständig neuen Verzerrungen.

Das heißt jedoch nicht, daß keine Aussagen über Mehrbelastungswirkungen mehr möglich sind, weil etwa die sonst zu Mehrbelastungen führende Verbrauchsteuer im Einzelfall auch mit ‚excess benefits‘ verbunden sein kann. Es ist lediglich zu fordern, daß in jedem Einzelfall geprüft werden muß, ob von der Einführung einer konkreten Steuer anstelle einer anderen eher eine Steigerung oder eher eine Senkung des gesellschaftlichen Wohlfahrtsniveaus zu erwarten ist. Wie diese Prüfung im einzelnen durchgeführt werden könnte, wird noch unten bei der Betrachtung der Quantifizierungsversuche näher untersucht werden müssen.

Eine weitere Schwäche der bisherigen Argumentation besteht darin, daß stets idealtypische Steuerformen miteinander verglichen worden sind. So ist die ‚allgemeine‘ Einkommensteuer den ‚speziellen‘ Verbrauchsteuern gegenübergestellt worden. Nun gibt es jedoch Verbrauchsteuern, die, obwohl sie nur ein oder doch wenige Güter erfassen, fast alle miteinander in Substitutionsbeziehung stehende Güter gleichmäßig belasten und in diesem Sinne ‚allgemein‘ sind[86].

---

[86] Vgl. auch oben Kap. III, C.

So kann z. B. eine Salzsteuer wie eine Kopfsteuer wirken[87]. Dagegen sind die in der Realität anzutreffenden Einkommensteuern durch eine derartige Anzahl von Schlupflöchern und Sonderregelungen gekennzeichnet, daß die dadurch verursachten Wohlfahrtsverluste u. U. bedeutsamer sein könnten als die der in der Theorie weniger allgemeinen Verbrauchsteuern[88].

[87] Vgl. auch oben Kap. III, C.

[88] Vgl. dazu z. B. *Harberger*, Taxation, 1964, S. 61 f. Für einen Versuch eines empirischen Nachweises der durch die Sonderregelungen der Einkommensteuer verursachten Wohlfahrtsverluste vgl. z. B. ders., The Corporation Income Tax: An Empirical Appraisal, in: U.S. House of Representatives, Committee on Ways and Means (Hrsg.), Tax Revision Compendium, Washington 1959, S. 213—250, passim.

V. Die Bedeutung der wohlfahrtsökonomischen Aspekte der Besteuerung für die Wirtschaftspolitik

A. Ansätze zu einer Quantifizierung der Mehrbelastungen

1. Faustregeln

Wenn Aussagen über die unterschiedliche Höhe der von den verschiedenen Steuern verursachten Mehrbelastungen zu einer brauchbaren Grundlage politischer Entscheidungen werden sollen, kann auf die Ermittlung quantitativer Angaben über die einzelnen Steuerwirkungen nicht verzichtet werden. Die Ermittlung numerischer Werte ist jedoch außerordentlich schwierig, da das ohnehin recht vage Ergebnis der modelltheoretischen Untersuchung nicht ohne weiteres auf die Realität übertragen werden kann, und die notwendigen statistischen Daten häufig nicht zur Verfügung stehen. Die Aussagen in der ‚excess-burden'-Diskussion beschränken sich daher im allgemeinen auf Faustregeln, durch deren Befolgung ein Teil der möglichen Mehrbelastungen vermieden werden soll. Einige dieser Faustregeln sollen nun kurz erörtert werden.

a) *Dupuit* fordert, auf der Basis der Konsumentenrente argumentierend, daß beim Angebot öffentlicher Leistungen eine Preisdifferenzierung mit dem Ziel betrieben wird, für jeden Nachfrager Grenznutzen und gezahlten Preis gleich werden zu lassen. Dadurch wird schon die *Entstehung* einer Konsumentenrente verhindert, so daß durch eine Preiserhöhung keine Mehrbelastung durch Vernichtung der Konsumentenrente entstehen kann[1]. Mit Hilfe einer Zeichnung kann diese Argumentation verdeutlicht werden[2].

Abb. 12 dient wie Abb. 1 der Darstellung der Konsumentenrente. Auf der Abszisse ist die nachgefragte Menge, auf der Ordinate der Preis eines Gutes X abgetragen. Die Linie p_{max}—x_{max} bezeichnet eine Nachfragekurve mit normaler Steigung. Der Einfachheit der Darstellung halber soll ein Gut gewählt werden, bei dem mit steigender Nachfrage keine höheren Kosten entstehen. Die Grenzkosten der Herstellung sind also Null. Man könnte etwa an eine Brücke oder einen Kanal denken,

---

[1] Vgl. *Dupuit*, Measurement, 1844/1969, S. 282 f.

[2] Vgl. Anhang Abb. 12.

für die keine Unterhaltungskosten anfallen, und in der Tat bezieht *Dupuit* selbst das Argument in erster Linie auf das Angebot an öffentlichen Leistungen[3]. Es läßt sich jedoch, solange die Produzentenrente nicht berücksichtigt wird, in gleicher Weise auch auf alle anderen auf einem Markt gehandelten Güter anwenden.

Erhalten die Käufer das Gut kostenlos, so kommt ihnen eine Konsumentenrente in Höhe des Dreiecks $p_{max}0x_{may}$ zugute. Wird nun eine Verbrauchsteuer eingeführt (oder müssen die Individuen für das Überqueren der Brücke einen Zoll zahlen), so vermindert sich die Konsumentenrente. Bei einem Steuersatz von Op_2 geht die Nachfrage von Ox_{max} auf Ox_2 zurück, das Steueraufkommen wird durch das Rechteck $p_2Ox_2p_2''$ beschrieben, die verbleibende Konsumentenrente durch das Dreieck $p_{max}p_2p_2''$. Die Mehrbelastung, der Verlust an Konsumentenrente, dem kein Steueraufkommen entgegensteht, wird durch das Dreieck $p_2''x_2x_{max}$ ausgedrückt. Sie entsteht, weil einige Konsumenten bei einem Preis von Op_2 weniger oder gar keine Einheiten des Gutes nachfragen. Gelingt es nun, durch Preisdifferenzierung den Preis für *die* Käufer zu erhöhen, die bereit wären, mehr zu zahlen und ihn für diejenigen, die nicht mehr als Käufer auftraten, zu senken, so kann die Mehrbelastung vermindert werden.

Gelten etwa drei Steuersätze (Preise) Op_3, Op_2 und Op_1, so wird, wenn die Marktspaltung gelingt, von einer Gruppe die Menge Ox_3, von der zweiten Gruppe x_3x_2 und von der dritten x_2x_1 des Gutes gekauft. Das Steueraufkommen beträgt nun die Summe der Rechtecke $p_3Ox_3p_3' + p_2'x_3x_2p_2'' + p_1'x_2x_1p_1''$, die Konsumentenrente die Summe der Dreiecke $p_{max}p_3p_3' + p_3'p_2'p_2'' + p_2''p_1'p_1''$. Die verlorene Konsumentenrente, die Mehrbelastung ist auf das Dreieck $p_1''x_1x_{max}$ reduziert worden.

Gelingt die Spaltung des Marktes in unendlich viele Teilmärkte, kann also eine vollkommene Preisdifferenzierung durchgesetzt werden, so läßt sich die Mehrbelastung völlig vermeiden.

b) *Marshall* formuliert zwei andere Faustregeln und verlangt einerseits, daß Verbrauchsteuern nur auf Güter gelegt werden, die mit steigenden Grenzkosten erstellt werden[4]. In diesem Fall fällt der Er-

[3] In der in diesem Zusammenhang geführten aktuellen ‚Off-Peak-Pricing' Diskussion sind daher auch deutliche Parallelen zur Argumentation von *Dupuit* festzustellen. Vgl. dafür z. B. *William Vickrey*, Maximum Output or Maximum Welfare? More on the Off-Peak-Pricing Problem, in: Kyklos Bd. 24 (1971), S. 305—330.

[4] Vgl. *Marshall*, Principles, 1920, S. 288 ff. Für den Nachweis, daß dieser Vorschlag *Marshalls* in einer auf die Vernachlässigung der Produzentenrente zurückzuführenden Verwechslung mit der Problematik der externen Effekte begründet ist, vgl. *Samuelson*, Monopolistic Competition Revolution, 1967, S. 112 f.

zeugerpreis mit dem Rückgang der Nachfrage, so daß die Konsumentenrente um weniger als den Steuerbetrag vermindert werden kann, da auch die Produzenten einen Teil der Steuer tragen.

c) In einem anderen Zusammenhang setzt *Marshall* an der Nachfrageseite an und fordert, die Verbrauchsteuern auf Güter zu beschränken, nach denen die Nachfrage völlig starr ist[5]. Die Nachfragekurve ist hier also senkrecht, die Konsumentenrente erreicht einen Wert von unendlich. Sie kann durch eine Preiserhöhung nicht um mehr als den Steuerbetrag vermindert werden. Es kann also keine Mehrbelastung auftreten.

Das entsprechende Argument gilt auch für die Angebotsseite. Ist das Angebot auf einem Markt völlig unelastisch in bezug auf den Preis, verläuft die Angebotskurve also senkrecht, kann nach Einführung einer Steuer der Marktpreis nicht erhöht werden. Da die Nachfragekurve nicht beeinflußt wird, wäre dies nur möglich, wenn das Angebot verknappt würde, was hier mit der Annahme eines starren Angebotes ausgeschlossen ist. Die Steuer kann also nicht überwälzt werden, die Konsumentenrente wird nicht vermindert. Es tritt keine Mehrbelastung auf.

d) Diese Argumentation liegt auch der seit *Ricardo*[6] über *George*[7], *Hobson*[8] und *Lerner*[9] immer wieder geforderten Besteuerung zunächst der Grundrente, dann des Renteneinkommens allgemein zugrunde[10]. Der Rentier kann aus seinem Kapital nur dann einen Nutzen ziehen, wenn er es verleihen kann. Er wird es also in voller Höhe auf dem Markt anbieten, solange die Nettorendite positiv ist. Das Angebot ist also völlig unelastisch in bezug auf den Preis.

e) Eine weitere Faustregel zur Vermeidung von Mehrbelastungen besteht in der Forderung nach niedrigen Grenzsteuersätzen. Wie insbesondere bei der Diskussion der progressiven Steuern geklärt worden ist (vgl. oben Kap. IV, C, 5, b), ist die Substitutionswirkung und damit die Mehrbelastung um so größer, je höher der marginale Steuersatz ist. Diese Erkenntnis bildet die Grundlage der Forderung, die Steuertarife

5 Vgl. ebenda, S. 287. Siehe auch oben Kap. III, A.

6 Vgl. *David Ricardo*, On the Principles of Political Economy and Taxation, 3. Aufl., London 1821, abgedruckt bei *Piero Sraffa* u. *Maurice H. Dobb* (Hrsg.), The Works and Correspondence of *David Ricardo*, Cambridge 1951, Bd. 1, S. 173 ff.

7 Vgl. *Henry George*, Progress and Poverty, London 1886, S. 288 ff.

8 Vgl. *John Atkinson Hobson*, Taxation in the New State, London 1919, S. 11 ff., bes. S. 26.

9 Vgl. *Lerner*, Economics of Control, 1944, S. 228 ff., bes. S. 232.

10 Vgl. dazu auch *Stiglitz/Dasgupta*, Differential Taxation, 1971, S. 165 f.

so zu gestalten, daß der marginale Steuersatz möglichst niedrig gehalten wird[11].

f) In seinem berühmten Economicaartikel „The General Welfare in Relation to Problems of Taxation and of Railway and Utility Rates" verlangt *Hotelling*, an einen anderen Aspekt der *Dupuit*-Argumentation anknüpfend, daß die Preise aller auf dem Markt erscheinenden Güter ihren Grenzkosten angeglichen werden sollen[12]. Eine Erhöhung der Preise über die Grenzkosten hinaus, etwa durch die Einführung einer Verbrauchsteuer anstelle einer Kopfsteuer oder auch durch eine monopolistische Verknappung des Angebots, führt zu einem Verlust an Konsumentenrente, dem, da die abgesetzte Menge zurückgeht, kein entsprechender Gewinn der Produzenten gegenübersteht. Es tritt also eine Mehrbelastung auf. Der Einwand von *Frisch*, daß ein gesellschaftliches Optimum auch erreicht werden kann, wenn alle Preise nicht gleich den Grenzkosten sind, sondern lediglich den Grenzkosten proportional[13], löst die lang andauernde Grenzkosten-Preis-Diskussion aus, die im wesentlichen zu einer Bestätigung der Position *Hotellings* führt[14].
g) An der Tatsache, daß die Abweichung von den Grenzkostenpreisen zu einer Substitution und damit vom volkswirtschaftlichen Optimum wegführt, knüpft die Faustregel an, alle preisverzerrenden Steuern zu vermeiden[15].

Für die Anhänger des klassischen Liberalismus erscheint die Erfüllung dieser Forderung noch am ehesten gewährt zu sein, wenn der Staat die Steuern nur für den fiskalischen Zweck der Einnahmenbeschaffung einsetzt. Das Instrument der Steuer soll weder stimulieren, noch moralisieren, noch bestimmte Gewerbe oder soziale Gruppen schützen, sondern „doit être exclusivement le pourvoyeur du trésor"[16].

---

11 Vgl. z. B. *Eckstein*, Public Finance 1964, S. 73.

12 In: Econometrica, Bd. 6 (1939), S. 242—269, abgedruckt in: Readings in the Economics of Taxation, S. 139—167, S. 153 et passim.
Siehe für eine ähnliche Auffassung aber auch schon *Knut Wicksell*, Finanztheoretische Untersuchungen nebst Darstellung und Kritik des Steuerwesens Schwedens, Jena 1896, S. 125 ff., bes. 133.

13 Vgl. *Frisch*, Dupuit Taxation Theorem, 1939, S. 145 et passim. Vgl. für einen Abriß der Argumentation *Little*, Critique, 1957, S. 162 f.

14 Für einen Überblick über Entwicklung und Stand dieser Diskussion vgl. *Nancy Ruggles*, The Welfare Basis of the Marginal Cost Pricing Principle, in: Rev. of Ec. Stud., Bd. 17 (1949/50), S. 29—46; dies., Recent Developments in the Theory of Marginal Cost Pricing, in: Rev. of Ec. Stud., Bd. 17 (1949/50), S. 107—126; *Boulding*, Einführung, 1952/1967, S. 90; *Coenrad Jan Oort*, Decreasing Cost as a Problem of Welfare Economics, Amsterdam 1958, S. 151 ff. et passim; *Theo Thiemeyer*, Grenzkostenpreise bei öffentlichen Unternehmen, Köln, Opladen 1964, S. 21 ff.

15 Vgl. dafür auch oben Kap. II und *Frederic Benham*, What Is the Best Tax System, in: Economica, N.S., Bd. 9 (1942), S. 115—126, S. 116 ff.

16 *René Stourm*, Systèmes généraux d'impôts, 3. Aufl., Paris 1912, S. 36, siehe auch ebenda, S. 428 f.

Dieser Grundsatz der Neutralität der Besteuerung ist fast ein Jahrhundert in herrschender Position[17]. Es ist wohl auch bezeichnend für die tiefe Verwurzelung dieses Grundsatzes in der Vorstellung vieler Finanzwissenschaftler, wenn erst relativ spät in der ‚excess-burden'-Diskussion berücksichtigt wird, daß bei einer suboptimalen Ausgangssituation eine im hier beschriebenen Sinne nicht neutrale Steuer durchaus *ent*zerrend wirken kann[18]. Es mag auch bezeichnend für die neoliberalistische Haltung der ‚Chicagoer Schule' sein, daß *Harberger,* einer ihrer Vertreter und prominenter Teilnehmer der neueren Diskussion, anfangs bemüht ist, die Mehrbelastung als Verstoß gegen den Grundsatz der Neutralität zu erfassen[19].

Drei weitere Regeln sind sehr eng verbunden:

h) Wie schon oben (Kap. IV, A) näher betrachtet, kann eine Steuer nur dann zu einer Substitution und damit zu einer suboptimalen Allokation der Ressourcen Anlaß geben, wenn einzelne Güter stärker als andere belastet und daher teurer werden. Die Steuer ist also in diesem Sinne speziell. Durch den Übergang von speziellen zu allgemeinen Steuern wird die Mehrbelastung vermindert.

i) Angesichts der Tatsache, daß eine in der politischen Diskussion relevante Empfehlung in gebräulicheren Begriffen formuliert werden muß, und daß die herkömmlichen Verbrauchsteuern wohl immer dadurch gekennzeichnet sind, daß sie speziell sind, also nur einige der zur Verfügung stehenden Güter belasten, findet sich bei fast allen Teilnehmern der frühen, im Rahmen des partiellen Gleichgewichtsmodells und unter der Annahme konstanten Faktoreinsatzes geführten ‚excess-burden'-Diskussion die Faustregel, daß die (speziellen) Verbrauchsteuern eine Mehrbelastung verursachen, die (allgemeinen) Einkommensteuern dagegen nicht.

k) Dieser Gegensatz Verbrauchsteuern — Einkommensteuern wird nun häufig auch mit dem Gegensatz indirekte Steuern — direkte Steuern

---

17 Vgl. dazu *Neumark,* Grundsätze, 1965, S. 38 (10), und ders., Grundsätze und Arten der Haushaltsführung und Finanzbedarfsdeckung, in: *Wilhelm Gerloff* und *Fritz Neumark* (Hrsg.), Handbuch der Finanzwissenschaft, 2. Aufl., Bd. 1, Tübingen 1952, S. 606—669, abgedruckt in *Fritz Neumark,* Wirtschafts- und Finanzprobleme des Interventionsstaates, Tübingen 1961, S. 122—215, S. 130 ff., 147. Siehe auch *Jürgen Pahlke,* Beziehungen zwischen der konjunkturpolitischen Zielsetzung und anderen Aufgaben der Finanzpolitik sowie den politischen Gegebenheiten, in: *Gerhard Zeitel* und *Jürgen Pahlke,* Konjunkturelle Stabilität als wirtschaftspolitische Aufgabe, Festschrift für *Woldemar Koch,* Tübingen 1962, S. 51—64, S. 51 f.

18 Vgl. oben Kap. IV, B.

19 Vgl. *Arnold C. Harberger,* The Taxation of the Mining Industries, in: Joint Committee on the Economic Report (Hrsg.), Federal Tax Policy for Economic Growth and Stability, Bd. 2, Papers Submitted by Panelists Appearing Before the Subcommittee on Tax Policy, Washington 1956, S. 439—449, S. 439; ders., Corporation Income Tax, 1959, S. 231 f.

identifiziert. Die ,excess-burden'-Diskussion kommt zeitweilig zu einem ,general indictment of indirect taxation'[20].

In der Kritik an diesen letztgenannten Faustregeln wird gezeigt, daß (1) allgemeine Steuern den speziellen nur dann notwendigerweise überlegen sein müssen, wenn die Ausgangssituation als optimal betrachtet werden kann[21], daß (2) auch die direkten Einkommensteuern in mancher Hinsicht als spezielle Steuern bezeichnet werden müssen[22], und daß (3) auch die indirekten Verbrauchsteuern, etwa in der Form der Mehrwertsteuer, als allgemein bezeichnet werden können[23].

Alle diese Faustregeln haben gemeinsam, daß sie versuchen, in empirisch leicht feststellbaren Größen Kriterien für die Höhe der auftretenden Mehrbelastungen zu finden. Die teilweise sehr lebhafte, umfangreiche ,excess-burden'-Diskussion ist sicherlich auch von der Tatsache angeregt worden, daß es bei fast allen dieser generell formulierten Regeln viele Fälle gibt, in denen sie nicht gelten, was dann natürlich ein Ansatzpunkt der Kritik wird. Die Existenz möglicher Ausnahmefälle mindert den Aussagewert der Regeln für den konkreten Einzelfall. Zudem kann auf der Grundlage einer allgemeinen Regel, die keine exakte Quantifizierung der Mehrbelastungen zuläßt, kein Vergleich der Mehrbelastungswirkungen verschiedener suboptimaler Steuersysteme durchgeführt werden[24].

---

[20] Vgl. für Belege zu den in den drei letzten Faustregeln implizierten Forderungen etwa die oben in Kap. III, B zitierten Quellen.

[21] Vgl. oben Kap. IV, B und die dort angeführte Literatur.

[22] Vgl. bes. oben Kap. IV, C, 5 und die dort angeführte Literatur.

[23] Vgl. für diese Argumentation etwa den „Vater der Mehrwertsteuer" *Maurice Lauré*, La Taxe sur la valeur ajoutée, Paris 1953, S. 8 ff., 51 f. In der Tat ist eine Verbrauchssteuer, die alle auf dem Markt gehandelten Güter gleichmäßig belastet, ebenso speziell oder allgemein wie die Einkommensteuer, weshalb die Wirkung dieser beiden Steuern in den einzelnen *Modellen* als identisch angesehen werden konnte. Bei den der *Realität* anzutreffenden Steuern müssen in dieser Hinsicht jedoch einige Abstriche gemacht werden. Die Mehrwertsteuer wirkt wie eine proportionale Steuer auf das Volkseinkommen, wenn alle Güter demselben Steuersatz unterliegen. Bei der in der BRD realisierten Form sind jedoch einige Güter oder Produktionsstufen steuerfrei, bei einigen Gütern wird nur der halbe Steuersatz berechnet und durch die Möglichkeit des Sofortabzuges der Ausgaben für Investitionsgüter anstelle des am Verschleiß orientierten pro-rata-temporis-Abzuges sind die Investitionen praktisch steuerfrei. Die Mehrwertsteuer ist also durchaus nicht so allgemein wie dies nach der theoretischen Untersuchung für möglich gehalten werden könnte.

Das gleiche gilt jedoch in womöglich noch stärkerem Ausmaß für die Einkommensteuer, deren „loopholes" den Kundigen durch vielerlei Substitutionen die Steuerzahlung vermeiden lassen. So ist es durchaus einer intensiven empirischen Überprüfung wert zu klären, ob in der Realität die Einkommensteuer oder die Mehrwertsteuer die höhere Mehrbelastung verursacht.

[24] Damit ist jedoch noch nicht gesagt, daß solche Faustregeln in den Wirtschaftswissenschaften völlig wertlos sind. Wie *Baumol* und *Quandt* gezeigt haben, können bei der Unternehmensführung Entscheidungen auf

2. Arithmetische Formulierungen

Für die Quantifizierung von Mehrbelastungen erweist es sich zunächst einmal als notwendig, die Beziehungen der einzelnen Größen zueinander exakt zu formulieren. Dies läßt sich grundsätzlich in gleicher Weise mit Hilfe von verbalen wie durch arithmetische Formulierungen erreichen. Die verbale Methode hat den Vorteil, daß die notwendigen Einschränkungen, Implikationen und Reservationen sich bei Wörtern leichter im Kopf behalten lassen als bei Symbolen. Insbesondere wenn sie, wie hier, durch graphische Darstellungen ergänzt werden kann, erlaubt die verbale Methode plastischere, leichter verständliche Formulierungen. Die arithmetische Darstellung hat dagegen den Vorteil, durch die klare Definition der Symbole eher die Grenzen des Modells transparent werden zu lassen, eine Überschätzung der Aussagekraft der Untersuchung zu verhindern. Wenn mehr als drei Variable in einem Modell miteinander verknüpft werden und auch eine dreidimensionale Graphik daher nicht mehr zur Erklärung beitragen kann, wird die verbale Argumentation zu unübersichtlich, und es muß zu einer formelmäßigen Darstellung übergegangen werden. Das gleiche ist der Fall, wenn sich mathematische Transformationen, wie in diesem Fall Summenbildungen, Integrationen und Differenziationen, als notwendig erweisen.

Soll über die Erläuterung des Prinzips nach dem Mehrbelastungen entstehen, hinaus eine Aussage über deren Höhe ermöglicht werden, so müssen die Vorgänge auf einer Vielzahl von Märkten erfaßt und gewichtet werden, Änderungsraten müssen gemessen werden etc. Die arithmetische Formulierung des Modells ist dann unumgänglich.

Bescheidene Ansätze zu einer arithmetischen Formulierung finden sich schon bei *Dupuit,* der versucht, eine Formel zu finden, nach der der Gesamtverlust an Konsumentenrente minimiert wird[25]. Von *Hotelling* wird daran anknüpfend der Versuch gemacht, von dem partialanalytischen Ansatz der Konsumentenrente auf ein die ganze Volkswirtschaft erfassendes Modell überzugehen. Er gelangt so zu einem mathematischen Beweis seiner Grenzkosten-Preis-Regel[26].

Eine Präzisierung und Ansätze für eine formelmäßige Darstellung des *Marshall*schen Konzepts der Konsumentenrente finden sich bei

---

der Grundlage von Faustregeln, da u. a. die Informationskosten wesentlich niedriger sind, sogar effizienter sein als sehr genau durchgerechnete.

Vgl. *William J. Baumol* u. *Richard E. Quandt,* Rules of Thumb and Optimally Imperfect Decisions, in: Am. Ec. Rev. Bd. 54 (1964), S. 23—46, passim. Auch in dem hier betrachteten Zusammenhang wäre durchaus zu erwägen, ob durch die Beachtung der Faustregeln die Mehrbelastungen nicht doch vermindert werden könnten.

25 Vgl. *Dupuit,* Measurement, 1844/1969, S. 277 f., 282.

26 Vgl. *Hotelling,* Gen. Welfare, 1938, S. 143 ff.

U.K. Hicks[27], während *J. R. Hicks* eine ausführliche mathematische Herleitung und eine Erweiterung der Betrachtung auf die gesamte Volkswirtschaft entwickelt[28]. Ähnliche Darstellungen finden sich auch bei *Boiteux*[29] und in neuerer Zeit wieder bei *Harberger*[30] und *Johansen*[31]. Um die Formulierung eines umfassenden allgemeinen Modells bemühen sich *Stiglitz* und *Dasgupta*[32].

Ein von den bisher skizzierten Ansätzen sehr abweichendes Verfahren der formelmäßigen Erfassung der Mehrbelastung wird von *Joseph* entwickelt[33]. Sie geht von der Annahme aus, daß die Indifferenzkurven der Konsumenten im relevanten Bereich kreisförmig sind, und daß sich das Zentrum dieser kreisförmigen Indifferenzkurven ermitteln läßt. Dann läßt sich mit Hilfe von Bogenmaßberechnungen aus der von einer Steuer verursachten Substitutionswirkung die Höhe des Nutzenentgangs geometrisch ermitteln.

3. Numerische Werte als Ziel

Wie oben gezeigt worden ist, wird die Mehrbelastung in der Theorie in drei verschiedenen Modellansätzen zu erklären versucht. Dabei wird der erste Ansatz, die Theorie der Konsumentenrente, Ende der dreißiger Jahre dieses Jahrhunderts von fast allen Autoren aufgegeben, da hier lediglich der Markt *eines* Gutes und die Elastizität der Nachfrage in bezug auf den *Preis* erfaßt werden könnten. Statt dessen findet das partielle Gleichgewichtsmodell (Grundmodell *B*) weitgehende Anerkennung, das auch die Erfassung der Elastizität der Nachfrage in bezug auf das Einkommen und der Substitutionsverhältnisse zwischen zwei verschiedenen Gütern gestattet. Mit dem Nachweis, daß die für das partielle Gleichgewichtsmodell charakteristische Vernachlässigung der Angebotsseite, die Erweiterung der mikroökonomischen Betrachtung auf die makroökonomische Fragestellung nicht zuläßt, wird der Übergang vom partiellen Gleichgewichtsmodell auf das allgemeine Gleichgewichtsmodell (Grundmodell *C*) notwendig. Mit dieser Entwicklung der modelltheoretischen Konzepte geht die Entwicklung von

---

27 Vgl. *U.K. Hicks*, Publik Finance, 1956, S. 145 ff.

28 Vgl. etwa die Darstellung in: Value and Capital, 1946, S. 38 ff., 330 ff., die als Essenz der in mehreren Aufsätzen entwickelten Herleitungen angesehen werden kann.

29 Vgl. *Marcel Boiteux*, Le „Revenu distribuable" et les pertes économiques, in: Econometrica Bd. 19 (1951), S. 112—133.

30 Vgl. z. B. *Harberger*, Measurement of Waste, 1964, passim; ders., Taxation, 1964, passim.

31 Vgl. *Johansen*, Public Economics, 1965, S. 303 ff.

32 Vgl. *Stiglitz/Dasgupta*, Differential Taxes, 1971, passim.

33 Vgl. *Joseph*, Excess Burden, 1938/1939, S. 229 ff.

Verfahren der Ermittlung empirischer Daten über die Höhe der Mehrbelastungswirkungen der verschiedenen Steuern jedoch nicht parallel.

Schon bei *Marshall* findet sich im Anschluß an seine Untersuchung der Konsumentenrente der Hinweis, daß ohne umfangreiche statistische Untersuchungen der Angebots- und Nachfragestruktur dieses Konzept keine brauchbare Grundlage konkreter politischer Entscheidungen darstellen kann[34]. Ansätze zur Erarbeitung entsprechender Meßverfahren, mit denen die statistischen Daten ausgewertet werden können, entwickelt jedoch erst *U. K. Hicks* im Rahmen ihrer Reformulierung der *Marshall*schen Darstellung[35]. Doch auch von ihr werden diese Ansätze nicht weiter verfolgt.

Nach dem von *Joseph* entwickelten geometrischen Verfahren ließe sich die Höhe der Mehrbelastungen fast mühelos in numerischen Werten erfassen[36]. Jedoch ist die notwendige Annahme kreisförmiger Indifferenzkurven so restriktiv, den in der Realität anzutreffenden Gegebenheiten so wenig entsprechend, daß diese Methode in der sich an den Artikel von *Joseph* anschließenden Diskussion kaum noch der Erwähnung für wert befunden wird.

Die hier als Grundmodell *C* bezeichnete allgemeine Gleichgewichtsbetrachtung stellt sicherlich die eleganteste und die einzige formal befriedigende Konzeption der Erklärung von Mehrbelastungswirkungen dar. Zugleich ergeben sich jedoch in diesem Modell die größten Schwierigkeiten bei dem Versuch, die darin verwandten Variablen und Parameter operational zu definieren und einem empirischen Test zugänglich zu machen[37]. Angesichts der oben (Kap. IV, E) schon angedeuteten Probleme bei der Erfassung von Nutzengrößen (bei diesem allgemeinen Modell müßte die Form einer multidimensionalen Indifferenzkurvenoberfläche ermittelt werden) und wohl auch unter dem Eindruck, daß im günstigsten Fall der Nachweis eines von vielen Paretooptima, also ein Punktoptimum, ermittelt werden könnte[38], sind bisher wohl noch keine Versuche unternommen worden, auf diesem Weg zur Ermittlung empirischer Werte über die Höhe der Mehrbelastungen verschiedener Steuern zu kommen[39].

---

34 Vgl. *Marshall*, Principles, 1920, S. 394.

35 Vgl. *U. K. Hicks*, Public Finance, 1956, S. 146 ff.

36 Vgl. *Joseph*, Excess Burden, 1938/1939, S. 229 ff.

37 Auch das schon mehrmals erwähnte recht umfassende Modell von *Stiglitz/Dasgupta* stößt hier an seine Grenzen.

38 Vgl. dazu z. B. *Jochimsen*, Ansatzpunkte der Wohlstandsökonomik, 1961, S. 59 f.

39 Einen Ansatzpunkt für weitere Forschungen in dieser Richtung könnte u. U. *Gäfgens* Versuch der Begründung einer Theorie der Politik auf der Grundlage einiger Methoden und Ansatzpunkte der Wohlfahrtstheorie dar-

Das letztgenannte Problem versucht z. B. *Debreu*[40] zu lösen, der in einer Weiterentwicklung eines Ansatzes von *Allais*[41] mit Hilfe der Vektorrechnung die Abweichung der Volkswirtschaft von einem optimum optimorum errechnen will und bei diesem Verfahren auch auf die empirisch stets schwierige Ermittlung von Marginalgrößen verzichten kann[42]. Auch dieser Ansatz wird in der Literatur wohl nicht weiter verfolgt.

Mit den genannten Schwierigkeiten ist wohl zu erklären, daß bei fast allen Versuchen, zu numerischen Werten für die empirisch auftretenden Wohlfahrtsverluste zu kommen, auf Modifikationen des hier als Grundmodell *A* bezeichneten Konzepts der Konsumentenrente zurückgegriffen wird[43]. Insbesondere von *Harberger* sind in neuerer Zeit mehrere Untersuchungen der Wohlfahrtskosten des amerikanischen Steuersystems angestellt worden, die auf ähnlicher Grundlage beruhen[44]. Dieser wohl bisher einzige Versuch, zu numerischen Werten über die Höhe der Mehrbelastungen zu kommen, geht, was die mathematische Herleitung der Formeln für die Höhe der Mehrbelastungswirkungen angeht, kaum über die sehr viel älteren Ableitungen etwa bei *Hotelling* und *Hicks* hinaus[45]. Die verschiedenen Möglichkeiten der Herleitung werden hier jedoch recht anschaulich einander gegenübergestellt, und es wird der Versuch gemacht, mit Hilfe der bestehenden Statistiken zu einigermaßen realistischen Werten für die einzelnen in den Formeln verwandten Symbole zu gelangen. Das dabei angewandte Verfahren und die damit verbundenen Probleme sollen hier kurz skizziert werden.

---

stellen. Vgl. *Gérard Gäfgen*, Zur Theorie kollektiver Entscheidungen in der Wirtschaft. Eine Neuinterpretation der Welfare Economics, in: Jb. f. Nat. u. Stat., Bd. 173 (1961), S. 1—49.

40 Vgl. *Debreu*, Coeffizient, 1951, passim.

41 Vgl. *Maurice Allais*, A la Recherce d'une discipline économique, Paris 1943, S. 604 ff.; ders., Économie pure et rendement social, Contribution de la science économique moderne à la construction d'une économie de bien-être, Paris 1945, S. 57 ff., passim.

42 Vgl. *Debreu*, Coefficient, 1951, S. 274, 282 f.

43 Vgl. z. B. *Boiteux*, Revenu distribuable, 1951, passim. *Harry G. Johnson*, The Economic Theory of the Customs Union, in: ders., Money, Trade and Economic Growth, Survey Lectures in Economic Theory, 2. Aufl., London 1964, S. 46—74, S. 63 ff. *Harvey Leibenstein*, Allocative Efficiency Versus „X-Efficiency", in: Am. Ec. Rev. Bd. 56 (1966), S. 392—415, S. 395, *Gardner Brown* jr. und *M. Bruce Johnson*, Public Utility Pricing and Output Under Risk, in: Am. Ec. Rev. Bd. 59 (1969), S. 119—128, S. 119 et passim, *Comanor/Leibenstein*, Allocative Efficiency, 1969, passim; *Crew/Rowley*, On Allocative Efficiency, 1971, passim.

44 Vgl. *Harberger*, Corporation Income Tax, 1959; Measurement of Waste, 1964; Taxation, 1964.

45 Vgl. *Hotelling*, General Welfare, 1938, passim; *Hicks*, Value and Capital, 1946, S. 305 ff., 329 ff.

4. Der Ansatz von Harberger

Harberger geht zunächst von einem extrem einfachen Zwei-Güter-Modell aus und versucht dann durch die Einführung einiger realitätsnäherer Annahmen zu einem Modell zu gelangen, das gewisse Aussagen über das Ausmaß der in der Realität von den verschiedenen Steuern verursachten Mehrbelastungen erlaubt[46].

Das Ausgangsmodell kann anhand von Abb. 13 und 14 erläutert werden. Abb. 13 beschreibt den Markt des Gutes X. Auf der Abszisse sind die Mengen, auf der Ordinate die Preise von X abgetragen. D_x ist die Nachfragekurve auf dem Markt des Gutes X unter den Annahmen, daß der Preis des Gutes Y konstant bleibt, das Einkommen der Individuen bei auf steuerliche Maßnahmen zurückzuführenden Bewegungen auf der Nachfragekurve unverändert bleibt[47], der Staat also immer dieselbe Menge an Ressourcen beansprucht, i. e. Veränderungen des realen Steueraufkommens auf dem Markt X durch gegenläufige Veränderungen auf dem Markt Y kompensiert werden[48].

Bei Annahme konstanter Stückkosten bei der Erstellung und damit konstanter Nettopreise[49] sowohl des Gutes X als auch des Gutes Y, das hier alle anderen Güter repräsentiert, führt die allmähliche Einführung bzw. Erhöhung einer Steuer auf X von 0 bis 1 *GE* (Geldeinheiten) zu einer gleichgroßen Preiserhöhung von P_0 über P_1, P_2, P_3 zu P_4 und einem entsprechenden Rückgang der nachgefragten Menge von X_0 über X_1, X_2, X_3 nach X_4.

Abb. 14 beschreibt den Markt des Gutes Y, das alle anderen Güter repräsentiert. Wird, wie hier stets angenommen wird, die beschriebene Steuer auf Gut X lediglich eingeführt, um eine Einkommensteuer zu ersetzen, so erfolgt eine Verschiebung der Nachfragekurve auf dem Markt des Gutes Y nach rechts. Da der Preis mit den Stückkosten

---

46 Vgl. für die ganze Darstellung *Harberger*, Taxation, 1964, S. 33 ff. Auch die Zeichnungen wurden dort entnommen. Eine etwas straffere, mehr mathematische und auch allgemeinere Ableitung gibt *Harberger*, in: Measurement of Waste, 1964, passim.

47 Vgl. für die Entwicklung einer derartigen „kompensierenden" Nachfragekurve, mit der nur der Substitutions- und nicht der Einkommenseffekt der Preiserhöhung auf dem Markt eines Gutes erfaßt wird, z. B. *Patinkin*, Demand Curves, 1963, S. 85 f.

48 Wie oben Kap. IV, A bei der Untersuchung der Annahme konstanter Staatsausgaben wird auch von *Harberger* der monetäre Aspekt (z. B. die Tatsache, daß je nach Art der erhobenen Steuer zur Beschaffung derselben Güter ein unterschiedliches Nominalaufkommen erzielt werden muß) zwar angeführt aber nicht berücksichtigt. Es wäre zu prüfen, ob dieses Verfahren noch zulässig ist, wenn, wie hier, versucht wird, die Mehrbelastung als Geldgröße zu fassen.

49 Hier wird also eine im relevanten Bereich lineare Transformationskurve unterstellt.

konstant bleibt, die Produktionsfaktoren also ohne Reibungsverluste von der Produktion des Gutes X zur Produktion des Gutes Y umgeleitet werden können, erhöht sich die nachgefragte Menge schrittweise von Y_0 über Y_1, Y_2, Y_3 auf Y_4[50].

Mit der Preiserhöhung und dem entsprechenden Rückgang der Nachfrage nach X haben die Konsumenten einen Nutzenentgang zu verzeichnen. Er beträgt P_0 für die X_0te Einheit von X und P_4 für die X_4te Einheit, der gesamte Nutzenentgang wird also durch die Fläche $X_4X_0P_0P_4$ beschrieben. Durch die Verminderung der Einkommensteuer können die Konsumenten jedoch mehr Y kaufen und haben auf dem in Abb. 14 beschriebenen Markt einen Nutzenzuwachs von Y_0Y_4HG. Der Gesamtverlust der Konsumenten beträgt daher nur $X_4X_0P_0P_4 - Y_0Y_4HG = FP_0P_4$, denn die Rechtecke $X_4X_0P_0F$ und Y_0Y_4HG müssen gleich sein. Bei der Produktion des vermindert nachgefragten Gutes X wurden genau die Ressourcen freigegeben, die nun für Gut Y eingesetzt werden. Der Differentialwohlfahrtsverlust infolge des Übergangs von der Einkommensteuer auf die Verbrauchsteuer auf das Gut X, die Mehrbelastung, wird also wieder, wie schon oben bei der Darstellung des Grundmodells A (Kap. III, A) durch das Dreieck unterhalb der Nachfragekurve, hier FP_0P_4, beschrieben.

Bei der Ähnlichkeit dieser Argumentation *Harbergers* mit dem Konzept der Konsumentenrente ist es besonders wichtig, die Unterschiede festzuhalten.

In der Argumentation mit der Konsumentenrente, wie sie oben dargestellt worden ist, wird die Konsumentenrente auf dem Markt des Gutes X durch das Dreieck zwischen Ordinate, Angebotskurve und Nachfragekurve beschrieben[51]. Mit der Preiserhöhung und dem entsprechenden Rückgang der nachgefragten Menge von X_0 auf X_4 wird die Konsumentenrente um die Fläche $1P_0P_42$ vermindert. Davon bezeichnet das Rechteck $1FP_42$ das Steueraufkommen. Bleiben die Staatseinnahmen konstant, wird also das Steueraufkommen den Konsumenten wieder zur Verfügung gestellt, so bleibt für diese ein Nettoverlust, der durch das Dreieck FP_0P_4 dargestellt wird. Obwohl *Harberger* mit dem Entzug des Nutzens von Gütern (beschrieben durch die Fläche $X_4X_0P_0P_4$) und nicht mit dem Entzug des Nutzens von Geldbeträgen (beschrieben durch die Fläche $1P_0P_42$) argumentiert, führt die Wirkungsanalyse der Einführung einer speziellen Verbrauchsteuer anstelle einer

---

[50] Mit der Form der Nachfragekurven ist auch die Substitutionsbeziehung der Güter X und Y beschrieben worden. Komplementaritätsbeziehungen können unter den Modellannahmen konstanten Realeinkommens und damit konstanten Faktoreinsatzes nicht auftreten.

[51] Vgl. dazu wieder Abb. 13.

Einkommensteuer auf dem Markt des Gutes X also zum selben Ergebnis.

Unterschiedliche Ergebnisse ergeben sich jedoch bei der Untersuchung der Auswirkungen dieser Maßnahme auf dem Markt des Gutes Y.

Die Senkung der Einkommensteuer um den Betrag des Aufkommens der speziellen Verbrauchsteuer auf Gut X führt zu einer Parallelverschiebung der Nachfragekurve auf dem Markt des Gutes Y nach rechts. Im Konzept des Grundmodells A bedeutet das eine Erhöhung der Konsumentenrente, da diese durch das Dreieck von Ordinate, Angebotskurve und Nachfragekurve beschrieben wird, dessen Fläche zunimmt. Zur Beurteilung der Wirkungen der steuerlichen Maßnahme auf das Wohlfahrtsniveau wäre es nun notwendig zu prüfen, ob dieser Gewinn an Konsumentenrente auf dem Markt des Gutes Y geringer ist als der Verlust an Konsumentenrente auf dem Markt des Gutes X.

Harberger argumentiert jedoch anders[52]: Solange auf dem Markt des Gutes Y keine Verzerrungen („distortions") bestehen, muß (bei den hier zugrunde gelegten Produktionsbedingungen) der Wert, den die Konsumenten eines Gutes diesem beimessen, der Entlohnung der für die Erstellung dieses Gutes eingesetzten Faktoren genau entsprechen. Bewerten die Konsumenten den Nutzenentgang durch die Aufgabe von Produktionsfaktoren geringer als den Nutzen des mit diesen Faktoren erstellten Gutes, so werden sie bei Rationalverhalten mehr Faktoren zur Verfügung stellen und für die entsprechende Entlohnung die Nachfrage nach dem Gut ausdehnen, bis entsprechend dem der nach rechts fallenden Nachfragekurve zugrunde liegenden 1. Gossenschen Gesetz der Grenznutzen des Gutes gleich dem (bei der hier angenommenen waagerechten Angebotskurve konstanten) Nutzenentgang durch den Faktoreinsatz zur Erstellung einer Gütereinheit ist.

Hier wird nun allerdings eine etwas ungewöhnliche Interpretation der Nachfragekurve impliziert. Im Gegensatz zu den üblichen Darstellungen, bei denen die individuelle Nachfragekurve in enger Beziehung zur Grenznutzenkurve der Konsumenten steht, unterstellt *Harberger* offensichtlich, daß die Nachfrager nicht den Grenznutzen, sondern einen ‚Gesamtnutzenzuwachs' besonderer Art ihrem Kalkül zugrunde legen.

Bei den üblichen Darstellungen wird angenommen, daß der Nutzen der letzten erworbenen Einheit mit der Zahl der Einheiten ständig abnimmt, der Nutzen der ersten Einheiten dagegen höher und unabhängig von der Zahl der zusätzlich gekauften Einheiten ist. *Harberger* vertritt dagegen die wohl nicht unbedingt immer weniger plausible Auffassung, daß die Nachfrager nicht nur die letzten zu kaufenden

---

52 Vgl. *Harberger*, Taxation, 1964, S. 34 f.

Einheiten, sondern alternativ große *Gütermengen* vergleichen, wobei sie jeder Einheit *in* dieser Menge den gleichen Nutzen beimessen, der allerdings ebenfalls mit steigender Zahl der zu dieser Menge gehörenden Einheiten abnimmt.

Die Existenz der Konsumentenrente wird damit begründet, daß der Durchschnittsnutzen der erworbenen Gütereinheiten höher ist als der Grenznutzen, der gleich dem Preis ist und somit für alle Einheiten außer der letzten der Nutzen des gekauften Gutes höher ist als der Nutzenentgang durch die Geldausgabe bzw. die Aufgabe von Produktionsfaktoren. *Harberger* meint dagegen, daß bei jeder einzelnen Gütermenge alle Einheiten den gleichen Nutzen bringen, der Grenznutzen also gleich dem Durchschnittsnutzen ist. Wird eine so begründete Nachfragekurve zugrunde gelegt, kann es keine Konsumentenrente geben. Die Ausweitung der Nachfrage nach dem Gut Y von Y_0 auf Y_4 führt dann zu keiner Erhöhung des Wohlfahrtsniveaus, weil die Kosten der zusätzlich nachgefragten Menge gerade genau so groß sind wie ihr Nutzen.

Mit der so interpretierten Nachfragekurve kann *Harberger* seine Behauptung rechtfertigen, daß die Ausdehnung der Nachfrage nach Y zu keinem Wohlfahrtsgewinn führt. Wird jedoch dieselbe Art der Nachfragekurve für den Markt des Gutes X unterstellt, so ergeben sich neue Schwierigkeiten. Danach liegt der Nutzen je Einheit des Gutes X nach Einführung der Steuer wesentlich höher als vorher. Der Gesamtnutzen des Gutes X wird nun durch die Fläche $0X_4P_42$ und nicht wie vorher durch $0X_0P_01$ beschrieben[53]. Er muß also (je nach Neigung der Nachfragekurve) nicht einmal abgenommen haben. Auch leuchtet nicht ein, daß die Konsumenten den Nutzenentgang infolge des Entzugs von Einheiten des Gutes X nun je nach der Reihenfolge des Entzugs (von X_0 nach X_1, von X_1 nach X_2, etc.) unterschiedlich bewerten. Man hätte erwartet, daß die entzogenen Einheiten genau so bewertet werden wie die noch zur Verfügung stehenden. Der Wohlfahrtsverlust durch den Entzug von Einheiten des Gutes X wäre dann nicht mehr durch die Fläche $X_4X_0P_0P_4$ beschrieben, sondern durch ein Rechteck mit den Seiten P_4X_4 und X_4X_0.

Auch wenn diese Widersprüche geklärt werden könnten, bliebe noch zu prüfen, welche Annahmen in bezug auf die einzelnen Individuen getroffen werden müßten, wenn, wie hier, die Nachfragekurve nicht als individuelle, sondern als kollektive Nachfragekurve verstanden wird. Es muß gesichert sein, daß kein Individuum Einheiten irgendeines Gutes höher oder niedriger bewertet als dem gerade herrschenden Marktpreis entspricht.

---

53 Vgl. wieder Abb. 13.

Dies ist gewährleistet, wenn, wie oben (Kap. III, C) im Grundmodell *C*, angenommen wird, daß alle Individuen in bezug auf Einkommen, Präferenzen und Ausstattung mit Produktionsfaktoren identisch sind. *Harberger* macht jedoch lediglich die Annahme, daß das Realeinkommen durch die steuerliche Maßnahme nicht verändert wird, während er ausdrücklich unterschiedlich hohe Einkommen zuläßt[54]. Hier ist es möglich, daß einzelne Individuen von einem Gut gerne mehr beziehen würden (es also höher bewerten als dem Preis, dem Nutzenentgang durch den für die Erstellung notwendigen Faktoreinsatz entspricht), das aber nicht können, weil sie keine zusätzlichen Produktionsfaktoren zur Erstellung des Gutes einsetzen können. Für diese Individuen ist ein Punkt der Nachfragekurve relevant, der links vom Schnittpunkt mit der Angebotskurve liegt. Sie beziehen eine Konsumentenrente.

Soll diese Möglichkeit, wie es in *Harbergers* Modell notwendig ist, ausgeschlossen werden, so muß zumindest noch die zusätzliche Annahme in das Modell eingeführt werden, daß alle Individuen die Möglichkeit haben, zusätzliche Produktionsfaktoren einzusetzen, solange der Nutzen zusätzlich produzierter Güter den Nutzenentgang infolge des Einsatzes von Produktionsfaktoren übersteigt.

Wird *Harbergers* Interpretation der Nachfragekurve zunächst einmal unterstellt, so läßt sich aus der graphischen Darstellung ein allgemeiner Ausdruck für die durch eine Verbrauchsteuer verursachte Mehrbelastung ermitteln. Unter den der Zeichnung zugrunde liegenden Annahmen konstanter Kosten, konstanter Preise der anderen Güter und linearem Verlauf der Nachfragekurve[55] beträgt die Mehrbelastung einer

---

54 Vgl. *Harberger*, Taxation, 1964, S. 32 f.

55 Die Annahme konstanter Grenzkosten und linearer Nachfragefunktion dient dabei lediglich der Vereinfachung der Darstellung. Wird sie aufgegeben, so wird der Wohlfahrtsverlust nicht mehr durch das Dreieck FP_0P_4 zwischen der Angebots- und der Nachfragekurve, sondern durch das entsprechende Integral beschrieben. Es gilt statt

$$\Delta W = -1/2\, T_x\, \Delta X$$

$$\Delta W = -\int_{X_o}^{X_n} [\, D(x) - A(x)\,]\, dx, \text{ wobei } A(X)$$

die Angebotskurve *D (X)* die Nachfragekurve darstellt. Hier muß jedoch die Annahme der im relevanten Bereich linearen Transformationskurve aufgegeben werden, womit eine graphische Lösung wohl nicht mehr möglich ist und zusätzliche Annahmen in bezug auf die Produktionsverhältnisse erforderlich werden. *Harberger* gibt zu, daß die mathematische Entwicklung sehr kompliziert wird, doch meint er, daß die dann notwendig werdenden umfangreichen Ableitungen zum gleichen Ergebnis wie die bisherigen führen würden.

Vgl. *Harberger*, Taxation, 1964, S. 32.

Steuer auf X in Höhe von T_x GE je Stück stets

$$\Delta W = -\tfrac{1}{2} T_x \Delta X \qquad (1)$$

wobei ΔX die Änderung der nachgefragten Menge an X bezeichnet, hier also negativ ist, so daß der ganze Ausdruck positiv wird.

Harberger erweitert dann sein Modell zunächst auf den Drei-, dann den N-Güter-Fall und bezieht auch die Möglichkeit mit ein, daß auf den nicht von der Erhöhung der Verbrauchsteuer betroffenen Märkten im Ausgangszustand Verzerrungen bestehen, so daß seiner Meinung nach die Senkung der Einkommensteuer dort zu einem Wohlfahrtsgewinn führt.

Es kann im Rahmen dieser Untersuchung nicht geklärt werden, ob eine Lockerung der angesprochenen sehr restriktiven Annahmen bezüglich der Entwicklung der Nachfragekurve, der Faktorausstattung, der Produktionsverhältnisse und der monetären Wirkungen der einzelnen Maßnahmen die Entwicklung von *Harbergers* teilweise recht komplizierten Formeln nicht von vornherein sinnlos werden läßt. So äußert u. a. *Samuelson* den Verdacht, daß *Harberger* sein schönes Gedankengebäude auf nur wenig tragfähigen Fundamenten aufgebaut haben könnte[56].

Harberger selbst verzichtet weitestgehend auf eine Diskussion der Annahmen. Häufig führt es sie nicht einmal explizit an. Er ist jedoch der Meinung, daß er nach Einsetzen empirisch gewonnener Daten in seine Formeln zu einigermaßen realistischen Aussagen hinsichtlich der Mehrbelastungswirkungen der verschiedenen Steuern gelangen kann.

Hinsichtlich der Einkommensteuer in den USA im Jahre 1961 kommt *Harberger* zu dem Ergebnis[57], daß die bestehende Einkommensteuer das Arbeitsangebot zwischen 2,5 % (bei den niedrigsten Steuerklassen) und 11,4 % (bei den höchsten Steuerklassen) vermindert und der Nettonutzenentgang, die Mehrbelastung, etwa 1 Mrd. Dollar pro Jahr beträgt.

Wie bei der bisherigen Erörterung schon deutlich geworden ist, kann es sich bei dieser Zahl nur um eine recht vage Schätzung handeln. Viele Einflußgrößen wurden bei der formalen Entwicklung des Modells vernachlässigt, bei anderen können die empirischen Werte nur ungenau erfaßt werden. Wenn jedoch das Ergebnis eine nicht völlig unbrauchbare Annäherung an den richtigen Wert darstellt — und hier besteht vielleicht eher Anlaß zu einem gewissen Optimismus[58] —, so können

---

[56] Vgl. *Paul Anthony Samuelson*, Diskussion im Anschluß an *Harbergers* Measurement of Waste, 1964, S. 93—95.
[57] Vgl. *Harberger*, Taxation, 1964, S. 49 f.
[58] Vgl. dafür *Shoup*, Public Finance, 1969, S. 30, 311. Vgl. aber auch die

daraus mit *Harberger*[59] zwei Folgerungen abgeleitet werden. Zunächst einmal: Betrachtet man die Mehrbelastung als spezielle Form der Steuererhebungskosten, so würden diese sich lediglich um 2 % des Steueraufkommens jenes Jahres erhöhen. Es ist gut denkbar, daß alle alternativ möglichen Steuern, wenn sie ein ebenso hohes Aufkommen zu erbringen hätten, mit noch höheren Erhebungskosten verbunden wären.

Andererseits sind jedoch Kosten in Höhe von 1 Mrd. Dollar durchaus der intensiven Prüfung aller Möglichkeiten ihrer Vermeidung wert. Es wäre durchaus denkbar, daß sich der Nutzenentgang der Volkswirtschaft durch die Einkommensteuer stark vermindern ließe, wenn durch den Abbau von Vergünstigungen und Sonderregelungen die Steuerbasis so verbreitert werden könnte, daß für das gleiche Steueraufkommen geringere Grenzsteuersätze nötig wären, oder wenn z. B. das Ziel der Einkommensumverteilung mit Hilfe von Transferzahlungen anstelle von progressiven Steuern angestrebt würde. Auf alle diese Aspekte kann hier jedoch nicht näher eingegangen werden.

Mit der gleichen, hier skizzierten Methode der Messung von Wohlfahrtsverlusten versucht *Harberger* nun auch die Mehrbelastungswirkung der amerikanischen Einkommensteuer infolge der Beeinflussung des Konsum-Spar-Verhaltens[60] und Auswahl der Investitionsobjekte[61] zu erfassen. Er kommt dabei zu Wohlfahrtsverlusten, die jeweils um 1 Mrd. Dollar liegen. Ein Vergleich der Mehrbelastungswirkungen einer proportionalen Einkommensteuer und einer (speziellen) Verbrauchsteuer bringt ihn zu dem Ergebnis, daß die indirekten Steuern (Verbrauchsteuern) den direkten Steuern (Einkommensteuern) bei weitem unterlegen sind, solange ihre Basen nicht so breit, die Steuern so allgemein sind, daß sie fast wie eine Einkommensteuer wirken[62].

Hierauf soll im einzelnen nicht weiter eingegangen werden. Mit der Darstellung von *Harbergers* Verfahren der Messung von Wohlfahrtsverlusten sollte lediglich demonstriert werden, daß mit den bisher entwickelten Methoden brauchbare Angaben wohl bestenfalls über die Größenordnung der zu erwartenden Mehrbelastungen gewonnen werden können. Aber erst mit einem sehr viel weiterentwickelten Verfah-

---

kritischen Stellungnahmen von *E. Cary Brown,* Comment (zu *Harbergers* Taxation 1964), in: The Role of Direct and Indirect Taxes, S. 70—75; *William Fellner,* Comment, ebenda, S. 75—80; und die Diskussion im Anschluß an *Harbergers* Measurement of Waste, 1964, in: Am. Ec. Rev. Bd. 54 (1964), Papers and Proceedings, S. 86—96.

59 Vgl. *Harberger,* Taxation, 1964, S. 51 f.

60 Vgl. *Harberger,* Taxation, 1964, S. 58 ff.

61 Vgl. ebenda, S. 61 f.

62 Vgl. ebenda, S. 52 ff.

ren dieser oder einer anderen Art wird man zu genaueren numerischen Werten für die einzelnen Mehrbelastungswirkungen kommen[63].

B. Beziehungen zu anderen wirtschaftspolitischen Zielen

1. Die Auswahl konkurrierender Ziele

Von der Vielzahl wirtschaftspolitischer Einzelziele werden an prominenter Stelle stets die Ziele Vollbeschäftigung, Preisstabilität, Verbesserung der Zahlungsbilanz und Wirtschaftswachstum genannt[64]. Während das Ziel der Verbesserung der Zahlungsbilanz nur wenige Berührungspunkte mit dem bisher erörterten Ziel der optimalen Allokation der Ressourcen aufweist[65], kommt in diesem Zusammenhang ganz allgemein und im Zusammenhang mit den Problemen der Besteuerung im besonderen[66] dem Ziel der Verbesserung der Einkommens- und Vermögensverteilung[67] besonderes Gewicht zu. Im folgenden soll also geprüft werden, ob und inwieweit das hier untersuchte, als Grundsatz der Vermeidung von Mehrbelastungen verstandene Ziel der optimalen Allokation der Ressourcen mit den wirtschaftspolitischen Zielen der Verbesserung der Einkommens- und Vermögensverteilung, Vollbeschäftigung und Preisstabilität (die als Ziel der konjunkturellen Stabilität zusammengefaßt werden (können) und Wirtschaftswachstum in Konflikt steht[68].

---

63 Vgl. dafür auch wieder *E. C. Brown*, Comment, 1964, passim und *Fellner*, Comment, 1964, passim.

64 Vgl. dazu etwa *E. S. Kirschen* u. a., International vergleichende Wirtschaftspolitik. Versuch einer empirischen Grundlegung, (Übersetzung des engl. Originals, Economic Policy in Our Time, Bd. 1 General Theory, Amsterdam 1964, von *Bodo* und *Gertrud Steinmann*) Berlin 1967, S. 6 ff. und bes. *Hans Besters*, Economic Policy in Western Germany, 1949—1961, in: Economic Policy in Our Time, Bd. 3 Country Studies, S. 389—482, S. 395 f. Siehe auch *Peter Baumgarten* und *Wolfgang Mückl*, Wirtschaftspolitische Zielkonflikte in der BRD. Eine theoretische und empirische Untersuchung, Tübingen 1969, S. 55 ff. für die Meinung, daß damit die in der BRD am stärksten beachteten Ziele genannt sind.

65 Zielkonflikte treten auf, wenn durch den Einsatz von wirtschaftspolitischen Instrumenten zur Erreichung eines Zieles die Erreichung anderer Ziele gefährdet wird. Dies ist, abgesehen von der in Kap. IV, C. 8 betrachteten Problematik, hier nicht in nennenswertem Umfang zu erkennen.

66 Vgl. dafür z. B. *Elisabeth Liefmann-Keil*, Einführung in die politische Ökonomie. Private Planung — öffentliche Lenkung, Basel, Wien 1964, S. 239 f.; *Neumark*, Grundsätze der Besteuerung, 1965, S. 49 (21).

67 In International vergleichende Wirtschaftspolitik, 1964/67, S. 6 ff. wird dieses Ziel an siebenter Stelle genannt, bei *Baumgarten/Mückl*, 1969, S. 56, nach *Besters*, 1964, S. 396 für die Zeit nach 1955 sogar an zweiter Stelle.

68 Für eine sehr ähnliche Auswahl der wichtigsten wirtschaftspolitischen Ziele, die mit finanzpolitischen Instumenten angestrebt werden können, siehe z. B. *Shoup*, Public Finance, 1969, S. 465 ff.

Zuvor muß jedoch das Ziel der optimalen Allokation der Ressourcen noch etwas näher untersucht werden. Die Mehrbelastung ist oben (Kap. II) als der Differentialwohlfahrtsverlust definiert worden, der auftritt, wenn eine Steuer durch eine andere Steuer ersetzt wird, durch die dem privaten Sektor die gleiche Menge an Ressourcen entzogen wird, die jedoch für den privaten Sektor einen größeren Nutzenentgang bedeutet. Das Auftreten einer Mehrbelastung wird im Grundmodell C, dem allgemeinen Gleichgewichtsmodell, als Verstoß gegen die Marginalbedingungen des Paretooptimums erklärt. Nun lassen sich sämtliche wirtschaftspolitische Ziele als Zwischenziele zur Erreichung eines Oberziels der Nutzenmaximierung verstehen. Wenn ein wirtschaftspolitisches Ziel angestrebt wird, so geschieht das, um das volkswirtschaftliche Nutzenniveau zu erhöhen; wenn ein Ziel zugunsten eines konkurrierenden Ziels vernachlässigt wird, so ist dies nur sinnvoll, wenn das angestrebte Ziel ein höheres Nutzenniveau verspricht.

Wenn aber durch die Erreichung eines wirtschaftspolitischen Zieles das Wohlfahrtsniveau der Volkswirtschaft insgesamt erhöht wird, so ist auch stets eine Verteilung dieses Wohlfahrtsgewinns denkmöglich, bei der die zum Wohlfahrtsgewinn führenden Maßnahmen kein Individuum schlechter, aber mindestens eins besser stellen. Das aber heißt, daß die Maßnahme nach dem Paretokriterium — bzw. bei Umverteilungen nach den Kompensationskriterien — befürwortet werden muß. Da ein Paretooptimum als Situation definiert ist, in der durch Reorganisation kein Individuum besser gestellt werden kann, ohne daß ein anderes schlechter gestellt wird, müssen, wenn das Paretooptimum erreicht worden ist, auch alle anderen wirtschaftspolitischen Ziele ‚optimal' verwirklicht worden sein. Bei einer so weiten Definition schließt also das Paretooptimum alle anderen wirtschaftspolitischen Zielsetzungen außer der Redistribution mit ein.

Demgegenüber wird hier, wie es in der Wohlfahrtstheorie üblich geworden ist (vgl. dazu wieder oben Kap. III, C) das Paretooptimum als erreicht betrachtet, wenn die sieben von *Reder* formulierten Marginalbedingungen erfüllt sind. Dann ist das Produktionsoptimum und das Handelsoptimum sowie die optimale Allokation der Ressourcen in der Zeit erreicht. Außerdem ist auch die bei gegebener Risikofreudigkeit optimale Risikenstreuung der Investitionen erörtert worden (oben Kap. IV, C, 7). Diese — zweifellos recht restriktive — Definition des Paretooptimums hat den Vorteil, daß die zugrunde liegenden Funktionen — deren erste Differentialquotienten im Optimum einander gleich sein müssen — mit einigem Optimismus als stetig, differenzierbar und hinreichend stark gekrümmt angesehen werden können und so eine eindeutige Lösung des Gleichgewichtssystems als möglich erscheint[69]. Mit allen oben (Kap. IV, E) schon angedeuteten Einschränkungen kann das so eingegrenzte Ziel der optimalen Allokation der Ressourcen als operationalisierbares Ziel bezeichnet werden. Dieses Ziel — es kann auch als Ziel der Wohlfahrts*optimierung* bezeichnet werden im Gegensatz zu einem Ziel der Wohlfahrts*maximierung,* wenn die umfassende Definition des Paretooptimums zugrunde gelegt wird — soll jetzt den angeführten konkurrierenden wirtschaftspolitischen Zielen gegenübergestellt werden[70].

2. Das Ziel der Redistribution

Zunächst sollen die möglichen Konflikte des Ziels der Wohlfahrtsoptimierung mit dem Ziel der Redistribution betrachtet werden. Die Forderung nach Einkommens- und Vermögensumverteilung mit Hilfe steuerlicher Maßnahmen läßt sich sehr weit zurückverfolgen. Als Grundsatz der Besteuerung erscheint sie allerdings erst in *Wagners* sozialpolitischen Postulaten[71]. Der Begriff Umverteilung oder Redistribution bezeichnet Maßnahmen, mit denen versucht wird, die Verteilung in einer Weise zu korrigieren, die den herrschenden normativen Vorstellungen besser entspricht[72]. Im allgemeinen handelt es sich also um Maßnahmen, die der relativen Verbesserung der Lage der einkommens- oder vermögensschwachen Schichten (im folgenden: die Armen) im Verhältnis zu den sozial stärkeren (im folgenden: die Reichen) dienen. Problematisch ist bei dieser Definition die Festlegung der Grenze zwi-

---

69 Ein Hauptgrund für die Beschränkung auf gerade diese sieben Marginalbedingungen des Paretooptimums ist eben auch in der Tatsache zu suchen, daß sich die dabei verwendeten Begriffe wohl eher quantifizieren lassen. Vgl. auch *Boulding,* Einführung in die Wohlfahrtsökonomik, 1952/1967, S. 97.

70 Vgl. für eine ähnliche Unterscheidung des Ziels der paretianischen Effizienz von den anderen wirtschaftspolitischen Zielen z. B. *Shoup,* Public Finance, 1969, S. 27 ff.

71 Vgl. *Adolph Wagner,* Finanzwissenschaft (4. Hauptabteilung, in: Ders. [Hrsg.], Lehr- und Handbuch der politischen Ökonomie), Bd. 2 Theorie der Besteuerung, Gebührenlehre und allgemeine Steuerlehre, 2. Aufl., Leipzig 1890, S. 207 ff.

Zur Geschichte des sozialpolitischen Postulats siehe auch *Hans Ritschl,* Theorie der Staatswirtschaft und Besteuerung, Bonn, Leipzig 1925, S. 85 ff., 89 f.; *Fritz Karl Mann,* Steuerpolitische Ideale, Jena 1937, S. 314 ff.; *Wilhelm Bickel,* Die Steuer als Instrument des Einkommens- und Vermögensausgleichs. Eine dogmengeschichtliche Betrachtung, in: *Manuel Saitzew* u. a. (Hrsg.), Probleme der öffentlichen Finanzen und der Währung. Festgabe für *Eugen Grossmann,* Zürich 1949, S. 15—30, passim; *Wilhelm Gerloff,* Steuerwirtschaftslehre, in: Handbuch der Finanzwissenschaft, 2. Aufl., Bd. 2, 1956, S. 238—325, S. 257 ff.; *Gerhard Eisner,* Kaufkraftübertragungen durch öffentliche Finanzen. Ein Beitrag zur Theorie und Statistik der fiskalischen Einkommensredistribution, Winterthur 1956, S. 73 ff.

72 Vgl. dazu auch *Emil Küng,* Wirtschaft und Gerechtigkeit, Sozialethische Probleme im Lichte der Volkswirtschaftslehre, Tübingen 1967, S. 287 ff.

schen Reichen und Armen. Solange das persönliche Einkommen weder klar definiert noch faktisch zu ermitteln ist[73], fehlen exakte Daten über die bestehende Verteilung, und damit sind auch keine genauen Aussagen über das Ausmaß der Wirkung der einzelnen Maßnahmen möglich.

Wenn nicht eine völlige Nivellierung der Einkommens- und Vermögensverhältnisse angestrebt wird, so erweist sich eine Quantifizierung des Zieles der Redistribution als äußerst problematisch. Sie ist jedoch für die hier angestellte Untersuchung auch nicht notwendig. Für den Nachweis des Konfliktes oder der Konformität mit dem Ziel der Wohlfahrtsoptimierung genügt es zunächst schon, wenn gezeigt werden kann, daß eine Steuer die Reichen oder die Armen relativ stärker belastet als eine andere.

Zu der steuerlichen Belastung müssen allerdings noch zwei Bemerkungen gemacht werden. Zunächst wird nach dem Grundsatz der Besteuerung nach der Leistungsfähigkeit[74] gefordert, daß die Belastung für jeden Steuerzahler gleich ist, daß jeder Steuerzahler mit gleicher Leistungsfähigkeit in gleicher Höhe zur Zahlung herangezogen wird[75].

Problematisch ist es dabei vor allem, einen genauen Index der steuerlichen Leistungsfähigkeit zu ermitteln. Das Vermögen, das Nettoeinkommen, der Verbrauch oder eine Kombination dieser Größen werden in der Literatur dazu herangezogen. Der Versuch, mit der Leistungsfähigkeit die individuelle subjektive Belastung zu erfassen, führt zur Entwicklung der Opfertheorien, nach denen gefordert wird, daß — je nach Ausprägung des Prinzips — der durch die Steuer verursachte Nutzenentgang für alle Individuen gleich sein soll (gleiches absolutes Opfer), im Verhältnis zum Nutzen des Einkommens der Individuen gleich sein soll (gleiches relatives Opfer), oder daß der Nutzenentgang durch die letzte gezahlte Steuereinheit für alle Individuen gleich sein soll (gleiches marginales Opfer)[76].

---

[73] Siehe für diese Meinung auch z. B. *Bertrand de Jouvenel*, The Ethics of Redistribution, Cambridge 1951, S. 82; *Wilhelm Krelle*, Zur Wirkung der progressiven Einkommensbesteuerung. Bemerkungen zu *Carl Föhls* „Kritik der progressiven Einkommensbesteuerung", in: Fin. Arch. N.F. Bd. 16 (1955/1956), S. 22—30, S. 30.

[74] Wird das Ziel der Redistribution mit dem Mittel der Besteuerung angestrebt, so ist dieses Prinzip von großer Bedeutung. Es soll daher ebenfalls kurz betrachtet werden.

[75] Für die Entwicklung dieser Theorie der Besteuerung nach der Leistungsfähigkeit und den Nachweis, daß sie sich schon in der Antike findet, siehe z. B. *Wagner*, Theorie der Besteuerung, 1890, S. 433 und die dort angeführte Literatur. Für eine ausführliche Darstellung der Theorie siehe auch *Musgrave*, Finanztheorie, 1959/1969, S. 74 ff.

[76] Mit dieser zuletzt genannten Theorie des gleichen marginalen Opfers ist die in der älteren Wohlfahrtstheorie oft vertretene Theorie des minimalen Gesamtopfers identisch.

Weder auf die schwierigen Probleme einer Konkretisierung der Opfertheorie noch auf die Beziehungen zwischen den Opfertheorien und der Theorie der Besteuerung nach der Leistungsfähigkeit allgemein kann hier näher eingegangen werden[77]. Es soll lediglich festgehalten werden, daß die Forderung nach der Besteuerung nach der Leistungsfähigkeit im Augenblick in der Finanzwissenschaft zumindest in der BRD im Moment noch weitgehend akzeptiert zu sein scheint[78].

Daher soll auch die Bedeutung der Nebenbedingung der Besteuerung nach der Leistungsfähigkeit bei der Überprüfung möglicher Konflikte zwischen dem Ziel der Redistribution und dem Ziel der Wohlfahrtsoptimierung untersucht werden. Dafür ist es jedoch zunächst notwendig, die Beziehung zwischen den Zielen Besteuerung nach der Leistungsfähigkeit und Redistribution etwas zu erhellen.

Solange von der Annahme eines mit zunehmendem Einkommen abnehmenden Grenznutzens des Geldes ausgegangen wird, wie dies in der Literatur auch durchweg geschieht, werden wohl bei fast jeder Steuer, die dem Grundsatz der Besteuerung nach der Leistungsfähigkeit genügt, die Reichen einen höheren Steuerbetrag zahlen als die Armen. Ob der Tarif der Steuer dabei progressiv, proportional oder degressiv im Verhältnis zum Einkommen sein muß, hängt von den Annahmen über den genauen Verlauf, insbesondere die Krümmung der Nutzenkurve ab. Von den zeitgenössischen Anhängern der Leistungsfähigkeitstheorie wird offensichtlich ein Verlauf der Nutzenkurve zugrunde gelegt, der einen progressiven Steuertarif notwendig macht[79].

---

[77] Für einen Überblick siehe etwa *Kurt Schmidt,* Das Leistungsfähigkeitsprinzip und die Theorie vom proportionalen Opfer, in: Fin. Arch. N.F. Bd. 26 (1967), S. 385—404, passim.

[78] Siehe als Beleg dafür etwa: Bundesministerium der Finanzen (Hrsg.), Organische Steuerreform. Bericht des wissenschaftlichen Beirats beim Bundesministerium der Finanzen, Bonn 1953, passim, bes. S. 36 ff. Für eine Kritik dieser auch in den neueren Schriften dieses Gremiums zum Ausdruck kommenden Haltung siehe *Jürgen Pahlke,* Steuerpolitische Grundsatzfragen. Kritische Bemerkungen zum Gutachten des Wissenschaftlichen Beirats beim Bundesministerium der Finanzen zur Reform der direkten Steuern, in: Fin. Arch. N.F. Bd. 28 (1969), S. 42—54, passim.

[79] Der wohl prominenteste Vertreter der zeitgenössischen Leistungsfähigkeitstheorie, *Haller,* tritt seit neuestem allerdings für einen indirekt progressiven Steuertarif ein. Hierbei bleibt das Existenzminimum steuerfrei, während darüber ein proportionaler Tarif gilt. Da *Haller* das Einkommen, welches für die Sicherung des Existenzminimums erforderlich ist, nicht als „steuerliches Einkommen" betrachtet, kann er bei seinem Vorschlag sogar von einem (in bezug auf das Resteinkommen) proportionalen Steuertrarif sprechen. Vgl. dazu *Heinz Haller,* Probleme der progressiven Besteuerung, Tübingen 1970, S. 9 ff. Siehe dagegen aber ders., Bemerkungen zur progressiven Besteuerung und zur steuerlichen Leistungsfähigkeit, in: Fin. Arch. N.F. Bd. 20 (1959/60), S. 35—57, bes. S. 55, wo von *Haller* ein progressiver Tarif für gerechter gehalten wird.

Sollen als Konkretisierung des Grundsatzes der Redistribution die persönlich verfügbaren Einkommen stärker nivelliert sein als das personell aufgeteilte Volkseinkommen, so ist in jedem Fall eine progressive Ausgestaltung des Steuertarifs erforderlich. In dieser allgemeinen Formulierung sind also das Ziel der Redistribution und das Ziel der Besteuerung nach der Leistungsfähigkeit miteinander vereinbar. Werden dagegen die beiden Ziele so weit konkretisiert, daß die Individuen eine mit steigendem Einkommen zunehmende und jeweils genau festgelegte Steuerzahlung leisten müssen, so ist nur ein Fall denkbar, in dem die beiden Ziele mit demselben Tarif angestrebt werden; in allen anderen Fällen werden mit den beiden Zielen voneinander unterschiedliche Tarife begründet. Es besteht ein Zielkonflikt.

Werden logische Zielkonflikte, in denen zwei logisch nicht miteinander vereinbare Ziele angestrebt werden (z. B. Erhöhung der Investitions- und der Konsumquote in einer Periode), und faktische Zielkonflikte, bei denen z. B. mit demselben Mittel zwei verschiedene Ziele angestrebt werden sollen (z. B. Verbesserung der Zahlungsbilanz und Förderung der Investitionstätigkeit mit Hilfe des Diskontsatzes) unterschieden, so handelt es sich hier, wie in den meisten Fällen, zunächst um einen faktischen Zielkonflikt. *Beide* der erörterten Ziele können u. U. erreicht werden, wenn das Instrument der Besteuerung nur der Besteuerung nach der Leistungsfähigkeit dient und die Redistribution mit anderen Mitteln, etwa Staatsausgaben, angestrebt wird.

Allerdings stellt die Forderung der Besteuerung nach der Leistungsfähigkeit dann einen Selbstzweck dar und kann nicht aus übergeordneten Zielen, etwa dem einer gerechten Einkommens- und Vermögensverteilung hergeleitet werden. Diese Position läßt sich nur sehr schwer verteidigen. Warum sollte das Ziel denn wohl angestrebt werden? Wenn, wie dies wohl überwiegend geschieht, sowohl der Grundsatz der Redistribution als auch der Grundsatz der Besteuerung nach der Leistungsfähigkeit gleichzeitig als Grundsätze der Besteuerung vertreten werden[80], so müßten beide Ziele als Konkretisierung des übergeordneten Zieles einer gerechten Verteilung verstanden werden[81]. In diesem Fall besteht außer bei völliger Identität der zur Erreichung der beiden Ziele jeweils geforderten Tarifstruktur ein logischer Zielkonflikt.

---

80 Vgl. dafür wieder *Neumark*, Grundsätze, 1965, S. 49/21 u. a. und *Gisela Flaig*, Differenzierungsvorschriften im deutschen Einkommensteuerrecht als Ausdruck sozialpolitischer Zielsetzungen, Diss. München 1960, S. 13 f.

81 Entsprechend unterscheidet *Haller* eine „passive Umverteilung", die mit der Besteuerung nach der Leistungsfähigkeit erreicht wird und eine „aktive Umverteilung", die direkt am Ziel der Verteilung orientiert ist. Vgl. *Heinz Haller*, Finanzpolitik. Grundlagen und Hauptprobleme, 4. Aufl., Tübingen 1968, S. 217.

Es können nicht gleichzeitig zwei unterschiedliche Verteilungen angestrebt werden.

Faktische Zielkonflikte können aufgelöst werden, indem die konkurrierenden Ziele mit unterschiedlichen Mitteln angestrebt werden. Bei logischen Zielkonflikten ist dieses Verfahren *nicht* möglich. Wenn etwa *Haller* zwei Steuern fordert, von denen eine mit indirekt progressivem Tarif (*Haller* selbst bezeichnet ihn als proportional[82]) dem Grundsatz der Besteuerung nach der Leistungsfähigkeit genügen soll, während die andere mit progressivem Tarif dem Ziel der Redistribution dient[83], so bleibt die Tatsache, daß zwei logisch nicht miteinander zu vereinbarende Ziele angestrebt werden, unverändert bestehen.

Diese Problematik kann möglicherweise vermieden werden, wenn davon ausgegangen wird, daß die politisch realisierbaren Formen der Besteuerung von beiden Zielen noch recht weit entfernt sind, so daß die Annäherung an eines der Ziele auch eine Annäherung an das andere bedeutet.

Eine weitere Bemerkung bezieht sich auf die *Möglichkeit* der Umverteilung mit Hilfe der Besteuerung. Als Folge der Überwälzungsvorgänge ist es außerordentlich schwierig festzustellen, von welchen Individuen eine Steuer schließlich getragen wird. Werden in der Vergangenheit einige Steuern (etwa die Einkommensteuer oder die Gewinnsteuer) als nicht überwälzbar bezeichnet, so wird doch seit *Black*[84], im deutschen Sprachgebiet spätestens seit der *Föhl*-Kontroverse[85], nicht mehr bestritten, daß jede Veränderung der Verteilung des personell verfügbaren Einkommens über Kreislaufeffekte auch wieder die personelle Einkommensverteilung beeinflussen muß[86].

Wenn im folgenden die Wirkungen der einzelnen Steuern auf die Einkommensverteilung geprüft werden, so liegen dabei stets nur sehr vage Schätzungen der wahrscheinlichen Inzidenz der Steuern zugrunde. Die Ergebnisse können daher nur einen sehr schematischen und vorläufigen Charakter haben.

Die einzige Steuer, mit der — wenn von einer Optimalsituation ausgegangen wird — alle Mehrbelastungen vermieden werden können,

---

82 Siehe oben Kap. V, B, 2.

83 Vgl. *Haller,* Probleme der progressiven Besteuerung, 1970, S. 7 et passim.

84 Vgl. *Black,* Incidence of Income Taxes, 1939, S. 9 ff.

85 Die Kontroverse wurde ausgelöst durch den Artikel von *Carl Föhl,* Kritik der progressiven Einkommensbesteuerung, in: Fin. Arch. N.F. Bd. 14 (1953/54), S. 88—109, in dem dieser die völlige Überwälzbarkeit der Einkommensteuer behauptet. In einem zweiten Aufsatz faßt *Föhl* die Beiträge zu der Kontroverse zusammen und schränkt die Behauptung des ersten Aufsatzes ein. Vgl. ders., Das Steuerparadoxon, in: Fin. Arch. N.F. Bd. 17 (1956/57), S. 1—37.

86 Vgl. dazu etwa auch *Shoup,* Public Finance, 1969, S. 11.

ist eine Steuer, deren Bemessungsgrundlage der Steuerpflichtige nicht durch Änderung seines Verhaltens beeinflussen kann. Das typische Beispiel dafür ist die Kopfsteuer. Gerade sie aber verstößt gegen das Prinzip der Besteuerung nach der Leistungsfähigkeit, welcher Indikator auch immer zugrunde gelegt wird. Werden zwei Einkommensschichten unterschieden, Reiche und Arme, so werden durch die Kopfsteuer die Angehörigen beider Schichten gleich besteuert, während das Prinzip der Redistribution und das der Besteuerung nach der Leistungsfähigkeit fordert, daß die Reichen stärker belastet werden.

Durch eine selektive Verbrauchsteuer dagegen wird nur dann keine Mehrbelastung verursacht, wenn die Nachfrage nach dem besteuerten Gut völlig starr ist. Das ist aber fast nur für lebensnotwendige Güter der Fall. Wieder besteht ein Konflikt mit dem Ziel der Besteuerung nach der Leistungsfähigkeit, denn die Armen werden einen größeren Teil ihres Vermögens, Einkommens oder Verbrauchs zum Kauf des besteuerten Gutes verwenden. Eine selektive Steuer auf Luxusgüter dagegen, die mit dem Prinzip der Besteuerung nach der Leistungsfähigkeit vereinbar ist, verursacht eine Mehrbelastung, da hier die Nachfrage im allgemeinen sehr elastisch ist.

Wenn davon ausgegangen werden kann, daß das Arbeitsangebot durch die Steuer nicht verändert wird, so wird durch eine allgemeine Verbrauchsteuer oder eine Einkommensteuer, bei der das Zinseinkommen steuerfrei bleibt, keine Mehrbelastung verursacht, während die allgemeine Einkommensteuer, bei der auch das Zinseinkommen besteuert wird, die Substitution zwischen gegenwärtigem Konsum und Sparen beeinflußt und daher eine Mehrbelastung verursacht. Wird das Gesamteinkommen als Grundlage von Redistributionsmaßnahmen und als Indikator der Leistungsfähigkeit betrachtet, so besteht hier also wieder ein Konflikt zwischen dem Ziel der Wohlfahrtsoptimierung und dem der Redistribution und der Besteuerung nach der Leistungsfähigkeit. Nach dem Leistungsfähigkeitsprinzip wird gefordert, daß die Steuerleistung wenigstens proportional — nach der herrschenden Auffassung und für das Ziel der Redistribution sogar überproportional — mit dem Einkommen ansteigt. Durch die Entlastung des Zinseinkommens würden jedoch die Reichen begünstigt, da erwartet werden kann — zumindest bei Annahme einer *Keynes*schen Konsumfunktion — daß die Reichen einen größeren Teil ihres Gesamteinkommens sparen als die Armen.

Wird dagegen der Verbrauch als Indikator der Leistungsfähigkeit gewählt, besteht in der allgemeinen Verbrauchsteuer oder der Einkommensteuer mit steuerfreiem Zinseinkommen die Möglichkeit, die Ziele der Wohlfahrtsoptimierung und der Besteuerung nach der Leistungsfähigkeit gemeinsam anzustreben. Es bestände jedoch noch immer ein Konflikt mit dem Ziel der Redistribution.

Die Suche nach einer Steuer, die sowohl dem Grundsatz der Wohlfahrtsoptimierung als auch dem Grundsatz der Leistungsfähigkeit und Redistribution entspricht, hat seit langer Zeit immer wieder die Finanzwissenschaft beschäftigt. Als eine Steuer, die beiden Forderungen genügt, wird immer wieder einmal die Steuer auf das Renteneinkommen genannt: Wie oben schon näher ausgeführt worden ist (Kap. V, A, 1), wird durch die Besteuerung des Renteneinkommens keine Mehrbelastung verursacht. Wird nun gesagt, daß Kapital oder Boden, die vom Rentier verliehen werden, diesem gar nicht ‚rechtmäßig' zustehen, so entspricht eine Steuer auf das Renteneinkommen auch dem Ziel einer sozialen Gerechtigkeit. Allerdings läßt sich diese Auffassung nicht mit der im Augenblick in den hochindustrialisierten Ländern der westlichen Welt herrschenden Meinung, nach der die ‚gerechte' Besteuerung dem Ziel der Redistribution dient oder eine Besteuerung nach der Leistungsfähigkeit ist, vereinbaren. Ein Konflikt zwischen dem Ziel der Wohlfahrtsoptimierung und der sozialen Gerechtigkeit erscheint fast unvermeidlich.

Allerdings ist das Wohlfahrtsniveau einer Volkswirtschaft bei Vermeidung von Mehrbelastungen ex definitione höher, womit sich u. U. auch die Möglichkeit ergeben könnte, durch ein System von zusätzlichen Belastungen und Kompensationen zu verhindern, daß eine Gruppe von Individuen schlechter gestellt wird als unter einer anderen Steuer. Diese sicherlich sehr schwer zu realisierende Trennung der Effizienz- von den Verteilungswirkungen soll hier jedoch vernachlässigt werden.

3. Das Ziel der konjunkturellen Stabilität

Konjunkturelle Schwankungen sind zyklische Schwankungen des Volkseinkommens bzw. der Zuwachsraten des Volkseinkommens. Die Abschwungphase ist gekennzeichnet durch eine relative Verringerung des Volkseinkommens und Unterbeschäftigung bzw. durch einen Angebotsüberschuß. Die Aufschwungphase ist dagegen durch einen Nachfrageüberhang und daher — zumindest in den Engpaßfaktoren — durch Preissteigerungen gekennzeichnet. In keynesianischer Argumentation läßt sich auch sagen, daß in der Rezession das geplante Sparen die geplante Investition übersteigt, während im Boom das geplante Sparen geringer ist als die geplante Investition. Die Rezession steht dem Ziel der Vollbeschäftigung, die Hochkonjunktur steht dem Ziel der Preisstabilität entgegen. Beide Ziele werden im Ziel der (konjunkturellen) Stabilität zusammengefaßt.

Einer *genauen* Quantifizierung dieser wie auch der anderen wirtschaftspolitischen Ziele stehen allerdings große Schwierigkeiten entgegen[87]. Dagegen lassen sich gewisse Schwellenwerte, bei deren Überschreitung das Ziel als nicht erreicht gilt und die im Zeitablauf und in den unterschiedlichen Ländern verschiedene Werte annehmen können, leichter empirisch ermitteln. So wird laut *Baumgarten* und *Mückl* allgemein von Stabilität des Preisniveaus gesprochen, wenn der Preisindex für das Bruttosozialprodukt um nicht mehr als 1 % im Jahr steigt, und von Vollbeschäftigung, wenn die Arbeitslosenquote (definiert als der Anteil der Arbeitslosen an den abhängigen Erwerbspersonen) 0,8 % nicht übersteigt[88].

Bei konstanten Staatsausgaben dient eine Steuer als Instrument zur Erreichung des Zieles der Stabilität, wenn die effektive Nachfrage in der Hochkonjunktur relativ verringert, in der Rezession relativ erhöht wird. Das Steueraufkommen muß also mit der Höhe des Realeinkommens positiv korreliert sein. Die Variation des Steueraufkommens kann durch diskretionäre Maßnahmen der finanzpolitischen Autorität verursacht werden, oder es gibt automatisch eintretende Veränderungen des Steueraufkommens. Dieser letzte Fall der ‚built-in flexibility' soll zuerst behandelt werden.

Das Aufkommen der Kopfsteuer ist nur von der Bevölkerungszahl abhängig und variiert daher nicht mit den zyklischen Veränderungen des Volkseinkommens. Es besteht also ein Konflikt zwischen dem Ziel der Wohlfahrtsoptimierung, nach dem die keine Mehrbelastung verursachende Kopfsteuer befürwortet wird, und dem Ziel der Stabilität, nach der die konjunkturell neutrale Steuer abgelehnt werden muß.

Das gleiche Ergebnis gilt für die selektive Verbrauchsteuer auf lebensnotwendige Güter, denn diese wirkt auch in dieser Hinsicht wie eine Kopfsteuer. Dagegen mag eine selektive Verbrauchsteuer auf Luxusgüter, die eine Mehrbelastung *verursacht,* durchaus dem Ziel der Stabilität *dienen,* denn es kann erwartet werden, daß die Umsätze an solchen Gütern in der Hochkonjunktur wesentlich größer sind als in der Rezession. Es besteht also in jedem Fall ein Konflikt zwischen den beiden Zielen.

Wenn angenommen werden kann, daß die Preissteigerungen der Hochkonjunktur in erster Linie auf den Gütermärkten und nicht auf dem Arbeitsmarkt erfolgen, wird ein weiterer Ansatz zu einem Zielkonflikt sichtbar. Mehrbelastungen, die durch die Einkommensteuer verursacht werden, können, wie oben gezeigt worden ist (Kap. IV, C, 5), durch eine progressive Ausgestaltung des Tarifs noch verstärkt werden.

---

[87] Vgl. dazu auch International vergleichende Wirtschaftspolitik, 1964/67, S. 9 f.

[88] Vgl. *Baumgarten/Mückl,* Wirtschaftspolitische Zielkonflikte, 1969, S. 59 ff. und die dort angeführte Literatur.

Diese Mehrbelastungen treten jedoch nur auf, wenn das Arbeits- oder Sparangebot durch die Einkommensteuer auch wirklich beeinflußt wird. Dies ist jedoch gerade bei einem progressiven Tarif der Fall, wenn die eingebaute Stabilisierungswirkung der Einkommensteuer besonders groß ist. Auch im Fall der Einkommensteuer besteht also ein Zielkonflikt.

Für den Fall diskretionärer Variationen der Steuertarife zur Beeinflussung der effektiven Nachfrage ergibt sich eine Möglichkeit, Konflikte zwischen dem Ziel der Wohlfahrtsoptimierung und der konjunkturellen Stabilität zu vermeiden. Prinzipiell läßt sich bei jeder Steuer mit hinreichend breiter Basis eine Reduzierung der effektiven Nachfrage erzwingen, so daß hier selbst die vom Standpunkt der Wohlfahrtsoptimierung ideale Kopfsteuer zum Einsatz kommen kann, wenn nicht noch andere Ziele, wie etwa das der sozialen Gerechtigkeit, angestrebt werden.

Es bleibt jedoch noch die Prüfung der konjunkturpolitischen Effizienz der einzelnen Steuern, die in der Stärke ihrer Wirkung auf die effektive Nachfrage besteht. Hier wäre zum Beispiel zu erwarten, daß mit einer allgemeinen Verbrauchsteuer, insbesondere, wenn sie zeitlich befristet erhoben wird, die kaufkräftige Nachfrage stärker reduziert werden kann als mit einer Kopfsteuer oder einer Einkommensteuer gleichen Ertrags. Es ist durchaus möglich, daß hier — analog zu der oben (Kap. III, B) untersuchten Problematik — die Kopfsteuer im Vergleich zu einer allgemeinen Verbrauchsteuer mit einem volkswirtschaftlichen Wohlfahrtsverlust verbunden ist, da ihr Aufkommen, wenn die gleiche konjunkturpolitische Wirkung erreicht werden soll, höher sein müßte. Die Vermeidung der auf Verstößen gegen die paretianischen Marginalbedingungen beruhenden Wohlfahrtsverluste kann also mit Wohlfahrtsverlusten anderer Art verbunden sein.

Das genau entsprechende Ergebnis gilt in der Rezession. Ebenso wie es effizienter sein dürfte, in der Hochkonjunktur die effektive Nachfrage durch direkte Belastung der Güterkäufe zu reduzieren, kann in der Rezession eine direkte Entlastung der Güterkäufe stärker zur Erhöhung der effektiven Nachfrage beitragen als eine allgemeine Einkommenserhöhung.

Ein interessanter Nebenaspekt dieser Überlegungen ist übrigens, daß die progressive Einkommensteuer, die durch eine hohe eingebaute Flexibilität gekennzeichnet ist und in dieser Hinsicht dem Ziel der Stabilität dient, mit dem Ziel der Wohlfahrtsoptimierung aber im Konflikt steht, nach der Betrachtung diskretionärer Maßnahmen anders zu beurteilen ist. Hier ist festzustellen, daß ihre konjunkturpolitische Effizienz gering ist, da durch sie insbesondere die Schichten belastet werden, die durch eine unterdurchschnittliche Konsumquote gekennzeichnet sind. Das Aufkommen der progressiven Einkommensteuer muß also stärker variieren als das der allgemeinen Verbrauchsteuer, um die gleiche Veränderung der effektiven Nachfrage und damit den gleichen konjunkturpolitischen Effekt zu bewirken[89]. Sowohl in bezug auf die konjunkturpolitische Effizienz bei diskretionären Maßnahmen als auch in bezug auf die Vermeidung von Mehrbelastungen scheint also die allgemeine Verbrauchsteuer der progressiven Einkommensteuer überlegen zu sein. Hier stehen jetzt also das Ziel der Wohlfahrtsoptimierung und das Ziel der Stabilität gemeinsam in Konflikt mit dem Ziel der sozialen Gerechtigkeit, nach dem die progressive Einkommensteuer befürwortet wird.

4. Das Ziel des Wirtschaftswachstums

Die Wachstumsrate wird in der Wirtschaftspolitik als die Zunahme des Sozialproduktes einer Periode gegenüber der Vorperiode, bezogen auf die Höhe des Sozialproduktes der Vorperiode, definiert. Wesentlich schwieriger als die Definition der Wachstumsrate ist eine operational faßbare Definition des Zieles Wirtschaftswachstum. „Maximales Wachstum" im Sinne größtmöglicher Zuwachsraten des Sozialproduktes kann kein wirtschaftspolitisches Ziel in einer entwickelten Volkswirtschaft mit einer auch nur ansatzmäßig demokratischen Willensbildung werden, da dafür die im Augenblick lebende Bevölkerung am Rande des Existenzminimums leben müßte[90]. Das gleiche gilt für das Ziel des „optimalen Wachstums", mit dem etwa die Maximierung des Gesamtkonsums aller Perioden angestrebt wird. Auch hierfür wäre eine Drosselung des gegenwärtigen Konsums in einem Maße notwendig, das sich politisch kaum durchsetzen ließe[91]. Immer wieder stößt man daher auf

---

[89] Vgl. dazu auch *Abba P. Lerner*, The Inflationary Process: Some Theoretical Aspects, in: Rev. of. Ec. a. Stat. Bd. 21 (1949), S. 193—200, S. 199. *David McCord Wright*, Inflation and Equality, in: Am. Ec. Rev. Bd. 38 (1948), S. 892 bis 897, passim, bes. S. 893 f.

[90] Für eine brilliante Formulierung der hier angestellten Überlegung vgl. *Paul A. Samuelson*, The New Look in Tax and Fiscal Policy, in: Federal Tax Policy for Economic Growth and Stability, Bd. 2 Papers 1956, S. 229—234, S. 231.

[91] Hier wird also stets angenommen, daß eine Wahl zwischen gegenwärtigem Konsum und Investitionen besteht, und daß durch die Investitionen stets eine Steigerung des künftigen Einkommens bewirkt wird. Daß unter bestimmten Voraussetzungen, wie sie etwa in der neo-klassischen Wachstumstheorie vor der Einführung induzierten technischen Fortschritts getroffen werden, die Wachstumsrate von der Höhe der Investitionen unabhängig sein kann, sei hier nur erwähnt. Vgl. speziell hierzu z. B. *Gottfried Bombach*, Artikel: Wirtschaftswachstum, in: HdSW Bd. 12, Tübingen, Göttingen 1965, S. 763—801, S. 774 ff. und für die ganze Erörterung der Begriffe ebenda, S. 792 ff.

so vage Formulierungen wie ‚stetiges', ‚befriedigendes', ‚gesundes' Wachstum; Bezeichnungen, die entweder nicht operational zu fassen sind oder, wie das Ziel des ‚stetigen Wachstums' in bezug auf das Ziel der konjunkturellen Stabilität, sich weitgehend mit anderen Zielsetzungen decken.

In dieser Betrachtung sollen lediglich die Zielkonflikte aufgezeigt werden. Dafür genügt der Nachweis, daß bestimmte Steuern tendenziell in eine bestimmte Richtung wirken, etwa zu einer relativen Verringerung der Wachstumsrate führen.

In einem Zwei-Faktoren-Modell kann das Wirtschaftswachstum zurückgeführt werden auf Zunahmen des Produktionsfaktors Arbeit, Zunahmen des Produktionsfaktors Kapital und Elemente, die sich nicht unter eine dieser Größen subsumieren lassen und die im Begriff technischer Fortschritt zusammengefaßt werden. Wenn durch die verschiedenen Steuern das Wirtschaftswachstum beeinflußt wird, muß die Steuer auf eine oder mehrere dieser Größen einwirken[92]. Hier soll lediglich geprüft werden, wie bei gleichen Staatsausgaben die verschiedenen Steuern gleichen Realertrages das Wirtschaftswachstum beeinflussen können. Die vieldiskutierte Frage, ob durch eine Ausdehnung des staatlichen Sektors das Wirtschaftswachstum gefördert oder gebremst wird, soll hier also nicht behandelt werden.

Gemäß der Keynesschen Gleichgewichtsbedingung muß bei der hier angestellten Gleichgewichtsbetrachtung die Höhe der von den Wirtschaftssubjekten geplanten Sparbeträge (das Angebot an Ersparnissen) und die Höhe der in der Periode geplanten Investitionen (die Nachfrage nach Ersparnissen) gleich sein. Um die Verbindung der bisherigen Argumentation mit den Überlegungen zur Wachstumsrate deutlicher zu machen, soll im folgenden nicht mehr wie oben mit dem Sparangebot, sondern direkt mit der Höhe der Investitionen argumentiert werden. Im Zwei-Güter-Modell wird durch das eine Gut die Gesamtheit der Konsumgüter, durch das andere Gut die Gesamtheit der Investitionsgüter repräsentiert.

Durch eine Kopfsteuer wird die optimale Zusammensetzung von Konsum- und Investitionsgütern nicht gestört. Es wird ein Gleich-

---

[92] Für eine ausführliche Erörterung der staatlichen Möglichkeiten, die Wachstumsrate zu erhöhen, vgl. z. B. *Herbert Michel*, Zur Beeinflussung des Wachstumsprozesses, Berlin und Frankfurt 1965, passim, bes. S. 97 ff. Für eine stärkere Konzentration auf die Möglichkeiten der Beeinflussung der Wachstumsrate mit steuerlichen Maßnahmen siehe z. B. *Wittmann*, Zur Frage, 1965, passim und *Fritz Neumark*, Fiskalpolitik und Wachstumsschwankungen, Sitzungsberichte der Wissenschaftlichen Gesellschaft an der Johann Wolfgang Goethe-Universität Frankfurt/Main, Bd. 6 (1967), 2. Aufl., Wiesbaden 1969, passim, bes. S. 57 ff.; *Heinz Haller*, Besteuerung und Wirtschaftswachstum, Tübingen 1970, passim.

gewicht erreicht, in dem die Grenzrate der Substitution und Transformation gegenwärtiger und künftiger Güter für Konsumenten und Produzenten gleich ist. Dies mag als das Ausgangsgleichgewicht, die resultierende Wachstumsrate als die ‚präferierte' Wachstumsrate bezeichnet werden, weil in der Modellbetrachtung nur bei dieser Wachstumsrate ein Paretooptimum bestehen kann.

Wird nun diese Kopfsteuer durch eine allgemeine Einkommensteuer ersetzt, so verschiebt sich die Grenzrate indifferenter Substitution zwischen Konsum- und Investitionsgütern, denn durch die Belastung der Kapitalerträge sinkt die Nettorendite der Kapitalgeber, während die Bruttorendite der Investoren, die durch technische Größen bestimmt wird, unverändert bleibt. Die allgemeine Einkommensteuer weist also, wie schon oben gezeigt, eine Mehrbelastungswirkung auf. Ebenso steht sie wegen der Diskriminierung der Investitionen im Widerspruch zum Ziel des Wirtschaftswachstums. Die Ziele Wohlfahrtsoptimierung und Wachstum stehen hier also nicht in Konflikt zueinander.

In allen anderen Fällen ist eine derartige generelle Aussage nicht möglich. Eine Veränderung der Grenzraten der Substitution zwischen zwei Gütern führt stets zu einer Mehrbelastung und stellt daher einen Verstoß gegen das Ziel der Wohlfahrtsoptimierung dar. Das Ziel des Wirtschaftswachstums wird dagegen erst berührt, wenn eine Substitution von Konsumgütern durch Investitionsgüter oder umgekehrt erfolgt, wenn sich also die Summe der Investitionen verändert, wenn sich das Bevölkerungswachstum oder die technische Fortschrittsrate verändern.

Die in der Realität möglichen Ausmaße einer Substitution von Konsumgütern durch Investitionsgüter, etwa durch Übergang von einer progressiven Einkommensteuer zu einer Kopfsteuer, sind gering[93]. *Harberger* zeigt an einem Beispiel, daß selbst sehr drastische Maßnahmen die Wachstumsrate kaum beeinflussen können[94]. Wenn im Jahre 1961 von allen Steuerzahlern mit einem Jahreseinkommen von über 20 000 $ in den USA eine Sparneigung von 50 % angenommen würde und ihnen die gesamte Steuerschuld von 11 Milliarden $ erlassen worden wäre, die von den niederen Einkommensschichten mit einer durchschnittlichen Sparneigung von 10 % zu tragen wäre, würde das nur zu einer Erhöhung der Sparquote um 1 % führen. Von politisch *möglichen* Einflußnahmen erwartet *Harberger* bestenfalls Steigerungen der Wachstumsrate um 0,1—0,2 %[95].

---

[93] Vgl. auch oben Kap. IV, C, 6.

[94] Vgl. *Harberger*, Taxation, 1964, S. 65 ff.

[95] Vgl. *Harberger*, Taxation, 1964, S. 66. Eine ähnliche Auffassung vertritt auch *Musgrave*, Growth with Equity, in: Am. Ec. Rev. Bd. 53 (1963), Papers and Proceedings, S. 323—333, S. 323 ff.

Diese Argumentation läßt sich auch auf die Verhältnisse in der BRD übertragen.

Wenn im Jahre 1965 von allen zur Einkommensteuer Veranlagten eine Sparneigung von 50 % angenommen und ihnen ihre Steuerschuld in Höhe von 19 Mrd. DM[96] erlassen wäre und letztere von den Lohnsteuerzahlern, von denen eine Sparneigung von 10 % angenommen wird, getragen worden wäre, so würde sich die volkswirtschaftliche Sparsumme nur um 7,6 Mrd. DM erhöht haben.

Im Jahre 1965 betragen die Anlageinvestitionen 120 Mrd. DM[97], die Abschreibungen 50 Mrd. DM[98]. Werden die zusätzlichen Sparbeträge voll investiert, hängt die volkswirtschaftliche Wachstumsrate nur von den Nettoinvestitionen der Vorperiode ab und bleibt der Kapitalkoeffizient konstant, so führt diese Erhöhung der Nettoinvestition um 11 % auch zu einer Erhöhung der Wachstumsrate um 11 %.

Das Bruttosozialprodukt wächst im Jahre 1965 ebenso wie das Volkseinkommen um knapp 9 %[99]. Diese äußerst drastische steuerpolitische Maßnahme würde also lediglich dazu führen, daß die Wachstumsrate um 1 % von 9 % auf 10 % erhöht würde[100].

Durch eine Beeinflussung der Arbeit-Freizeit-Struktur durch steuerliche Maßnahmen kann zwar die Höhe des Sozialproduktes einer Periode erhöht werden, jedoch kaum die Wachtsumsrate über mehrere Perioden hinweg[101]. Anders liegt der Fall allerdings bei den für die Einkommensteuern charakteristischen Steuerbefreiungen für Ehepaare mit Kindern. Eine Stärkung dieser Vergünstigungen und der Übergang von anderen Steuern zu einer so gestalteten Einkommensteuer wird wohl langfristig zu einer Erhöhung der Wachstumsrate der Bevölkerung und damit auch des Wirtschaftswachstums führen. Hier ist aller-

---

96 Vgl. *Statistisches Bundesamt* (Hrsg.), Statistisches Jahrbuch für die Bundesrepublik Deutschland 1969, Stuttgart, Mainz 1969, S. 404. Das Jahr 1965 ist das letzte Jahr, für welches diese Daten aufgeschlüsselt erscheinen, es ist auch das letzte „normale Jahr" vor Eintritt der Rezession.

97 Vgl. ebenda, S. 505.

98 Vgl. ebenda, S. 496.

99 Vgl. für die Grundlage der Berechnung die ebenda, S. 496 angegebenen Zahlen.

100 Alle hier vorgenommenen Berechnungen sind natürlich äußerst ungenau und beruhen auf recht fragwürdigen Prämissen. Eine genauere Rechnung und die Modifizierung der Annahmen (insbesondere der Annahme, daß der Kapitalkoeffizient konstant bleibt) mit dem Ziel der Annäherung an die Realität würde aber die hier getroffene Aussage noch erhärten.

101 Die Erhöhung des Arbeitszeiteinsatzes führt zu einer Erhöhung der Wachstumsrate in der Periode, in der sie erfolgt. Wenn alles andere gleich bleibt, wächst die Volkswirtschaft danach wieder mit der alten Wachstumsrate. Sie befindet sich jedoch auf einem anderen Wachstumspfad als vorher, da das neue Ausgangsniveau dann höher liegt. Für diese und die folgende Überlegung vgl. wieder *Harberger,* Taxation, 1964, S. 64.

dings zu fragen, ob das Ziel der Erhöhung des Sozialproduktes unabhängig von der Entwicklung des Pro-Kopf-Einkommens verstanden werden kann. Das Pro-Kopf-Einkommen würde bei dieser letzteren Form der Förderung des Wirtschaftswachstums wohl nicht unbedingt mit ansteigen.

Eine weitere Möglichkeit für Konflikte zwischen dem Ziel des Wirtschaftswachstums und dem Ziel der Wohlfahrtsoptimierung ergibt sich, wenn versucht wird, den technischen Fortschritt — etwa durch Förderung wachstumsintensiver Industrien und risikoreicher Investitionen — mit steuerlichen Maßnahmen zu fördern. Alle diese Maßnahmen würden die Grenzraten der Substitution und Transformation zwischen den geförderten Gütern und den nicht geförderten ungleich werden lassen und so eine Mehrbelastung verursachen.

Als Ergebnis dieser Untersuchungen möglicher Konflikte zwischen dem Ziel der Wohlfahrtsoptimierung und anderen wirtschaftspolitischen Zielen soll festgehalten werden: 1. Das Ziel der Wohlfahrtsoptimierung steht fast immer in Konflikt zum Ziel der Redistribution und der Besteuerung nach der Leistungsfähigkeit. 2. Konflikte mit dem Ziel der konjunkturellen Stabilität beziehen sich vor allem auf die eingebauten Stabilisatoren, während diskretionäre Maßnahmen beiden Zielen dienen könnten. 3. Konflikte mit dem Ziel des Wirtschaftswachstums treten in nennenswertem Umfang nur auf, wenn das Wirtschaftswachstum durch diskretionäre Maßnahmen des Staates gefördert wird.

C. Die Berücksichtigung der ‚nichtökonomischen' Wohlfahrt in einer allgemeinen Theorie der Wirtschaftspolitik

Ein Ausblick

Letztes Ziel wohl jeder Wirtschaftspolitik ist — soweit das Ziel in der Öffentlichkeit vertreten werden muß[102] — die Maximierung einer, wie auch immer definierten, sozialen Wohlfahrtsfunktion. Auf die Problematik der Herleitung einer solchen Wohlfahrtsfunktion, die fast immer nur impliziert wird, soll hier nicht weiter eingegangen werden[103]. Es sei lediglich aufgezeigt, daß es zwei recht unterschiedliche Ansätze dazu gibt: Einmal stellt die Formulierung einer sozialen Wohlfahrts-

[102] Die Tatsache, daß die Politiker als Individuen durchaus andere, egoistische Ziele anstreben können, steht nicht unbedingt im Widerspruch zu der hier getroffenen Aussage. Es stellt geradezu eine der Grundlagen der parlamentarischen Theorie dar, daß die Politiker im wohlverstandenen Eigeninteresse (i. e. Wiederwahl) gezwungen sind, die Ziele der Allgemeinheit (z. B. Vollbeschäftigung) zu realisieren.

[103] Zur Problematik der sozialen Wohlfahrtsfunktion als Grundlage finanzpolitischer Entscheidungen siehe auch *Hedtkamp*, Finanzwissenschaft 1968, S. 95 ff.

funktion seit den Arbeiten von *Bergson*[104] und *Arrow*[105] eines der wichtigsten Arbeitsgebiete der Wohlfahrtstheorie dar[106], wobei das Ziel darin besteht, alle möglichen sozialen Zustände in eine kollektive Rangordnung zu bringen[107]. Auf der anderen Seite dient das Instrument der sozialen Wohlfahrtsfunktion in der Theorie der Wirtschaftspolitik zur Systematisierung der Vielzahl der politisch relevanten Einzelziele, deren wechselseitige Abhängigkeit sich nur schwer erfassen läßt[108]. Diese beiden Konzepte einer sozialen Wohlfahrtsfunktion werden — obwohl durchaus miteinander vereinbar — nur selten in Verbindung gebracht[109]. Beide Konzepte haben sich bisher wohl als wenig fruchtbar für die Erklärung und Interpretation der politischen Entscheidungen und bei der Beratung der Politiker erwiesen.

Wenn das Konzept einer sozialen Wohlfahrtsfunktion überhaupt einmal explizit zur Anwendung kommt, so beruhen die Annahmen über Form und Verlauf der Funktion auf sehr vagen, meistens intuitiv begründeten Schätzungen. Der Versuch einer Konkretisierung führt häufig zu einer Disaggregierung des Zielsystems in eine Reihe von Einzelzielen, die dann einer Operationalisierung weniger Schwierig-

---

104 Vgl. *Abram Bergson (Burk)*, A Reformulation of Certain Aspects of Welfare Economics, in: Quart. Journ. of. Ec. Bd. 52 (1937/39), S. 310—334, passim.

105 Vgl. *Kenneth J. Arrow*, A Difficulty in the Concept of Social Welfare, in: Journ. of Pol. Ec. Bd. 57 (1950), S. 328—346, passim; ders., Social Choice and Individual Values, New York 1951, 2. Aufl., 1963, S. 22 ff. et passim.

106 Vgl. dazu z. B. *Mishan*, Überblick über die Wohlfahrtsökonomik, 1960/1967, S. 137 f. und die dort angeführte Literatur: Für einen Versuch der Dynamisierung des Konzeptes der sozialen Wohlfahrtsfunktion vgl. *Zinn*, Basistheorie, 1970, S. 208 ff.

Die Erreichung einer paretooptimalen Situation kann dabei als Darstellung der für eine Maximierung der sozialen Wohlfahrtsfunktion notwendigen, aber noch keineswegs hinreichenden Bedingungen verstanden werden. Es ist daher nicht weiter überraschend, wenn z. B. *Kuenne* nach einer mathematischen Herleitung der Maximierung einer sozialen Wohlfahrtsfunktion im Rahmen eines allgemeinen Gleichgewichtsmodells (vgl. *Kuenne*, Microeconomic Theory, 1968, S. 364 ff.) zu der Formulierung einer Reihe von notwendigen Bedingungen für dieses Maximum kommt, die den paretianischen Marginalbedingungen sehr ähneln (vgl. ebenda, S. 371 ff.). *Kuenne* weist dann sogar das Auftreten von Mehrbelastungen nach, die durch Verstöße von steuerlichen Maßnahmen gegen diese für die Maximierung der Wohlfahrtsfunktion notwendigen Bedingungen verursacht werden (vgl. ebenda, S. 397 f.).

107 Siehe dazu auch *Gérard Gäfgen*, Die Beziehungen zwischen Welfare Economics und politischer Theorie, in: Probleme der normativen Ökonomik, S. 159—163, S. 159.

108 Vgl. dazu auch die Überlegungen in International vergleichende Wirtschaftspolitik, 1964/67, S. 3 f. Für Versuche einer Spezifizierung derartiger sozialer Wohlfahrtsfunktionen vgl. z. B. *Lauschmann*, Grundlagen und Grenzen, 1963, S. 117 ff.; *Baumgarten* und *Mückl*, Wirtschaftspolitische Zielkonflikte, 1969, S. 15 ff.

109 Umrisse eines Versuches finden sich z. B. bei *Gäfgen*, Beziehungen zwischen, 1963, passim.

keiten bereiten. Da diese Ziele jedoch einerseits Teile einer übergeordneten Zielfunktion darstellen, andererseits auch oft mit denselben Instrumenten und Maßnahmen angestrebt werden müssen, stehen sie in vielfältigen Beziehungen zueinander. Ein solcher komplexer Zusammenhang kommt etwa in der Konzeption der magischen Vielecke zum Ausdruck. Die vier hier untersuchten Ziele — Wohlfahrtsoptimierung, soziale Gerechtigkeit, Stabilität, Wachstum — können als ein solches magisches Vieleck — hier Viereck — interpretiert werden.

Nun wird in neuerer Zeit insbesondere wieder von *Morag* darauf aufmerksam gemacht, daß in diesem Zielkatalog ein — möglicherweise sehr bedeutsames — Ziel nicht berücksichtigt wird: die Vermeidung psychischer Kosten[110]. Während die Formulierung des Katalogs der vier behandelten Ziele als Konkretisierung einer allgemeineren Zielfunktion, der ökonomischen Wohlfahrt, verstanden werden kann, ist der nun zu untersuchende Ansatz weiter. Es wird die Maximierung einer Wohlfahrtsfunktion angestrebt, in der über die von *Pigou* als mit der „measuring rod of money" erfaßbar definierte[111] ökonomische Wohlfahrt[112] hinaus auch die nichtökonomische, also die nicht in Geldgrößen meßbare, Wohlfahrt berücksichtigt wird[113].

---

110 Vgl. *Morag,* On Taxes, 1965, S. 21, 117, 127. Für ähnliche Überlegungen siehe aber auch schon *Walker,* Direct-Indirect Tax Problem, 1955, S. 157.

111 Vgl. *Pigou,* Economics of Welfare, 1932, S. 10 f. Die gleiche Unterscheidung findet sich auch bei *Pareto,* der mit „Ophelimität" und „Nutzen" die ökonomisch begründete Wohlfahrt und ein umfassendes Wohlfahrtskonzept einander gegenüberstellt. Vgl. dazu auch *Vincenz J. Tarascio,* Paretian Welfare Theory: Some Neglected Aspects, in: Journ. of Pol. Ec. Bd. 77 (1969), S. 1—20, passim, bes. S. 5.

112 Für eine ausführliche Erörterung dieses Begriffes vgl. z. B. *Boulding,* Einführung in die Wohlfahrtsökonomik, 1952/1967, S. 79 f. Siehe auch *Giersch,* Allgemeine Wirtschaftspolitik, Bd. 1, 1961, S. 54, 85. Mit Nachdruck tritt z. B. *Krüger* für eine Beschränkung der Wirtschaftspolitik auf den „ökonomischen Fragenkreis" ein, da er befürchtet, die „Übernahme ... ‚außerökonomischer' Fragen in die Untersuchungen der Nationalökonomie in größerem Umfang und die damit verbundene Aufblähung des Stoffgebietes könnte die Gewinnung von Erkenntnissen u. U. sogar vereiteln". Vgl. *Rolf Krüger,* Das wirtschaftspolitische Instrumentarium, Einteilungsmerkmale und Systematisierung, Berlin 1967, S. 30. Hier liegt vielleicht auch nur ein Mißverständnis zugrunde. Wenn ein so umfassendes Gebiet wie die Politik hinreichend genau erforscht werden soll, so ist eine Spezialisierung etwa auf die Wirtschaftspolitik oder auch nur Teilgebiete davon (z. B. Finanzpolitik, Geldpolitik etc.) unumgänglich. Die Beschränkung einer speziellen Untersuchung auf nur wenige Instrumente darf aber, solange einzelne ökonomische Zielgrößen nicht zum Selbstzweck werden, keineswegs zu einer ähnlichen Eingrenzung des Zielsystems führen. Das Zielsystem muß umfassend bleiben. Vgl. dazu auch *Giersch,* Allgemeine Wirtschaftspolitik, Bd. 1, 1961, S. 22, siehe aber auch wieder ebenda, S. 54.

113 Für die Begründung einer solchen „ausgreifende[n] Zielsetzung der Politischen Ökonomie" vgl. auch *Zinn,* Basistheorie, 1970, S. IX, 11 ff. et passim. Eine derartige Auffassung findet sich in Ansätzen auch schon bei *W. A. Jöhr* und *H. W. Singer,* Die Nationalökonomie im Dienste der Wirt-

Es ist allerdings zu fragen, ob ein so umfassender Ansatz einer Theorie der Wirtschaftspolitik nicht eher in eine Sackgasse führt. Es besteht die Gefahr, daß der Versuch der Verwirklichung eines umfassenden, wohldurchdachten und in sich ausgewogenen Zielsystems[114] dazu führt, daß zunächst einmal überhaupt nichts oder das Falsche getan wird. Sowohl von Wissenschaftstheoretikern als auch von Theoretikern der Wirtschaftspolitik wird daher häufig die Anwendung einer „Theorie der kleinen Schritte“[115] gefordert. Allerdings sind die Begründungen verschieden:

In der Wissenschaftstheorie wird besonders die Gefahr betont, daß einmal bei einem umfassenden Versuch der Annäherung der Realität an das mit dem Zielsystem definierte Ideal die unerwartet auftretenden Nebenwirkungen, neue Erkenntnisse, Änderungen der Idealvorstellungen etc. nicht mehr berücksichtigt werden können. Zum anderen ist der Ansatz der Verwirklichung eines utopischen Idealbildes für die politische Autorität wohl immer mit der Versuchung zur Schaffung eines autoritären oder totalitären Systems verbunden[116].

Der Forderung nach einer ‚Politik der kleinen Schritte‘ — von *Popper* als „piecemeal social engineering“ bezeichnet[117] — durch die Wissenschaftstheoretiker entspricht die Forderung nach einer „inkrementalen Analyse“ durch einige Vertreter der Theorie der Wirtschaftspolitik[118].

---

schaftspolitik, 2. Aufl., Göttingen 1964, S. 147 f., und *Hans Ohm*, Allgemeine Volkswirtschaftspolitik, Bd. 1, Systematisch-theoretische Grundlegung, 2. Auflage, Berlin 1965, S. 58 f./67 und sehr ausgeprägt bei *Krüsselberg*, Marktwirtschaft und ökonomische Theorie, 1969, S. 102 ff. Vgl. *Krüsselberg* (ebenda, S. 111) auch für die Meinung, daß „in der deutschen Tradition der Theorie der Wirtschaftspolitik“ diese Auffassung immer wieder die Oberhand gewonnen hat.

114 Vgl. für diese Ausdrücke *Giersch*, Allgemeine Wirtschaftspolitik, Bd. 1, 1961, S. 22.

115 *Engelhardt*, Verhaltenslenkende Wirkungen, 1968, S. 29. An dieser Stelle findet sich auch eine ausführliche Erörterung der hier angesprochenen Probleme. Die Untersuchung des Gegensatzes zwischen einer umfassenden Analyse und einem schrittweisen Vorgehen wird weiter vertieft, in: Ders., Synoptic Versus Incremental Scholarly Advice in Economic Policy, in: Fin. Arch. N.F. Bd. 29 (1970), S. 373—397.

116 Vgl. dazu z. B. *Karl Raimund Popper*, The Open Society and Its Enemies, Bd. 1, The Spell of Plato, 5. Aufl., London 1966, S. 157 ff.; ders., The Poverty of Historicism, 2. Aufl., London 1960, S. 64 ff.; *Hans Albert*, Wissenschaft und Politik. Zum Problem der Anwendbarkeit einer wertfreien Sozialwissenschaft, in: *Ernst Topitsch* (Hrsg.), Probleme der Wissenschaftstheorie. Festschrift für *Victor Kraft*, Wien 1960, S. 201—232, S. 230. Für eine Kritik insbesondere der letzten Behauptung siehe z. B. *Klaus Lompe*, Wissenschaftliche Beratung der Politik. Ein Beitrag zur Theorie anwendender Sozialwissenschaften, Wissenschaft und Gesellschaft, Bd. 2, Göttingen 1966, S. 57 ff.

117 Vgl. die in der letzten Fußnote angeführten Stellen.

118 Der Ausdruck stammt wohl von *Lindblom*. Vgl. *Charles E. Lindblom*, Zur Analyse-Methode in der staatlichen Wirtschaftspolitik (Übersetzung des

Dabei wird sie jedoch pragmatischer damit begründet, daß es in der politischen Wirklichkeit kaum möglich ist, eine grundlegende Reform in einem Ansatz durchzuführen, sondern daß es sich stets um mehr oder weniger kontinuierliche Veränderungsprozesse handeln muß. Dem muß die Wissenschaft sich anpassen,

> „wenn sie ihren Anspruch, an der Lösung ... politischer Tagesprobleme mitzuwirken, aufrechterhalten will. In ihrer Funktion als praktische Ratgeberin muß sie daher darauf verzichten, ein umfassendes ‚rationales ...-system', ein in seiner Geschlossenheit bestechendes, aber in seinen einzelnen Konstruktionselementen unsicheres und spekulatives Idealprogramm aufzustellen"[119].

Im Gegensatz zu der so beschriebenen Ansicht wird hier die Meinung vertreten, daß es sich bei dieser überspitzten Formulierung zum großen Teil um ein Scheinproblem handelt. Der einzelne Wissenschaftler mag angesichts seiner doch recht begrenzten physischen und intellektuellen Möglichkeiten sicherlich gezwungen sein, sich je nach Neigung und Beurteilung der aktuellen Notwendigkeiten zu entscheiden, ob er sich auf die notwendigerweise weniger tief eindringende Erarbeitung eines umfassenden Gesamtsystems oder auf die Erforschung ganz bestimmter instrumentaler Zusammenhänge in einem eng begrenzten Gebiet spezialisiert. Für die Wissenschaft als Ganzes kann es eine solche Spezialisierung dagegen nicht geben. Für eine rationale Politik ist ein Überblick über das Gesamtsystem ebenso notwendig wie die genaue Kenntnis der Spezialprobleme in den einzelnen Fachbereichen.

Als Illustration der Notwendigkeit, bei jeder Einzelmaßnahme das Gesamtsystem im Auge zu behalten, mag etwa der in der Theorie des Zweitbesten[120] erbrachte Nachweis dienen, „that piecemeal application of single welfare conditions in a situation where not all such conditions can be satisfied may, at least in some cases, serve only to decrease welfare"[121].

---

amerik. Originals, Policy Analysis, in: Am. Ec. Rev. Bd. 48 [1958], S. 298—312 von *Klaus Berking*), in: Grundlagen der Wirtschaftspolitik, S. 320—336, passim; ders., Decision Making in Taxation and Expenditures, in: National Bureau of Economic Research (Hrsg.), Public Finances: Needs, Sources, and Utilization, A Conference of the Universities National Bureau Committee for Economic Research, Princeton 1961, S. 295—329, S. 305 ff.

Von *Adolph Lowe* wird aus einem ähnlichen Ansatz eine umfassende Theorie der Wirtschaftspolitik entwickelt. Vgl. *Adolph Lowe*, Politische Ökonomik (Übersetzung des amerik. Originals, On Economic Knowledge, New York 1965, von *H. Wilhelm*) Frankfurt o. J. (1968), S. 276 ff.

[119] *Engelhardt*, Verhaltenslenkende Wirkungen, 1968, S. 31.

[120] Vgl. dazu wieder die oben Kap. IV, C, 5 angeführte Literatur.

[121] *Baumol*, Welfare Economics, 1965, S. 19.

Problematisch ist allerdings, daß eine operationale Definition der nichtökonomischen Wohlfahrt schon ex definitione ausgeschlossen zu sein scheint, da es eben die nicht in Geldgrößen faßbare Wohlfahrt ist und damit die gebräuchlichste ökonomische Maß- und Vergleichsgröße keine Anwendung finden kann. Ansatzpunkte für eine Messung der nichtökonomischen Wohlfahrt dürften z. B. in den schon oben (Kap. IV, E) erwähnten Versuchen einer kardinalen Nutzensmessung liegen. Darauf kann jedoch in diesem Zusammenhang nicht weiter eingegangen werden.

Während in engerem Bezug zu der hier angestellten Betrachtung dieser Gesichtspunkt der Vermeidung der psychischen Kosten der Besteuerung als Grundsatz der ‚convenience' oder Bequemlichkeit im Anschluß an *Adam Smith* im 18. Jahrhundert als eines der wichtigsten Steuerprinzipien betrachtet wird, lehnen ihn heute viele Autoren als irrelevant oder unzulässig ab[122].

Morag[123] folgend soll jedoch auch hier vertreten werden, daß es bei der Beurteilung der Vor- und Nachteile einer Steuer nicht unberücksichtigt bleiben sollte, ob diese Steuer von den Steuerpflichtigen als gerechtfertigt angesehen oder sogar übersehen wird oder ob sie nur mit größtem Widerwillen gezahlt wird.

Diesem Argument kommt besonders bei der Erörterung der Vorzüge direkter oder indirekter Steuern eine gewisse Bedeutung zu. Während oben gezeigt worden ist, daß unter bestimmten Voraussetzungen von den ‚indirekten' selektiven Verbrauchsteuern erheblich stärkere Mehrbelastungen erwartet werden können als von den ‚direkten' allgemeinen Einkommensteuern, wird lange Zeit die Meinung vertreten, daß die in den Preis eingehenden Verbrauchsteuern von den Wirtschaftssubjekten kaum bemerkt werden, die veranlagte Einkommensteuer dagegen den Betroffenen sehr viel Mühe und Ärger bereitet. Hier ist also der Nutzen durch die Vermeidung der Mehrbelastung mit den psychischen Kosten der lästigen Steuerzahlung in Beziehung zu setzen.

In der BRD, wo die modernen Formen der Steuererhebung, wie bei der Kapitalertragsteuer und der Lohnsteuer, Teilen der ‚direkten' Einkommensteuer gewissermaßen einen ‚indirekten' Charakter geben, ist

---

[122] Vgl. dafür bes. *U. K. Hicks*, Publ. Fin., 1955, S. 145 f. Für eine ausführliche Untersuchung der dogmengeschichtlichen Entwicklung des Grundsatzes der Bequemlichkeit und seiner Beurteilung in der zeitgenössischen Finanzwissenschaft siehe *Theo Keller*, Merkliche oder unmerkliche Steuern, in: Fin. Arch. N.F. Bd. 27 (1968), S. 110—120, passim. Außer dem hier betrachteten Aspekt der psychischen Kosten werden allerdings noch einige andere Gründe für einen Grundsatz der Unmerklichkeit oder Bequemlichkeit angeführt. Vgl. auch dazu wieder *Keller*, ebenda, S. 115.

[123] Vgl. *Morag*, On Taxes, 1965, S. 21, 117, 127.

die Bedeutung dieser letzten Argumentation im Augenblick nicht sehr groß. Es ist jedoch durchaus der Fall denkbar, in dem die finanzpolitische Autorität die Wahl hat zwischen einer, vom Ziel der Wohlfahrtsoptimierung betrachtet, effizienten allgemeinen Einkommensteuer, die von den Zahlern als sehr lästig empfunden wird, und einem System in diesem Sinne ineffizienter spezieller Verbrauchsteuern, die ohne größeren Widerwillen getragen werden. Hier wäre es notwendig, für beide Steuerformen quantitative Angaben über die Höhe der Mehrbelastung und die Höhe der psychischen Kosten zu ermitteln.

Ziel dieser Arbeit ist der Nachweis, daß die Ermittlung von Differentialwohlfahrtsverlusten — Mehrbelastungen — für die Realisierung eines volkswirtschaftlichen Wohlfahrtsmaximums notwendig und — in sehr grober Näherung — vielleicht sogar durchführbar ist. In diesem letzten Abschnitt sollte aber auch darauf hingewiesen werden, daß die hier untersuchte Form des Wohlfahrtsverlustes nur eine von vielen möglichen Formen darstellt, und daß in einem umfassenden Ansatz alle Formen des Wohlfahrtsverlustes berücksichtigt werden müßten.

Anhang

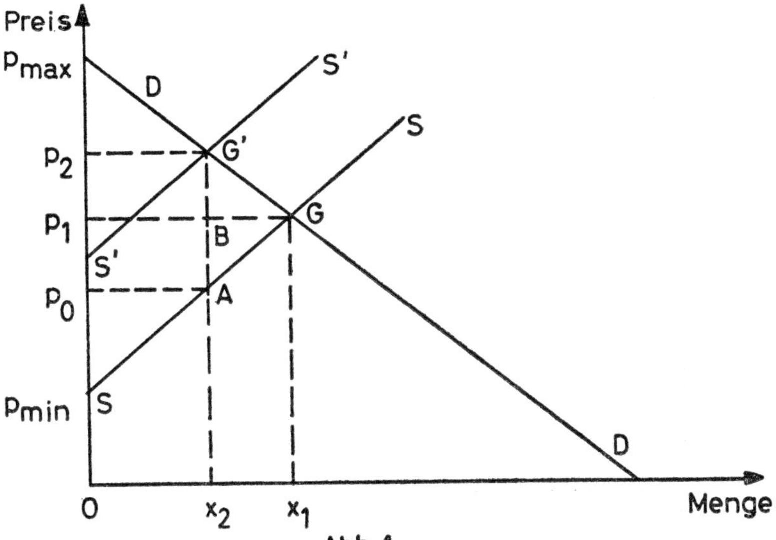
Preis
p_{max}
D
S'
S
p_2
G'
p_1
G
B
S'
p_0
A
p_{min}
S
D
O
x_2
x_1
Menge

Abb. 1

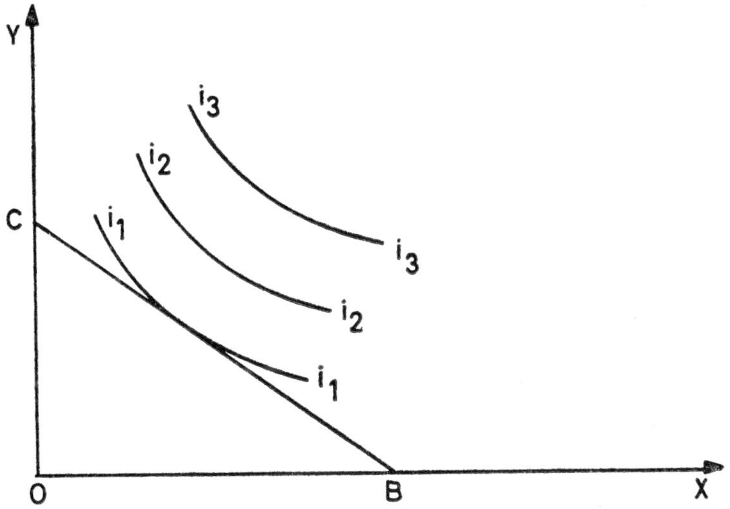
Y
i_3
i_2
C
i_1
i_3
i_2
i_1
O
B
X

Abb. 2

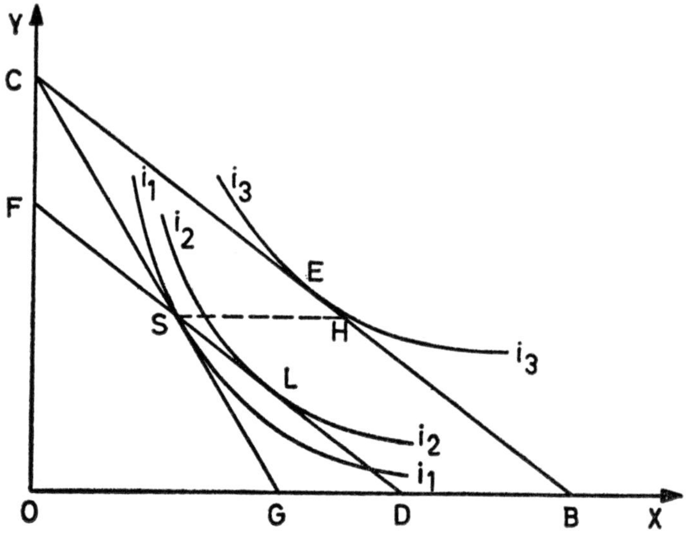
Y
C
F
i1
i3
i2
E
S
H
i3
L
i2
i1
O
G
D
B
X

Abb. 3

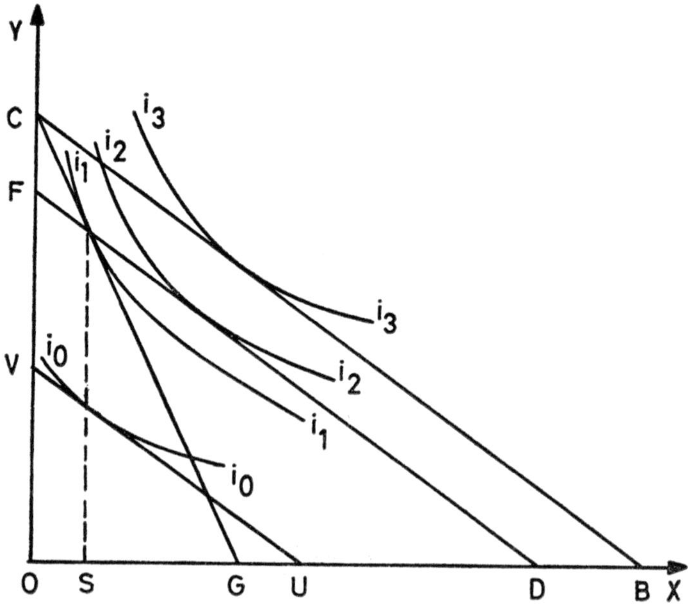
Y
C
i3
i2
i1
F
i3
V
i0
i2
i1
i0
O
S
G
U
D
B
X

Abb. 4

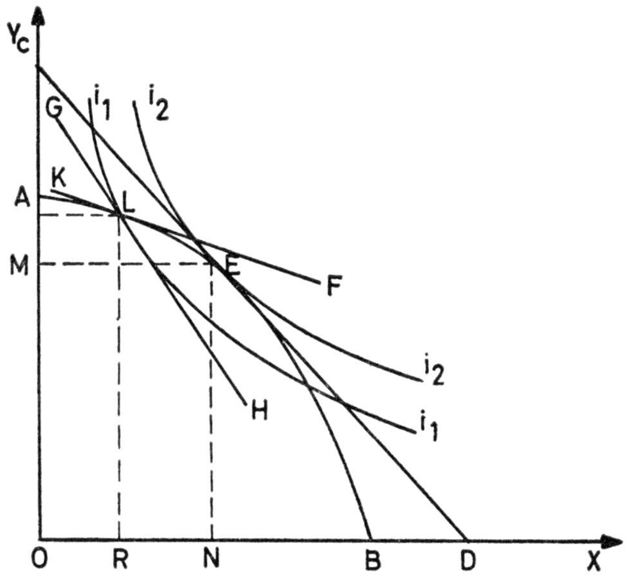

Abb. 5

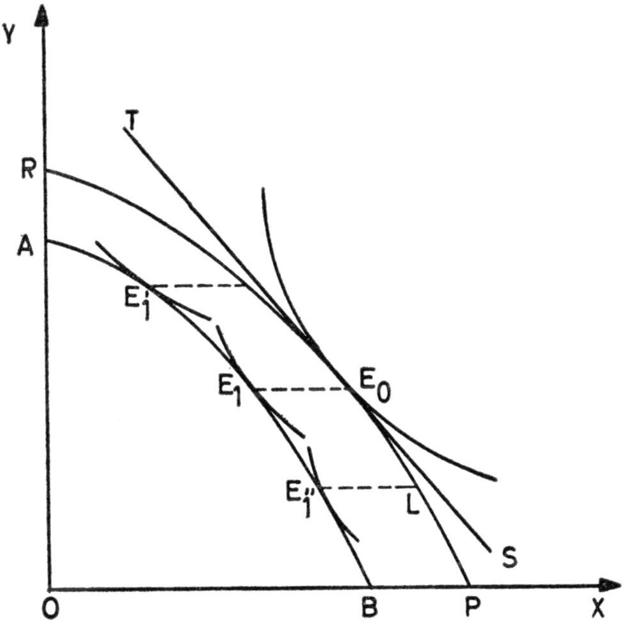

Abb. 6

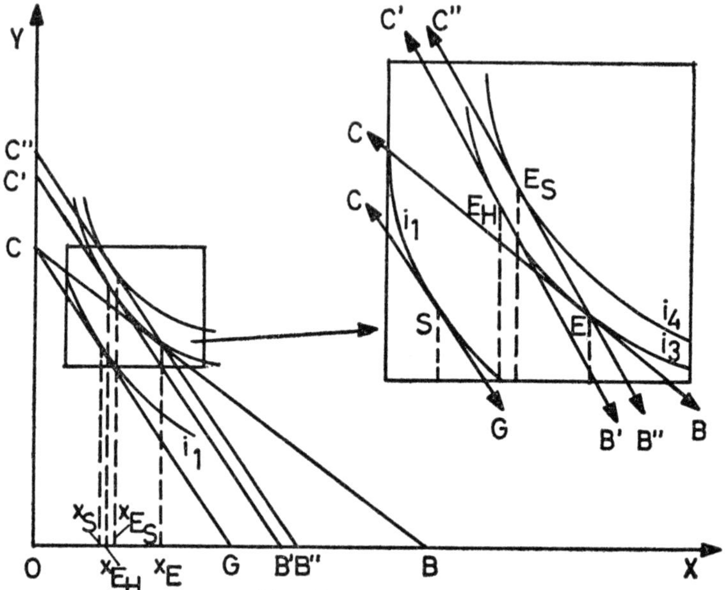
Y
C''
C'
C
i1
xS
xES
O
xEH
xE
G
B'B''
B
X
C'
C''
C
C
i1
S
EH
ES
E
i4
i3
G
B'
B''
B
Abb.7

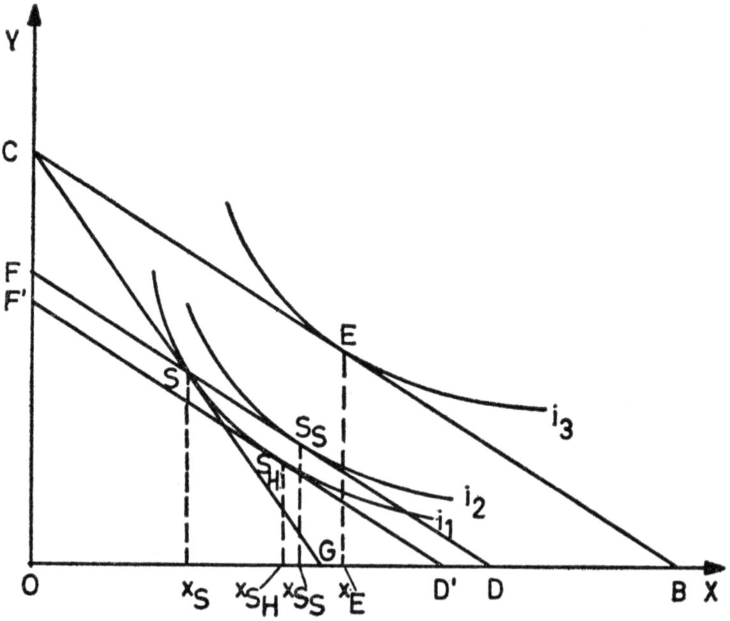
Y
C
F
F'
E
S
SS
SH
G
i3
i2
i1
O
xS
xSH
xSS
xE
D'
D
B
X
Abb. 8

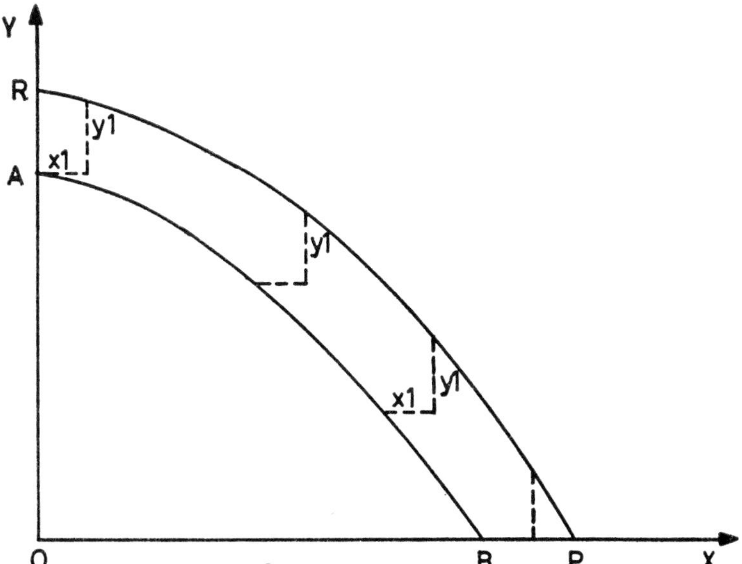

Abb. 9

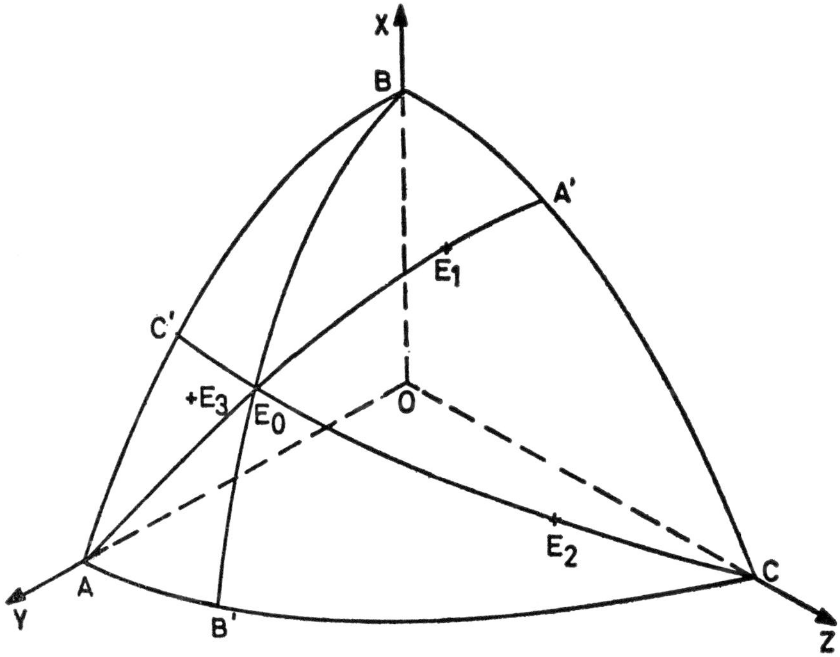

Abb. 10

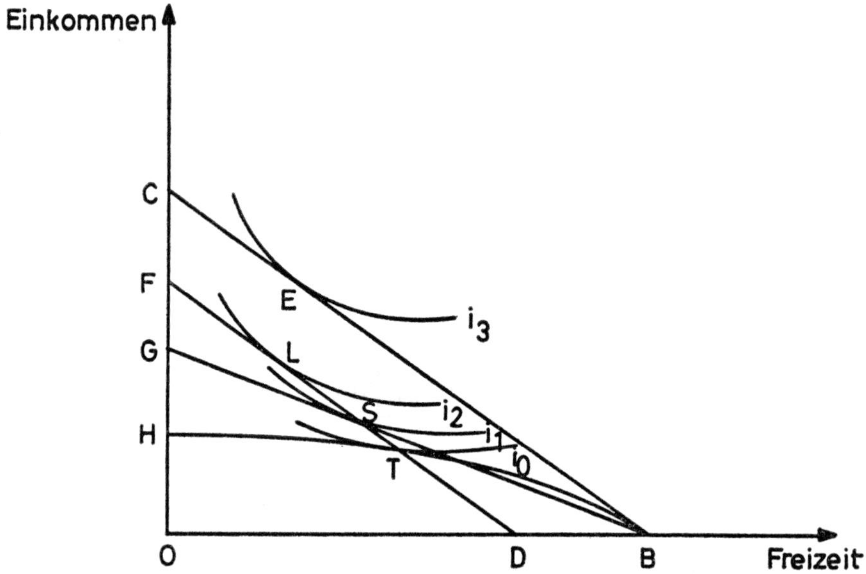

Einkommen
C
F
G
H
E
L
S
T
i3
i2
i1
i0
O
D
B
Freizeit

Abb. 11

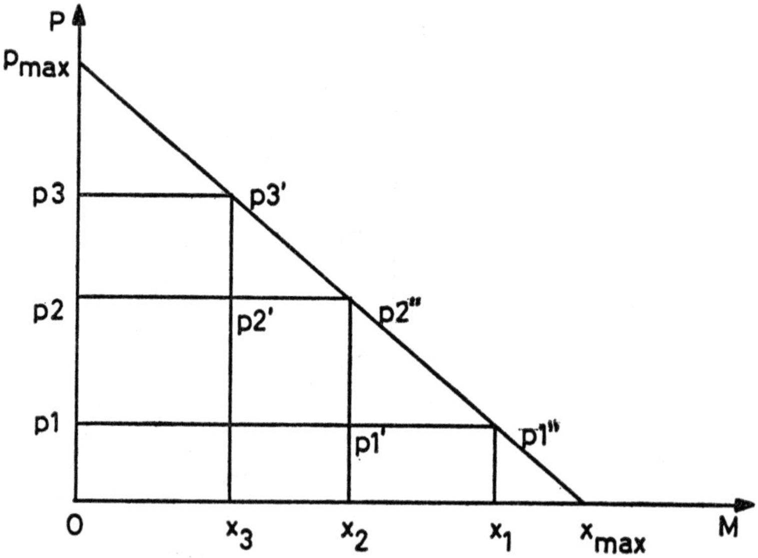

P
pmax
p3
p2
p1
p3'
p2'
p2"
p1'
p1"
O
x3
x2
x1
xmax
M

Abb. 12

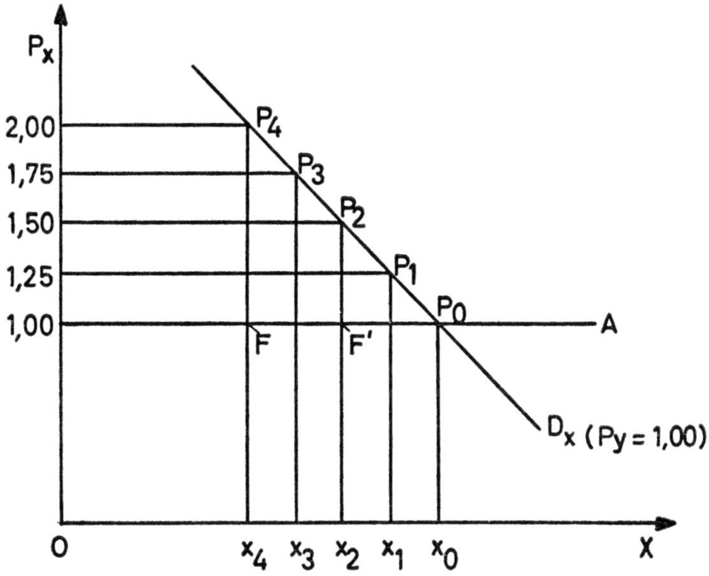
Px
2,00
1,75
1,50
1,25
1,00
P4
P3
P2
P1
P0
A
F
F'
Dx (Py = 1,00)
O
x4 x3 x2 x1 x0
X

Abb.13

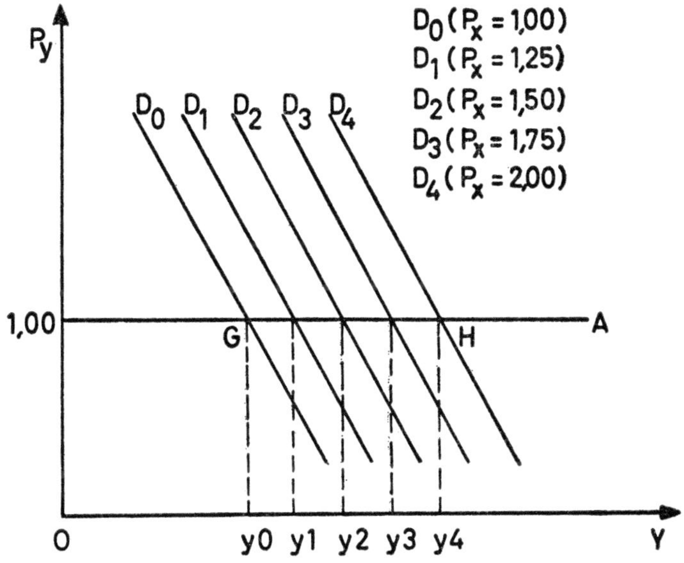
Py
D0 (Px = 1,00)
D1 (Px = 1,25)
D2 (Px = 1,50)
D3 (Px = 1,75)
D4 (Px = 2,00)
D0 D1 D2 D3 D4
1,00
G
H
A
O
y0 y1 y2 y3 y4
Y

Abb. 14

Literaturverzeichnis

Die benutzte Literatur ist nach den Namen der Autoren, bei Sammelwerken nach dem Titel, alphabetisch geordnet. Bei Beiträgen zu Sammelwerken und bei den Herausgebern wird nur der (gekürzte) Titel des Bandes angegeben und für weitere Angaben auf diesen verwiesen. Bei den folgenden Zeitschriften und Nachschlagewerken wird nur der abgekürzte Titel angeführt:

Am. Ec. Rev.	= The American Economic Review
Canad. Journ. of Ec. a. Pol. Sc.	= The Canadian Journal of Economics and Political Science, The Journal of the Canadian Political Science Association
Ec. Journ.	= The Economic Journal, The Journal of the Royal Economic Society
Econometrica	= Econometrica, Journal of the Econometric Society
Econ. Record	= The Economic Record, The Journal of the Economic Society of Australia and New Zealand
Fin. Arch.	= Finanzarchiv
HdF	= siehe: Handbuch der Finanzwissenschaft
H. d. S. W.	= siehe: Handwörterbuch der Sozialwissenschaften
Jb. f. Nat. u. Stat.	= Jahrbücher für Nationalökonomie und Statistik
Jb. f. Soz. wiss.	= Jahrbuch für Sozialwissenschaft
Journ. of Ec. Lit.	= Journal of Economic Literature
Journ. of Fin.	= The Journal of Finance
Journ. of. Pol. Ec.	= Journal of Political Economy
Journ. of Soc. Psychol.	= Journal of Social Psychology
Kyklos	= Kyklos, Internationale Zeitschrift für Sozialwissenschaften/Revue internationale de sciences sociales/International Review for Social Sciences
ORDO	= ORDO, Jahrbuch für die Ordnung von Wirtschaft und Gesellschaft
Publ. Fin.	= Public Finance/Finances Publiques
Quart. Journ. of. Ec.	= The Quarterly Journal of Economics
Rev. of Ec. a. Stat.	= The Review of Economics and Statistics
Rev. of Ec. Stud.	= The Review of Economic Studies
Schw. Zeitschr. f. Volksw. u. Stat.	= Schweizer Zeitschrift für Volkswirtschaft und Statistik
S. d. V. f. S.	= Schriften des Vereins für Socialpolitik
Z. f. d. ges. Staatsw.	= Zeitschrift für die gesamte Staatswissenschaft

Albach, Horst: Steuersysteme und unternehmerische Investitionspolitik, Wiesbaden 1970.

Albach, Horst und *Beckmann,* Martin: Zur Reform der direkten Steuern, Wiesbaden 1970.

Albert, Hans: Wissenschaft und Politik. Zum Problem der Anwendbarkeit einer wertfreien Sozialwissenschaft, in: Probleme der Wissenschaftstheorie, S. 201—232.

— Wertfreiheit als methodisches Prinzip. Zur Frage der Notwendigkeit einer normativen Sozialwissenschaft, in: Probleme der normativen Ökonomik ..., S. 32—63.

— Die Problematik der ökonomischen Perspektive, in: Z. f. d. ges. Staatsw. Bd. 117 (1961), S. 438—467.

Allais, Maurice: À la Recherche d'une discipline économique, Paris/St. Cloud 1943.

— Économie pure et rendement social. Contribution de la science économique moderne à la construction d'une économie de bien-être, Paris 1945.

Allen, Edward D.: siehe *Brownlee,* O. H.

Allen, Roy G. D.: siehe *Hicks,* John Richard.

The American Economic Association: siehe Readings in ...

Archibald, C. G.: Saving and the Welfare Theory of Taxation, in: Econ. Record Bd. 31 (1955), S. 90—94.

Arrow, Kenneth J.: A Difficulty in the Concept of Social Welfare, in: Journ. of. Pol. Ec. Bd. 57 (1950), S. 328—346.

— Social Choice and Individual Values, New York 1951, 2. Aufl. 1963.

— (Selection Committee): siehe Readings in Welfare Economics.

A Survey of Contemporary Economics, *Haley,* Bernard F. (Hrsg.), 3 Bde., Homewood/Ill. 1952.

Barlow, Robin u. *Sparks,* G. R.: A Note on Progression and Leisure, in: Am. Ec. Rev. Bd. 54 (1964), S. 372—377.

— Reply, in: Am. Ec. Rev. Bd. 56 (1966), S. 180.

Barone, Enrico: Studi di economia finanziaria, in: Giornale degli economisti, 3. serie Bd. 44 (August 1912), S. 309—353, 469—505, bes. S. 329—330.

Baumgarten, Peter u. *Mückl,* Wolfgang: Wirtschaftspolitische Zielkonflikte in der BRD. Eine theoretische und empirische Untersuchung, Tübingen 1969.

Baumol, William J. u. *Quandt,* Richard E.: Rules of Thumb and Optimally Imperfect Decisions, in: Am. Ec. Rev. Bd. 54 (1964), S. 23—46.

Baumol, William J.: Welfare Economics and the Theory of the State. With a New Introduction: Welfare and the State Revisited, London 1965.

Beckerath, Erwin v. (Festschrift für): siehe Systeme und Methoden in den ...

— (Hrsg.): siehe Probleme der normativen Ökonomik und HdSW.

Beckmann, Martin: siehe *Albach,* Horst.

Benham, Frederic: What Is the Best Tax System?, in: Economica N. S. Bd. 9 (1942), S. 115—126.

Bergson (Burk), Abram: A Reformulation of Certain Aspects of Welfare Economics, in: Quart. Journ. of Ec. Bd. 52 (1937/38), S. 310—334.

Berry, D.: siehe *Peacock,* Alan T.

Besters, Hans: Economic Policy in Western Germany 1949—1961, in: Economic Policy in Our Time, Bd. 3 Country Studies, S. 389—482.

Bickel, Wilhelm: Die Steuer als Instrument des Einkommens- und Vermögensausgleichs. Eine dogmenhistorische Betrachtung, in: Festgabe für E. Grossmann, S. 15—30.

Biehl, Dieter: Ausfuhrland-Prinzip, Einfuhrland-Prinzip und Gemeinsamer-Markt-Prinzip. Ein Beitrag zur Theorie der Steuerharmonisierung, Köln, Berlin, Bonn, München 1969.

Bilas, Richard A.: Microeconomic Theory: A Graphical Analysis, New York u. a. 1967.

Bishop, Robert L.: The Effects of Specific and Ad Valorem Taxes, in: Quart. Journ. of Ec. Bd. 82 (1968), S. 198—218.

Black, Duncan: The Incidence of Income Taxes, London 1939, Nachdruck 1965.

Boiteux, Marcel: Le „Revenu distribuable" et les pertes économiques, in: Econometrica Bd. 19 (1951), S. 112—133.

Bombach, Gottfried: Artikel: Wirtschaftswachstum, in: HdSW, Bd. 12, Tübingen, Göttingen 1965, S. 763—801.

— (Hrsg.): siehe Wachstum, Einkommensverteilung und wirtschaftliches Gleichgewicht.

Borch, Karl: Equilibrium in a Reinsurance Market, in: Econometrica, Bd. 30 (1962), S. 424—444.

Borgatta, Gino: Intorno alla pressione di qualunque imposta a parità di prelievo, in: Giornale degli economisti Bd. 61 (1921), S. 290—297.

Boulding, Kenneth E.: The Concept of Economic Surplus, in: Am. Ec. Rev. Bd. 35 (1945), S. 851—869, abgedruckt in: Readings in the Theory of Income Distribution, S. 638—659.

— Economic Analysis, 2. Aufl., New York 1948.

— Einführung in die Wohlfahrtsökonomik (Übersetzung des amerik. Originals Welfare Economics, in: *Haley,* Bernard F. (Hrsg.), A Survey of Contemporary Economics, Homewood, Ill. 1952, Bd. 2, S. 1—34 von *Sieweke,* Hans-Peter), in: Grundlagen der Wirtschaftspolitik, 1967, S. 77—109.

Break, George F.: Excise Tax Burdens and Benefits, in: Am. Ec. Rev. Bd. 44 (1954), S. 577—594.

— Income Taxes and Incentives to Work; an Empirical Study, in: Am. Ec. Rev. Bd. 47 (1957), S. 529—549.

— siehe auch *Rolph,* E. R.

Briggs, Thomas: Poverty, Taxation, and the Remedy: Free Trade, Free Labour; or, Direct Taxation the true Principle of Political Economy. Universal Free Trade the first Condition of Universal Peace, London 1883.

Brookings Institution (Hrsg.): siehe The Role of Direct and Indirect Taxes ...

Brown, E. Cary: Comment (zu Harbergers: Taxation, Resource Allocation and Welfare), in: The Role of Direct and Indirect Taxes ..., S. 70—75.

Brown, Gardner Jr. u. *Johnson,* M. Bruce: Public Utility Pricing and Output Under Risk, in: Am. Ec. Rev. Bd. 59 (1969), S. 119—128.

Brownlee, O. H. u. *Allen,* Edward D.: Economics of Public Finance, 2. Aufl., Englewood Cliffs N. J. 1954.

Buchanan, James M.: Comparative Tax Analysis and Economic Methodology, in: ders., Fiscal Theory and Political Economy. Selected Essays, Chapel Hill 1960, S. 151—169.

— The Public Finances, 2. Aufl., Homewood, Ill. 1965.

Bundesministerium der Finanzen (Hrsg.): siehe Organische Steuerreform.

Butters, J. Keith: Taxation, Incentives, and Financial Capacity, in: Am. Ec. Rev. Bd. 44 (1954), Suppl. S. 504—519, abgedruckt in: Readings in Fiscal Policy, S. 502—518.

— Effects of Taxation on the Investment Capacities and Policies of Individuals, in: Federal Tax Policy for Economic Growth and Stability, Papers, S. 125—135.

— siehe auch *Thompson,* L. E.

— (Selection Committee): siehe Readings in Fiscal Policy.

Canard, Nicolas François: Principes d'économie politique, Paris 1801, als Faksimile abgedruckt in: Veröffentlichungen der Wirtschaftshochschule Mannheim, Reihe 1, Abhandlungen Bd. 5, Stuttgart 1958.

Chamberlin, Edward H. (Festschrift für): siehe Monopolistic Competition Theory.

Christ, Carl F.: siehe Measurement in Economics.

Coen, Robert M.: Tax Policy and Investment Behavior: Comment, in: Am. Ec. Rev. Bd. 59 (1969), S. 370—379.

Coenen, Dieter: siehe *Krelle,* Wilhelm.

Comanor, William S. u. *Leibenstein,* Harvey: Allocative Efficiency, X-Efficiency and the Measurement of Welfare Losses, in: Economica Bd. 36 (1969), S. 304—309.

Committee on Ways and Means (Hrsg.): siehe Tax Revision Compendium.

Congress of the United States: siehe Federal Tax Policy for Economic Growth and Stability.

Coombs, Clyde H.: Social Choice and Strength of Preference, in: Decision Processes, S. 69—86.

— A Theory of Data, New York 1964.

— (Hrsg.): siehe Decision Processes.

Cooper, Gershon: Taxation and Incentives in Mobilization, in: Quart. Journ. of Ec. Bd. 66 (1952), S. 43—66, abgedruckt in: Readings in the Economics of Taxation, S. 470—492.

Corlett, W. J. u. *Hague,* D. C.: Complementarity and the Excess Burden of Taxation, in: Rev. of Ec. Stud. Bd. 21 (1953/54), S. 21—30.

Crew, M. A. u. *Rowley,* C. K.: On Allocative Efficiency, X-Efficiency and the Measurement of Welfare Loss, in: Economica Bd. 38 (1971), S. 199—203.

Dasgupta, P.: siehe *Stiglitz,* J. E.

Davidson, Ralph K.: The Alleged Excess Burden of an Excise Tax in the Case of an Individual Consumer, in: Rev. of. Ec. Stud. Bd. 20 (1952/53), S. 209—215.

Davis, R. L. (Hrsg.): siehe Decision Processes.

Debreu, Gerard: The Coefficient of Resource Utilization, in: Econometrica Bd. 19 (1951), S. 273—292.

Decision Processes, *Coombs,* Clyde H., *Thrall,* R. M., *Davis,* R. L. (Hrsg.), New York 1954.

Dehove, Gérard: Impôt, économie et politique, Bd. 1 Pression fiscale et équilibre économique, Paris 1947.

Der Mensch im sozio-ökonomischen Prozeß, Festschrift für Wilfried Schreiber zum 65. Geburtstag, *Greiß,* Franz, *Herder-Dorneich,* Philip, *Weber,* Wilhelm (Hrsg.), Berlin 1969.

Diamond, Peter A.: siehe *Koopmans,* T. C.

Dobb, Maurice H. (Hrsg.): siehe *Ricardo,* David.

Dolbear, jr. Trenery F.: On the Theory of Optimum Externality, in: Am. Ec. Rev. Bd. 57 (1967), S. 90—103.

Domar, Evsey D. u. *Musgrave,* Richard Abel: Proportional Income Taxation and Risk-Taking, in: Quart. Journ. of Ec. Bd. 58 (1943/44), S. 388—422, abgedruckt in: Readings in the Economics of Taxation, S. 493—524.

Dupuit, Jules: On the Measurement of the Utility of Public Works (Übersetzung des franz. Originals De la Mesure de l'utilité des travaux publics, in: Annales des Ponts et Chaussées, 2. série Bd. 8 [1844] von *Barback,* R. H.), abgedruckt in: Readings in Welfare Economics, S. 255—283.

Eckstein, Otto: Public Finance, Englewood Cliffs, N. J., 1964.

Economic Policy in Our Time, Bd. 1 Economic Theory, Bd. 2 u. 3 Country Studies, *Kirschen,* E. S. u. a., Amsterdam 1964.

Edgeworth, Francis Ysidro: Mathematical Psychics. An Essay on the Application of Mathematics to the Moral Sciences, London 1881, Nachdruck New York 1967.

Eisner, Gerhard: Kaufkraftübertragungen durch öffentliche Finanzen. Ein Beitrag zur Theorie und Statistik der fiskalischen Einkommensredistribution (Diss. Zürich 1955), Winterthur 1956.

Eisner, Robert: Tax Policy and Investment Behavior: Comment, in: Am. Ec. Rev. Bd. 59 (1969), S. 379—388.

Engelhardt, Gunther: Verhaltenslenkende Wirkungen der Einkommensteuer. Ein Beitrag zum Problem der wirtschaftspolitischen Beratung, Berlin 1968.

— Synoptik Versus Incremental Scholarly Advice in Economic Policy, in: Fin. Arch. N.F. Bd. 29 (1970), S. 373—397.

Fasiani, Mauro: Di un particolare aspetto delle imposte sul consumo, in: La riforma sociale Bd. 41 (1930), S. 1—20.

Federal Tax Policy for Economic Growth and Stability, Bd. 1 Report of the Joint Committee on the Economic Report to the Congress of the United States, Bd. 2 Papers Submitted by Panelists Appearing Before the Subcommittee on Tax Policy, Bd. 3 Hearings Before the Subcommittee on Tax Policy, Washington 1956.

Feldstein, Martin S.: The Effects of Taxation on Risk Taking, in: Journ. of Pol. Ec. Bd. 77 (1969), S. 755—764.

Fellner, William: Emergence and Content of Modern Economic Analysis, New York, Toronto, London 1960.

Fellner, William: Comment (zu *Harberger:* Taxation, Resource Allocation and Welfare), in: The Role of Direct and Indirect Taxes ..., S. 75—80.

— Operational Utility: The Theoretical Background and a Measurement, in: ders. u. a. Ten Economic Studies ..., S. 39—74.

— (Selection Committee): siehe Readings in the Theory of Income Distribution.

Finanz- und Geldpolitik im Umbruch. Robert Nöll von der Nahmer gewidmet, *Haller,* Heinz und *Recktenwald,* Horst-Claus (Hrsg.), Mainz 1969.

Fisher, Irvin (Festschrift für): siehe Ten Economic Studies ...

Fitzroy, Felix R.: Theory of Preference and Utility, in: Universität Heidelberg, Fachgruppe Wirtschaftswissenschaft , Diskussionsschriften Nr. 5, Heidelberg 1969.

Flaig, Gisela: Differenzierungsvorschriften im deutschen Einkommensteuerrecht als Ausdruck sozialpolitischer Zielsetzungen, Diss. München 1960.

Föhl, Carl: Kritik der progressiven Einkommensbesteuerung, in: Fin. Arch. N.F. Bd. 14 (1953/54), S. 88—109.

— Das Steuerparadoxon, in: Fin. Arch. N.F. Bd. 17 (1956/57), S. 1—37.

Friedman, Milton: The ‚Welfare' Effects of an Income and an Excise Tax, in: Journ. of Pol. Ec. Bd. 60 (1952), S. 25—38, korrigiert abgedruckt in: ders., Essays in Positive Economics, Chicago, London 1953, S. 100—113.

— A Reply (zu *Phipps,* Friedman's ‚Welfare' Effects), in: Journ. of. Pol. Ec. Bd. 60 (1952), S. 334—336.

— Price Theory. A Provisional Text, Chicago 1962.

Frisch, Ragnar: The Dupuit Taxation Theorem, in: Econometrica Bd. 7 (1939), S. 145—150.

— A Further Note on the Dupuit Taxation Theorem, in: Econometrica Bd. 7 (1939), S. 156—157.

Fritsch, Bruno: Zur Theorie und Systematik der volkswirtschaftlichen Kosten, in: Kyklos Bd. 15 (1962), S. 240—278, abgedruckt in: Grundlagen der Wirtschaftspolitik, S. 177—207.

Gäfgen, Gérard: Zur Theorie kollektiver Entscheidungen in der Wirtschaft. Eine Neuinterpretation der Welfare Economics, in: Jb. f. Nat. u. Stat. Bd. 137 (1961), S. 1—49.

— Die Beziehungen zwischen Welfare Economics und politischer Theorie, in: Probleme der normativen Ökonomik ..., S. 159—163.

— (Hrsg.): siehe Grundlagen der Wirtschaftspolitik.

George, Henry: Progress and Poverty. An Inquiry into the Cause of Industrial Depressions and of Increase of Want with Increase of Wealth — the Remedy, London 1886.

Gerloff, Wilhelm: Steuerwirtschaftslehre, in: HdF, 2. Aufl. Bd. 2, S. 238—325.

— (Hrsg.): siehe HdF (Handbuch der Finanzwissenschaft).

Gestaltungsprobleme der Weltwirtschaft. Andreas Predöhl aus Anlaß seines 70. Geburtstages gewidmet, *Jürgensen,* Harald (Hrsg.), gleichzeitig Heft 3 von Jb. f. Soz. wiss. Bd. 14 (1963).

Giersch, Herbert: Allgemeine Wirtschaftspolitik, Bd. 1 Grundlagen, Wiesbaden 1961.

Giersch, Herbert (Hrsg.): siehe Probleme der normativen Ökonomik.

Gobbi, Ulisse: Un preteso difetto delle imposte sui consumi, in: Giornale degli economisti (1904), S. 296—306.

Goode, Richard: The Income Tax and the Supply of Labor, in: Journ. of Pol. Ec. Bd. 57 (1949), S. 428—437.

Graaff, Johannes de Villiers: Theoretical Welfare Economics, Cambridge 1957.

Greiß, Franz (Hrsg.): siehe Der Mensch im sozio-ökonomischen Prozeß.

Grossmann, Eugen (Festgabe für): siehe Probleme der öffentlichen Finanzen ...

Grundlagen der Wirtschaftspolitik, *Gäfgen,* Gérard (Hrsg.), 2. Aufl., Köln, Berlin 1967.

Grunfeld, Yehuda (Festschrift für): siehe Measurement in Economics.

Hague, D. C.: siehe *Corlett,* W. J.

Haley, Bernard F. (Hrsg.): siehe A Survey of Contemporary Economics.

— (Selection Committee): siehe Readings in the Theory of Income Distribution.

Hall, Robert E. u. *Jorgenson,* Dale W.: Tax Policy and Investment Behavior, in: Am. Ec. Rev. Bd. 57 (1967), S. 391—414.

— Tax Policy and Investment Behavior: Reply and Further Results, in: Am. Ec. Rev. Bd. 59 (1969), S. 388—401.

Haller, Heinz: Bemerkungen zur progressiven Besteuerung und zur steuerlichen Leistungsfähigkeit, in: Fin. Arch. NF. Bd. 20 (1959/60), S. 35—57.

— Finanzpolitik. Grundlagen und Hauptprobleme, 4. Aufl. Tübingen 1968.

— Probleme der progressiven Besteuerung, Walter Eucken Institut, Vorträge und Aufsätze Nr. 27, Tübingen 1970.

— Besteuerung und Wirtschaftswachstum, Tübingen 1970.

— (Hrsg.): siehe Finanz- und Geldpolitik im Umbruch.

Handbuch der Finanzwissenschaft (HdF), *Gerloff,* Wilhelm u. *Neumark,* Fritz (Hrsg.), 2. Aufl. Tübingen Bd. 1 1952, Bd. 2 1956, Bd. 3 1958, Bd. 4 1965.

Handwörterbuch der Sozialwissenschaften (H. d. S. W.), *Beckerath,* Erwin von u. a. (Hrsg.), Tübingen, Göttingen, Bd. 1 1956, Bd. 12 1965.

Harberger, Arnold C.: The Taxation of the Mining Industries, in: Federal Tax Policy for Economic Growth and Stability, Papers, S. 439—449.

— The Corporation Income Tax: An Empirical Appraisal, in: Tax Revision Compendium, S. 231—250.

— Taxation, Resource Allocation, and Welfare, in: The Role of Direct and Indirect Taxes ..., S. 25—70.

— The Measurement of Waste, in: Am. Ec. Rev. Bd. 54 (1964) Suppl., S. 58 bis 76.

Head, J. G.: A Note on Progression and Leisure: Comment, in: Am. Ec. Rev. Bd. 56 (1966), S. 172—179.

Head, J. G. u. *Shoup,* Carl S.: Excess Burden: The Corner Case, in: Am. Ec. Rev. Bd. 59 (1969), S. 181—183.

Hedtkamp, Günter: Lehrbuch der Finanzwissenschaft, Neuwied, Berlin 1968.

Henderson, A.: The Case for Indirect Taxation, in: Ec. Journ. Bd. 58 (1948), S. 538—553.

Herder-Dorneich, Philip (Hrsg.): siehe Der Mensch im sozio-ökonomischen Prozeß.

Hettlage, Karl M.: Artikel: Beiträge, in: H. d. S. W. Bd. 1, S. 727—731.

Hibdon, James E.: Price and Welfare Theory, London 1969.

Hicks, John Richard u. *Allen,* Roy G. D.: Eine erneute Betrachtung der Werttheorie (Übersetzung des englischen Originals A Reconsideration of the Theory of Value, in: Economica N.S. Bd. 1 (1934), Teil I S. 52—76, Teil II S. 196—219 von *Schmitt,* Hans-Jürgen), in: Preis-Theorie, S. 117—161.

Hicks, John Richard: The Foundations of Welfare Economis, in: Ec. Journ. Bd. 49 (1939), S. 696—712.

— The Rehabilitation of Consumers' Surplus, in: Rev. of Ec. Stud. Bd. 9 (1941/42), S. 108—116, korrigiert abgedruckt in: Readings in Welfare Economics, S. 325—335.

— Consumer' Surplus and Index Numbers, in: Rev. of Ec. Stud. Bd. 9 (1941/42), S. 126—137.

— The Generalised Theory of Consumers' Surplus, in: Rev. of Ec. Stud. Bd. 13 (1945/46), S. 68—74.

— Value and Capital. An Inquiry into some Fundamental Principles of Economic Theory, Oxford 1939, 2. Aufl. 1946, Nachdruck 1962.

Hicks, Ursula Kathleen: The Finance of British Government 1920—1936, London 1938.

— Public Finance, 2. Aufl., London, Cambridge 1955, Nachdruck 1964.

Hobson, John Atkinson: Taxation in the New State, London 1919.

Hotelling, Harold: The General Welfare in Relation to Problems of Taxation and of Railway and Utility Rates, in: Econometrica Bd. 6 (1938), S. 242—269, abgedruckt in: Readings in the Economics of Taxation, S. 139—167.

— The Relation of Prices to Marginal Costs in an Optimum System, in: Econometrica Bd. 7 (1939), S. 151—155.

— A Final Note, in: Econometrica Bd. 7 (1939), S. 158—160.

Inagaki, M.: Utility Maximisation over Infinite Time. A General Existence Proof, Netherlands Economic Institute, Division for B.I.G., Publ. 34—66, Rotterdam 1966.

Institut international de finances publiques: siehe Les Distorsions économiques ...

International vergleiche Wirtschaftspolitik. Versuch einer empirischen Grundlegung (Übersetzung des engl. Originals Economic Policy in Our Time, Bd. 1, von *Steinmann,* Bodo und Gertrud), *Kirschen,* E. S. u. a., Berlin 1967.

Jochimsen, Reimut: Ansatzpunkte der Wohlstandsökonomik. Versuch einer Neuorientierung im Bereich der normativen Lehre vom wirtschaftlichen Wohlstand, Tübingen 1961.

— Grundlagen, Grenzen und Entwicklungsmöglichkeiten der Welfare Economics, in: Probleme der normativen Ökonomik, S. 129—163.

Jöhr, Walter Adolf u. *Singer,* H. W.: Die Nationalökonomie im Dienste der Wirtschaftspolitik, 2. Aufl., Göttingen 1964.

Johansen, Leif: Public Economics (Übersetzung des norweg. Originals von *Brown*, M. C., *Christophursen*, R. J.), Amsterdam 1965.

Johnson, Harry G.: The Economic Theory of the Customs Union, in: ders., Money, Trade and Economic Growth. Survey Lectures in Economic Theory, 2. Aufl., London 1964, S. 46—74.

Johnson, Bruce M.: siehe *Brown*, Gardner.

Joint Committee on the Economic Report: siehe Federal Tax Policy for Economic Growth and Stability.

Jorgensen, Dale W.: siehe *Hall*, R. E.

Joseph, M. F. W.: The Excess Burden of Indirect Taxation, in: Rev. of Ec. Stud. Bd. 6 (1938/39), S. 226—231.

Jouvenel Bertrand de: The Ethics of Redistribution, Cambridge 1951.

Jürgensen, Harald: Private und soziale Kosten, in: Probleme der normativen Ökonomik ..., S. 245—266.

— (Hrsg.): siehe Gestaltungsprobleme der Weltwirtschaft.

Kahn, Richard Ferdinand: Some Notes on Ideal Output, in: Ec. Journ. Bd. 45 (1935), S. 1—35.

Kapp, K. William: Volkswirtschaftliche Kosten der Privatwirtschaft (Übersetzung des amerik. Originals The Social Cost of Private Enterprise, Cambridge, Mass., 1950 von *Fritsch*, Bruno), Tübingen, Zürich 1958.

— Social Costs and Social Benefits. A Contribution to Normative Economics, in: Probleme der normativen Ökonomik ..., S. 183—210.

Keller, Theo: Merkliche oder unmerkliche Steuern?, in: Fin. Arch. N.F. Bd. 27 (1968), S. 110—120.

Kirschen, E. S.: siehe International vergleichende Wirtschaftspolitik und Economic Policy in Our Time.

Kloten, Norbert (Hrgs.): siehe Systeme und Methoden in den ...

Koch, Woldemar (Festschrift für): siehe Konjunkturelle Stabilität als wirtschaftspolitische Aufgabe.

Koivisto, William A.: Principles and Problems of Modern Economics, New York 1957.

Kolms, Heinz: Finanzwissenschaft, Bd. 2, Erwerbseinkünfte, Gebühren und Beiträge, Allgemeine Steuerlehre, 3. Aufl., Berlin 1966.

Konjunkturelle Stabilität als wirtschaftspolitische Aufgabe. Festschrift für Woldemar Koch, *Zeitel*, Gerhard, *Pahlke*, Jürgen (Hrsg.), Tübingen 1962.

Koo, Anthony Y. C.: Welfare and Direct Taxation, in: Canad. Journ. of Ec. a. Pol. Sc. Bd. 21 (1955), S. 43—57.

Koopmans, Tjalling C.: Efficient Allocation of Resources, in: Econometrica Bd. 19 (1951), S. 455—465.

— Stationary Ordinal Utility and Impatience, in: Econometrica Bd. 28 (1960), S. 287—309.

Koopmans, Tjalling C., *Diamond*, Peter A. und *Williamson*, Richard E.: Stationary Utility and Time Perspective, in: Econometrica Bd. 32 (1964), S. 82—100.

Koulis, Johannes: Soziale Gestaltung der Besteuerung oder volkswirtschaftliche Steuerpolitik, Tübingen 1948 (1949).

Kraft, Victor (Festschrift für): siehe Probleme der Wissenschaftstheorie.

Krelle, Wilhelm: Zur Wirkung der progressiven Einkommenbesteuerung. Bemerkungen zu Carl Föhls „Kritik der progresssiven Einkommensbesteuerung", in: Fin. Arch. N.F. Bd. 16 (1955/56), S. 22—30.

Krelle, Wilhelm unter Mitarbeit von *Coenen*, Dieter: Präferenz- und Entscheidungstheorie, Tübingen 1968.

— (Hrsg.): siehe Systeme und Methoden in den ...

Krüger, Rolf: Das wirtschaftspolitische Instrumentarium. Einteilungsmerkmale und Systematisierung, Berlin 1967.

Krüsselberg, Hans-Günter: Marktwirtschaft und ökonomische Theorie. Ein Beitrag zur Theorie der Wirtschaftspolitik, Freiburg 1969.

Külp, Bernhard: Zur Zielproblematik in der Gesellschaftspolitik, in: Der Mensch im sozio-ökonomischen Prozeß, S. 87—100.

Küng, Emil: Wirtschaft und Gerechtigkeit. Sozialethische Probleme im Lichte der Volkswirtschaftslehre, Tübingen 1967.

Kuenne, Robert E.: Microeconomic Theory of the Market Mechanism. A General Equilibrium Approach, New York, London 1968.

— (Hrsg.): siehe Monopolistic Competition Theory.

Lancaster, Kelvin: siehe *Lipsey*, R. G.

Lauré, Maurice: La Taxe sur la valeur ajoutée, Paris 1953.

Lauschmann, Elisabeth: Grundlagen, Grenzen und Entwicklungsmöglichkeiten der Welfare Economics, in: Probleme der normativen Ökonomik ..., S. 99—128.

— Private und soziale Kosten, in: Probleme der normativen Ökonomik ..., S. 267—278.

Leftwich, Richard H.: The Price System and Resource Allocation, 3. Aufl., New York u. a. 1966.

Leibenstein, Harvey: Allocative Efficiency Versus „X-Efficiency", in: Am. Ec. Rev. Bd. 56 (1966), S. 392—415.

— siehe auch *Comanor*, William S.

Lerner, Abba P.: The Economics of Control. Principles of Welfare Economics, New York 1944.

— The Inflationary Process: Some Theoretical Aspects, in: Rev. of Ec. Stud. Bd. 21 (1949), S. 193—200.

Les Distorsions économiques d'origine fiscale. Institut international de finances publiques, Congrès de Vienne Sept. 1957, 13. session, Bruxelles 1958.

Leslie, Thomas Edward Cliffe: Financial Reform, in: Cobden-Club Essays, 2. series, Paris, New York, London 1871/72, S. 185—259.

Liefmann-Keil, Elisabeth: Einführung in die politische Ökonomie. Private Planung — öffentliche Lenkung, Basel, Wien 1964.

Lindblom, Charles E.: Zur Analyse-Methode in der staatlichen Wirtschaftspolitik (Übersetzung des amerik. Originals Policy Analysis, in: Am. Ec. Rev. Bd. 48 [1958], S. 298—312 von *Berking*, Klaus), in: Grundlagen der Wirtschaftspolitik, S. 320—336.

Lindblom, Charles E.: Decision Making in Taxation and Expenditures, in: Public Finances. Needs, Sources, and Utilization, S. 295—329.

Lipsey, Richard G. u. *Lancaster*, Kelvin: The General Theory of the Second Best, in: Rev. of Ec. Stud. Bd. 24 (1956/57), S. 11—32.

Little, Ian Macolm David: Direct Versus Indirect Taxes, in: Ec. Journ. Bd. 61 (1951), S. 577—584, abgedruckt in: ders., A Critique of Welfare Economics, 2. Aufl., Oxford 1957, S. 294—300, wieder abgedruckt in: Readings in the Economics of Taxation, S. 123—131.

Lompe, Klaus: Wissenschaftliche Beratung der Politik. Ein Beitrag zur Theorie anwendender Sozialwissenschaften, Wissenschaft und Gesellschaft Bd. 2, Göttingen 1966.

Lowe, Adolph: Politische Ökonomik (Übersetzung des amerik. Originals On Economic Knowledge, New York 1965 von *Wilhelm*, H.), Frankfurt o. J. (1968).

Mann, Fritz Karl: Steuerpolitische Ideale, Jena 1937.

Marshall, Alfred: Principles of Economics. An Introductory Volume, 8. Aufl., London 1920, neu gesetzt 1949, Nachdruck 1961.

Meade, James Edward: An Introduction into the Economic Analysis and Policy, Oxford 1936.

— The Theory of International Economic Policy, Bd. 2 Trade and Welfare, New York, Toronto, London 1955.

Measurement in Economics. Studies in Mathematical Economics and Econometrics in Memory of Yehuda Grunfeld, *Christ*, Carl F. u. a., Stanford 1963.

Meißner, Werner: Ökonomie der Freizeit, in: Jb. f. Nat. u. Stat. Bd. 185 (1971), S. 385—402.

Metze, Ingolf: Steuerharmonisierung in einer Wirtschaftsgemeinschaft, Hamburg 1969.

Michel, Herbert: Zur Beeinflussung des Wachstumsprozesses einer Volkswirtschaft durch staatliche Maßnahmen, Frankfurt 1965.

Mishan, Edward J.: Ein Überblick über die Wohlfahrtsökonomik 1939—1959 (Übersetzung des engl. Originals A Survey of Welfare Economics, in: Ec. Journ. Bd. 70 [1960], S. 197—265 von *Leckebusch*, Roswitha und *Zeitler*, Klaus), in: Grundlagen der Wirtschaftspolitik, S. 110—176.

— Rent and Producer's Surplus: Reply, in: Am. Ec. Rev. Bd. 59 (1969), S. 635—637.

Möller, Hans: Ursprungs- und Bestimmungslandprinzip. Ein Beitrag zur Lehre von den Steuerwirkungen auf die internationalen Wirtschaftsbeziehungen unter Berücksichtigung des gemeinsamen Marktes, in: Fin. Arch. N.F. Bd. 27 (1968), S. 385—458.

Monopolistic Competition Theory: Studies in Impact. Essays in Honor of Edward H. Chamberlin, *Kuenne*, Robert E. (Hrsg.), New York, London, Sydney 1967.

Moore, Donald A.: siehe *Schwartz*, E.

Morag, Amotz: On Taxes and Inflation, New York 1965.

Morgenstern, Oskar: Pareto Optimum and Economic Organization, in: Systeme und Methoden in den ..., S. 573—586.

Morgenstern, Oskar: siehe auch *Neumann*, J. v.

Mückl, Wolfgang: siehe *Baumgarten*, P.

Müller, Heinz (Hrsg.): siehe Systeme und Methoden in den ...

Müller-Groeling, Hubertus: Maximierung des sozialen Gesamtnutzens und Einkommensgleichheit, Köln, Berlin, Bonn, München 1965.

Musgrave, Richard Abel: On Incidence, in: Journ. of Pol. Ec. Bd. 61 (1953), S. 306—323.

— Finanztheorie (Übersetzung des amerik. Originals The Theory of Public Finance, New York, Toronto, London 1959 von *Kullmer*, Lore unter Mitarbeit von *Fecher*, Hans), 2. Aufl., Tübingen 1969.

— Growth with Equity, in: Am. Ec. Rev. Bd. 53 (1963), Papers and Proceedings, S. 323—333.

— Fiscal Systems, New Haven, London 1969.

— siehe auch *Domar*, E. D.

— siehe auch *Suits*, D. B.

— (Selection Committee): siehe auch Readings in the Economics of Taxation.

Nath, S. K.: A Reappraisal of Welfare Economics, London 1969.

National Bureau of Economic Research (Hrsg.): siehe The Role of Direct and Indirect Taxes ...

— siehe Public Finances: Needs, Sources, and Utilization.

Neumann, John von u. *Morgenstern*, Oskar: Spieltheorie und wirtschaftliches Verhalten (Übersetzung des amerik. Originals Theory of Games and Economic Behavior, 3. Aufl., Princeton 1953 von *Leppig*, M.), Würzburg 1961.

Neumark, Fritz: Grundsätze und Arten der Haushaltsführung und Finanzbedarfsdeckung, in: HdF, 2. Aufl., Bd. 1, S. 606—669, abgedruckt in: ders., Wirtschafts- und Finanzprobleme des Interventionsstaates, Tübingen 1961. S. 122—215.

— Grundsätze der Besteuerung in Vergangenheit und Gegenwart, Sitzungsberichte der wissenschaftlichen Gesellschaft an der Johann Wolfgang Goethe-Universität Frankfurt am Main, Bd. 3, Jg. 1964, Nr. 2, Wiesbaden 1965.

— Fiskalpolitik und Wachstumsschwankungen, Sitzungsberichte der wissenschaftlichen Gesellschaft an der Johann Wolfgang Goethe-Universität Frankfurt am Main, Bd. 6, Jg. 1967, Nr. 2, 2. Aufl., Wiesbaden 1969.

— (Hrsg.): siehe Handbuch der Finanzwissenschaft, siehe Systeme und Methoden in den ...

Nöll von der Nahmer, Robert (Festschrift für): siehe Finanz- und Geldpolitik im ...

Ohm, Hans: Allgemeine Volkswirtschaftspolitik, Bd. 1, Systematisch-theoretische Grundlegung, 2. Aufl., Berlin 1965.

Oort, Coenraad Jan: Decreasing Cost as a Problem of Welfare Economics, Amsterdam 1958.

Organische Steuerreform. Bericht des wissenschaftlichen Beirats beim Bundesministerium der Finanzen an den Herrn Bundesminister der Finanzen, Bundesministerium der Finanzen (Hrsg.), Bonn 1953.

Ott, Alfred Eugen: Sparen und Investieren — erneute Diskussion eines alten Problems. Erich Preiser in memoriam, in: Wachstum, Einkommensverteilung und ..., S. 27—44.

— (Hrsg.): siehe Preistheorie.

Pahlke, Jürgen: Welfare Economics. Grundlage allgemeingültiger wirtschaftspolitischer Entscheidungen?, Berlin 1960.

— Beziehungen zwischen der konjunkturpolitischen Zielsetzung und anderen Aufgaben der Finanzpolitik sowie den politischen Gegebenheiten, in: Konjunkturelle Stabilität als wirtschaftspolitische Aufgabe, S. 51—64.

— Steuerpolitische Grundsatzfragen. Kritische Bemerkungen zum Gutachten des wissenschaftlichen Beirats beim Bundesministerium der Finanzen zur Reform der direkten Steuern, in: Fin. Arch. N.F. Bd. 28 (1969), S. 42—54.

— (Hrsg.): siehe Konjunkturelle Stabilität als wirtschaftspolitische Aufgabe.

Pareto, Vilfredo: Manuel d'économie politique (1. Aufl., Paris 1909), 4. Aufl., Paris 1966 als Bd. 7 der Oeuvres complètes publiées sous la direction de Giovanni *Busino*.

Patinkin, Don: Demand Curves and Consumer's Surplus, in: Measurement in Economics, S. 83—112.

Paulsen, Andreas: Allgemeine Volkswirtschaftslehre, Bd. 2, Haushalte, Unternehmungen, Marktformen, 8. Aufl., Berlin 1968.

Peacock, Alan T. u. *Berry*, D.: A Note on the Theory of Income Distribution, in: Economica N.S. Bd. 18 (1951), S. 83—90.

Phipps, Cecil G.: Friedman's ‚Welfare' Effects, in: Journ. of Pol. Ec., Bd. 60 (1952), S. 332—334.

Pigou, Arthur Cecil: The Economics of Welfare (1. Aufl., 1920), 4. Aufl., New York, Toronto, London 1932, neuer Anhang 1952, Nachdruck 1962.

— A Study in Public Finance, 3. Aufl., London 1947, Nachdruck 1962.

Popper, Karl Raimund: The Poverty of Historicism, 2. Aufl., London 1960.

— The Open Society and Its Enemies, Bd. 1, The Spell of Plato, Bd. 2, The High Tide of Prophecy: Hegel, Marx and the Aftermath, 5. Aufl., London 1966.

Predöhl, Andreas (Festschrift für): siehe Gestaltungsprobleme der Weltwirtschaft.

Preistheorie, *Ott*, Alfred Eugen (Hrsg.): Köln, Berlin 1965.

Probleme der normativen Ökonomik und der wirtschaftspolitischen Beratung, *Beckerath*, Erwin von, *Giersch*, Herbert (Hrsg.), S. d. V. f. S., N.F., Bd. 29, Berlin 1963.

Probleme der öffentlichen Finanzen und der Währung. Festgabe für Eugen Grossmann, *Saitzew*, Manuel u. a. (Hrsg.), Zürich 1949.

Probleme der Wissenschaftstheorie. Festschrift für Victor Kraft, *Topitsch*, Ernst (Hrsg.), Wien 1960.

Public Finances: Needs, Sources, and Utilization. A Conference of the Universities National Bureau Committee for Economic Research, Princeton 1961.

Quandt, Richard E.: siehe *Baumol*, W. J.

Ramsey, Frank: A Contribution to the Theory of Taxation, in: Ec. Journ., Bd. 37 (1927), S. 47—61.

Readings in the Theory of Income Distribution, *Fellner,* William u. *Haley,* Bernard F. (Selection Committee of the American Economic Association), London 1950.

Readings in Fiscal Policy, *Smithies,* Arthur u. *Butters,* J. Keith (Selection Committee) of the American Economic Association), London 1955

Readings in the Economics of Taxation, *Musgrave,* Richard Abel u. *Shoup,* Carl S. (Selection Committee of the American Association), London 1959, Nachdruck 1966.

Readings in Welfare Economics, *Arrow,* Kenneth J. u. *Scitowsky,* Tibor (Selection Committee of the American Economic Association), London 1969.

Recktenwald, Horst-Claus (Hrsg.): siehe Finanz- und Geldpolitik im Umbruch.

Reder, Melvin W.: Welfare Economics and Rationing, in: Quart. Journ. of Ec., Bd. 57 (1942), S. 153—159.

— Studies in the Theory of Welfare Economics, New York u. a. 1947, Nachdruck 1963.

Regul, Rudolf: Wirtschaftsintegration und Steuersysteme (Der gegenwärtige Stand der Untersuchungen über das Steuerproblem in der Europäischen Gemeinschaft für Kohle und Stahl), in: Fin. Arch. N.F., Bd. 16 (1955/56), S. 313—330.

Ricardo, David: The Works and Correspondence of David Ricardo, *Sraffa,* Piero u. *Dobb,* Maurice H. (Hrsg.), Cambridge 1951, Nachdruck 1966.

Ritschl, Hans: Theorie der Staatswirtschaft und der Besteuerung, Bonn, Leipzig 1925.

Robbins, Lionel: On the Elasticity of Demand for Income in Terms of Effort, in: Economica, Bd. 10 (1930), S. 123—129.

Robinson, Joan: The Economics of Imperfect Competition, London 1933, Nachdruck 1965.

Rolph, Earl Robert u. *Break,* George Fitzgerald: The Welfare Aspects of Excise Taxes, in: Journ. of Pol. Ec. Bd. 57 (1949), S. 46—54, abgedruckt in: Readings in the Economics of Taxation, S. 110—122.

Rolph, Earl Robert: Equity Versus Efficiency in Federal Tax Policy, in: Am. Ec. Rev. Bd. 40 (1950), Suppl. S. 391—404.

— A Proposed Revision of Excise-Tax Theory, in: Journ. of Pol. Ec. Bd. 60 (1952), S. 102—117.

— The Theory of Fiscal Economics, Berkeley, Los Angeles 1954.

Rowley, C. K.: siehe *Crew,* M. A.

Rose, Klaus: Theorie der Außenwirtschaft, 3. Aufl., Berlin, Frankfurt 1970.

Rothenberg, Jerome: The Measurement of Social Welfare, Englewood Cliffs, N.J. 1961.

Ruggles, Nancy: The Welfare Basis of the Marginal Cost Pricing Principle, in: Rev. of Ec. Stud. Bd. 17 (1949/50), S. 29—46.

— Recent Developments in the Theory of Marginal Cost Pricing, in: Rev. of Ec. Stud. Bd. 17 (1949/50), S. 107—126.

Saitzew, Manuel (Hrsg.): siehe Probleme der öffentlichen Finanzen ...

Samuelson, Paul Anthony: A Note on the Pure Theory of Consumer's Behavior, in: Economica N.S. Bd. 5 (1938), S. 61—71, 354 f.

— Consumption Theory in Terms of Revealed Preference, in: Economica N.S. Bd. 15 (1948), S. 243—253.

— Consumption Theorems in Terms of Overcompensation Rather than Indifference Comparisons, in: Economica N.S. Bd. 20 (1953), S. 1—9.

— Social Indifference Curves, in: Quart. Journ. of Ec. Bd. 70 (1956), S. 1—22.

— The New Look in Tax and Fiscal Policy, in: Federal Tax Policy for Economic Growth and Stability, Papers, S. 229—234.

— The Monopolistic Competition Revolution, in: Monopolistic Competition Theory, S. 105—138.

Sayer, Benjamin: An Attempt to Shew the Justice and Expediency of Substituting an Income or Property Tax for the Present Taxes, or a Part of Them; as Affording the Most Equitable, the Least Injurious and (under the Modified Procedure Suggested Therein) the Least Obnoxious Mode of Taxation, also the Most Fair, Advantageous, and Effectual Plans of Reducing the National Debt, London 1833.

Schlieper, Ulrich: Pareto-Optimum, Externe Effekte und die Theorie des Zweitbesten, Köln, Berlin, Bonn, München 1969.

Schmidt, Kurt: Möglichkeiten und Grenzen einer Finanzpolitik des sozialen Ausgleichs, in: ORDO Bd. 10 (1958), S. 315—335.

— Das Leistungsfähigkeitsprinzip und die Theorie vom proportionalen Opfer, in: Fin. Arch. N.F. Bd. 26 (1967), S. 385—404.

Schmitt-Rink, Gerhard: Präferenz, Indifferenz und Ambivalenz. Über alternative Interpretationen einer schwachen Ordnung von Präferenzsystemen, in: Jb. f. Nat. u. Stat. Bd. 182 (1968/69), S. 224—237.

Schneider, Erich: Einführung in die Wirtschaftstheorie, Teil 2, Wirtschaftspläne und wirtschaftliches Gleichgewicht in der Verkehrswirtschaft, 12. Aufl., Tübingen 1969.

Schneider, Hans Karl: Über Grenzkostenpreise und ihre Anwendung in Energie- und Verkehrssektor, in: Gestaltungsprobleme der Weltwirtschaft, S. 206—236.

Schneider, Helmut: Der Einfluß der Steuern auf die unternehmerischen Investitionsentscheidungen, Tübingen 1964.

Schreiber, Wilfried (Festschrift für): siehe Der Mensch im sozio-ökonomischen Prozeß.

Schumpeter, Joseph Alois: Kapitalismus, Sozialismus und Demokratie (Übersetzung des amerik. Originals Capitalism, Socialism, and Democracy von *Preiswerk,* Susanne), 2. Aufl., München, Bern 1950.

Schwartz, Eli u. *Moore,* Donald A.: The Distorting Effects of Direct Taxation: A Re-evaluation, in: Am. E. Rev. Bd. 41 (1951), S. 139—148.

Scitovsky, Tibor de: A Study of Interest and Capital, in: Economica N.S. Bd. 7 (1940), S. 293—317.

— A Note on Welfare Propositions in Economics, in: Rev. of Ec. Stud. Bd. 9 (1941/42), S. 77—88.

— Welfare and Competition. The Economics of a Fully Employed Economy, London 1952, Nachdruck 1966.

Scitovsky, Tibor de: (Selection Committee): siehe Readings in Welfare Economics.

Sharp, Ansel M. u. *Sliger,* Bernard F.: Public Finance. An Introduction to the Study of the Public Economy, Homewood, Ill. 1964.

Shibata, Aiko N.: Effects of Taxation on Risk-Taking, in: Am. Ec. Rev. Bd. 59 (1969), Papers and Proceedings, S. 553—561.

Shoup, Carl S.: Effects of Sales Taxation on Risk-Taking, in: Finanz- und Geldpolitik im Umbruch, S. 237—244.

— Public Finance, Chicago 1969.

— siehe *Head,* J. G.

— (Selection Committee): siehe Readings in the Economics of Taxation.

Singer, H. W.: siehe *Jöhr,* W. A.

Sliger, Bernard F.: siehe *Sharp,* A. M.

Slutsky, Eugen E.: Zur Theorie des Verbraucherbudgets (Übersetzung des italien. Originals Sulla theoria del bilancio del consumatore, in: Giornale degli economisti Bd. 51 [1915], S. 1—26 von *Fischer,* Gisela), in: Preistheorie, S. 87—116.

Smith, Adam: The Works of Adam Smith, *Stewart,* Dugald (Hrsg.), 5 Bde. o. O. 1811—12, Nachdruck Aalen 1963.

Smithies, Arthur (Selection Committee): siehe Readings in Fiscal Policy.

Sohmen, Egon: Grundlagen, Grenzen und Entwicklungsmöglichkeiten der Welfare Economics, in: Probleme der normativen Ökonomik . . ., S. 69—98.

Sparks, Gordon R.: siehe *Barlow,* R.

Sraffa, Piero (Hrsg.): siehe *Ricardo,* D.

Statistisches Jahrbuch für die Bundesrepublik Deutschland 1969, Statistisches Bundesamt (Hrsg.), Stuttgart, Mainz 1969.

Stewart, Dugald (Hrsg.): siehe *Smith,* A.

Stigler, George J.: The Theory of Price, 1. Aufl., New York 1946, 3. Aufl., New York, London 1966.

Stiglitz, J. E. u. *Dasgupta,* P.: Differential Taxation, Public Goods, and Economic Efficiency, in: Rev. of Ec. Stud. Bd. 38 (1971), S. 151—174.

Stolper, Wolfgang F.: A Method of Constructing Community Indifference Curves, in: Schw. Zeitschr. f. Volkswirtsch. u. Stat. Bd. 86 (1950), S. 150—157.

Stourm, René: Systèmes généraux d'impôts, 3. Aufl., Paris 1912.

Strümpel, Burkhard: Steuersystem und wirtschaftliche Entwicklung. Funktion und Technik der Personalbesteuerung im sozioökonomischen Wandel, Tübingen 1968.

Suits, D. B. u. *Musgrave,* R. A.: Ad Valorem and Unit Taxes Compared, in: Quart. Journ. of Ec. Bd. 67 (1953), S. 598—604.

Sullivan, Clara K.: The Tax on Value-Added, New York, London 1965.

Systeme und Methoden in den Wirtschafts- und Sozialwissenschaften. Erwin von Beckerath zum 75. Geburtstag, *Kloten,* Norbert, *Krelle,* Wilhelm, *Müller,* Heinz, *Neumark,* Fritz (Hrsg.), Tübingen 1964.

Tarascio, Vincent J.: Paratian Welfare Theory: Some Neglected Aspects, in: Journ. of Pol. Ec. Bd. 77 (1969), S. 1—20.

Tax Revision Compendium, U.S. House of Representatives Committee on Ways and Means (Hrsg.), Washington 1959.

Ten Economic Studies in the Tradition of Irving Fisher, Contributing Authors *Fellner*, William u. a., New York, London, Sydney 1967.

The Role of Direct and Indirect Taxes in the Federal Revenue System. A Conference Report of the National Bureau of Economic Research and the Brookings Institution, Princeton 1964.

Thiemeyer, Theo: Grenzkostenpreise bei öffentlichen Unternehmen, Köln, Opladen 1964.

Thompson, Earl A.: Intertemporal Utility Functions and the Long-Run Consumption Function, in: Econometrica Bd. 35 (1967), S. 356—362.

Thompson, Lawrence E. u. *Butters*, J. Keith: Effects of Taxation on the Investment Policies and Capacities of Individuals, in: Journ. of Fin. Bd. 8 (1953), S. 137—151.

Thrall, R. M. (Hrsg.): siehe Decision Processes.

Thurstone, Louis Leon: The Indifference Function, in: Journ. of Soc. Psychology Bd. 2 (1931), S. 139—167, abgedruckt in: ders., The Measurement of Values, Chicago 1959, S. 123—144.

Tinbergen, Jan: Optimum Savings and Utility Maximisation over Time, in: Econometrica Bd. 28 (1960), S. 481—489.

Tintner, Gerhard: The Maximisation of Utility over Time, in: Econometrica Bd. 6 (1938), S. 154—158.

Topitsch, Ernst (Hrsg).: siehe Probleme der Wissenschaftstheorie.

U.S. House of Representatives Committee on Ways and Means (Hrsg.): siehe Tax Revision Compendium.

Vickrey, William: Maximum Output or Welfare? More on the Off-Peak Pricing Problem, in: Kyklos Bd. 24 (1971), S. 305—330.

Wachstum, Einkommensverteilung und wirtschaftliches Gleichgewicht, *Bombach*, Gottfried (Hrsg.), S. d. V. f. S. N.F. Bd. 53, Berlin 1969.

Wagner, Adolph: Finanzwissenschaft (4. Hauptabteilung von ders. [Hrsg.], Lehr- und Handbuch der politischen Ökonomie), 4 Bde., Bd. 2 Theorie der Besteuerung, Gebührenlehre und allgemeine Steuerlehre, 2. Aufl., Leipzig 1890.

Wald, Haskell, Philip: The Classical Indictment of Indirect Taxation, in: Quart. Journ. of Ec. Bd. 59 (1944/45), S. 577—596.

Walker, David: Some Comments on the Taxation of Personal Income and Expenditure in the United Kingdom 1945—1953, in: Publ. Fin. Bd. 9 (1954), S. 190—213.

— The Direct-Indirect Tax Problem: Fifteen Years of Controversy, in: Publ. Fin. Bd. 10 (1955), S. 153—176.

Weber, Wilhelm (Hrsg.): siehe Der Mensch im sozioökonomischen Prozeß.

Wessel, Robert H.: What Is Producer's Surplus — Comment, in: Am. Ec. Rev. Bd. 59 (1969), S. 634—635.

Wicksell, Knut: Finanztheoretische Untersuchungen nebst Darstellung und Kritik des Steuerwesens Schwedens, Jena 1896.

Williamson, Richard E.: siehe *Koopmans*, T. C.

Wittmann, Walter: Zur Frage der wachstumspolitischen Effizienz eines rationalen Steuersystems, in: Fin. Arch. N.F. Bd. 24 (1965), S. 51—69.

Woll, Artur: Allgemeine Volkswirtschaftslehre, Berlin, Frankfurt 1969.

Wright, David McCord: Inflation and Equality, in: Am. Ec. Rev. Bd. 38 (1948), S. 892—897.

Zeitel, Gerhard (Hrsg.): siehe Konjunkturelle Stabilität als wirtschaftspolitische Aufgabe.

Zinn, Karl Georg: Basistheorie des ökonomischen Wohlstandes in der Demokratie. Die Interdependenz von Gleichheit, Zeit und Nutzen und die verteilungspolitische Konsequenz, Wiesbaden 1970.

— Überstunden in der Freizeitkultur? Mikroökonomisches Arbeitsangebot bei Lohn- und Arbeitszeitvariationen, in: Jb. f. Nat. u. Stat. Bd. 185 (1971), S. 403—429.

Volkswirtschaftliche Schriften

1 **Grundlagen der Preisbildung.** Von E. Carell. 138 S. 1952. DM 15,80

2 **Schöpferischer Wettbewerb und klassenlose Gesellschaft.** Von H. Arndt. 148 S. 1952. DM 18,60

3 **Sozialprodukt und Volkseinkommen.** Von O. Kraus. 123 S. 1952. DM 12,60

4 **Der Mensch als wirtschaftliches „Datum".** Von H. Droege. 72 S. 1952. DM 9,80

5 **Weltwirtschaftlicher Solidarismus.** Von R. Fleck. 128 S. 1952. DM 15,80

6 **Die Konkurrenz und ihre Fehlentwicklungen.** Von B. Röper. 243 S. 1952. DM 19,60

7 **Der organisierte Teilzahlungskredit.** Von H. Reuschel. 114 S. 1953. DM 14,—

8 **Kreislauf und Entwicklung der Volkswirtschaft.** Von O. Kraus. 112 S. 1953. DM 11,80

9 **Notenbankverfassung und Notenbankentwicklung in USA und Westdeutschland.** Von R. P. Geisler. 213 S. 1953. DM 22,60

10 **Der freie und der gebundene Arbeitsmarkt.** Von Ch. E. Weber. 180 S. 1953. DM 16,80

11 **Die volkswirtschaftliche Gesamtrechnung.** Von W. Hofmann. 271 S. 1954. DM 26,—

12 **Das Konkurrenzproblem im Oligopol.** Von R. Richter. 112 S. 1954. DM 12,—

13 **Nivellierung und Differenzierung der Arbeitseinkommen in Deutschland seit 1925.** Von J. H. Müller. 175 S. 1954. DM 19,60

14 **Das Akzelerationsprinzip.** Von W. Mieth. 118 S. 1954. DM 12,80

15 **Wohin steuert die Sowjetwirtschaft?** Von W. Hofmann. 141 S. 1955. DM 16,80

16 **Kapitalbeteiligung des Arbeitnehmers am arbeitgebenden Unternehmen.** Von W. G. Schmitz. 96 S. 1955. DM 10,60

17 **Kupfer in der Weltwirtschaft.** Von M. H. Hess. 122 S. 1955. DM 15,60

18 **Gewerbefreiheit als wirtschaftspolitisches Problem.** Von E. Tuchtfeldt. 220 S. 1955. DM 22,—

19 **Der amerikanische Arbeitsmarkt.** Von E. Kröller. 215 S. 1956. DM 20,60

20 **Die Periodenanalyse als Theorie der volkswirtschaftlichen Dynamik.** Von E. Hoppmann. 225 S. 1956. DM 26,60

21 **Wohnungsbau für Minderbemittelte.** Hrsg. von M. Schneider. 124 S. 1956. DM 9,60

22 **Die Arbeitsverfassung der Sowjetunion.** Von W. Hofmann. XIX, 542 S. 1956. Ln. DM 48,—

23 **Die finanzielle Einheit der Französischen Union.** Von W. Vollrodt. 185 S. 1956. DM 19,60

24 **Die deutschen und angelsächsischen Kreditbanken im Lichte ihrer Bilanzen.** Von W. Fischöder. 116 S. 1956. DM 13,60

25 **Lohnwertbildung und Eigentumsordnung in der modernen Marktwirtschaft.** Von Ch. E. Weber. 108 S. 1957. DM 9,80

26 **Die Kaufkraft der Rupie.** Von W. O. Habermeier. 115 S. 1957. DM 13,60

27 **Wirtschaftsintegrationen und Integrationsstatistik.** Von F. Below. 144 S. 1957. DM 16,60

28 **Der Unternehmungsgewinn.** Von S. Varga. 158 S. 1957. DM 15,60

29 **Vertikale Preisbindung und Handel.** Von E. Hoppmann. 64 S. 1957. DM 6,60

30 **Der Geldschöpfungskoeffizient der Kreditbanken in der Bundesrepublik.** Von H.-J. Lierow. 69 S. 1957. DM 8,—

31 **Die Industrialisierung der wirtschaftlich unterentwickelten afrikanischen Länder und ihre Auswirkungen auf die Weltwirtschaft.** Von A. Muddathir. 331 S. 1957. DM 32,—

32 **Das neutrale Geld.** Von W. R. Paede. 82 S. 1957. DM 9,80

33 **Die eisenschaffende Industrie Brasiliens.** Von E. A. Boas. 184 S. 1957. DM 22,60

34 **Das System der Einkommensverteilung in der sozialistischen Marktwirtschaft Jugoslawiens.** Von I. Weitzmann. 147 S. 1958. DM 18,—

35 **Steuerüberwälzungslehre.** Von H. C. Recktenwald. 2. Aufl. 219 S. Brosch. DM 28,—; Ln DM 32,—

36 **Verkaufswerbung — ihre Technik, Psychologie und Ökonomie.** Von G. Friedrichs. 183 S. 1958. DM 22,20

37 **Die Kategorien des ökonomischen Denkens.** Von Ch. E. Weber. 120 S. 1958. DM 11,80

38 **Der Lagerzyklus.** Von H. Schimmler. 113 S. 1958. DM 15,—

39 **Funktionsfähige Konkurrenz.** Von K. Kühne. VII, 282 S. 1958. DM 32,60

40 **Das Kapital und seine Besteuerung.** Von G. Schmidt. 247 S. 1959. DM 28,—

41 **Die Probleme der Währungskonvertierbarkeit.** Von K. R. Hartung. 147 S. 1959. DM 18,60

42 **Faktorelastizität und Beschäftigungsverlauf.** Von H. Kasten. 84 S. 1959. DM 10,80

43 **Konkurrenz und Kooperation.** Von H. H. Habisreitinger. 100 S. 1959. DM 13,80

44 **Marktwirtschaftliche Theorie des neutralen Geldes.** Von H. H. Lechner. 120 S. 1959. DM 14,80

45 **Europa-Markt und Wettbewerb.** Von W. Hofmann. 48 S. 1959. DM 5,60

46 **Die Veränderungen der Lohnstruktur.** Von J. Klaus. 116 S. 1959. DM 14,40

47 **Die wirtschaftliche Problematik der Raumordnung.** Von D. Storbeck. 201 S. 1959. DM 22,60

48 **Der Unternehmer und die volkswirtschaftliche Entwicklung.** Von F. Rexhausen. 129 S. 1960. DM 16,—

49 **Über die Problematik der internationalen währungspolitischen Kooperation.** Von H. W. Prill. 258 S. 1960. DM 28,—

50 **Welfare Economics.** Von J. Pahlke. 84 S. 1960. DM 9,80

51 **Außenhandel und Außenwirtschaftspolitik des Iran.** Von A. Adli. 314 S. 1960. DM 39,60

52 **Die Berechtigung sittlicher Werturteile in den Sozialwissenschaften.** Von G. Weigand. 120 S. 1960. DM 14,80

53 **Der gerechte Lohn.** Von W. Baldamus. 85 S. 1960. DM 11,60

54 **Die Theorie der Standortwahl.** Von W. Meyer. 298 S. 1960. DM 33,60

55 **Der Neoliberalismus und die Gestaltung der Wirtschaftsverfassung in der Bundesrepublik Deutschland.** Von R. Behlke. 223 S. 1961. DM 28,—

56 **Produktivität und Distribution im Lichte der deutschen gewerkschaftlichen Lehrmeinungen der Weimarer Epoche (1918—1933).** Von K. M. Wrede. 195 S. 1960. DM 19,60

57 **Zur Problematik des Miteigentums.** Von A. von Loesch. 102 S. 1961. DM 12,80

58 **Die Schweizer Bankobligationen unter Ausschluß der Pfandbriefe.** Von H. Mohr. 120 S. 1961. DM 14,80

59 **Deflationierungsmethoden im Rahmen der volkswirtschaftlichen Gesamtrechnung.** Von B. Friedmann. 156 S. 1961. DM 22,60

60 **Die Rolle des Staates in den Frühstadien der Industrialisierung.** Von U. P. Ritter. 176 S. 1961. DM 22,60

61 **Der langfristige Lieferantenkredit im Außenhandel (Exportkredit).** Von S. Frhr. v. Stetten. 151 S. 1962. DM 18,60

62 **Produktionstechnik, Kapital und Fortschritt.** Von P. Bünte. 107 S. 1961. DM 19,60

63 **Der Geldkreislauf.** Von Cl. Köhler. 229 S. 1962. DM 26,60

64 **Der Lohn.** Von E. Bandholz. 208 S. 1962. DM 26,60

65 **Automation.** Von H. Tagwerker. 151 S. 1962. DM 18,60

66 **Die Lombardpolitik der Zentralnotenbank.** Von H. Haase. 237 S. 1962. DM 33,60

67 **Der Güterbegriff in der Theorie des Qualitätswettbewerbs.** Von H. R. W. Rieger. 96 S. 1962. DM 12,60

68 **Vertikale Preisbindung.** Von P. Wörmer. 338 S. 1962. DM 48,—

69 **Die Recession der Jahre 1957/58 in den Vereinigten Staaten von Amerika unter besonderer Berücksichtigung des Preisverhaltens.** Von P. Bohley. 190 S. 1963. DM 24,80

70 **Der Rentenbegriff in der Wirtschaftstheorie.** Von M. Klafkowski. 215 S. 1963. DM 26,60

71 **Der freie Wechselkurs.** Von D. Pentzek. 96 S. 1963. DM 12,80

72 **Die Preisbildung der öffentlichen Unternehmen.** Von H.-D. Lösenbeck. 121 S. 1963. DM 16,60

73 **Das Selbstverständnis der ökonomischen Theorie.** Von F. Jonas. 236 S. 1964. DM 28,60

74 **Wettbewerbsordnung und Eliminierungsplanung.** Von H. Braeutigam. 134 S. 1964. DM 16,60

75 **Theorie des Datenrahmens.** Von K. Holzer. 135 S. 1964. DM 18,60

76 **Fiscal Policy in Großbritannien.** Von K. Schierloh. 227 S. 1964. DM 33,60

77 **Die Wirkungen internationaler Präferenzsysteme auf Preise und Handelsströme.** Von K. Poser. 160 S. 1964. DM 22,80

78 **System und Politik der Mindestreserve.** Von K. P. Tudyka. 168 S. 1964. DM 24,80

79 **Die Erbschaftsteuer als Mittel der Vermögensredistribution.** Von K. P. Kisker. 200 S. 1964. DM 33,60

80 **Die Grundsätze der pluralistischen Wirtschaft.** Von J. Solterer. 112 S. 1964. DM 18,60

81 **Wissenschaftliche Agrarpolitik im Königreich Norwegen.** Von V. Frhr. v. Malchus. 129 S. 1964. DM 19,60

82 **Finanzpolitische Willensbildung in der Bundesrepublik Deutschland.** Von R. Glaeser. 234 S. 1964. DM 38,60

83 **Determinanten der internationalen Güterströme.** Von P. Düesberg. 180 S. 1965. DM 29,60

84 **Lohnbildung im Wechselspiel zwischen politischen und wirtschaftlichen Kräften.** Von B. Külp. 401 S. 1965. DM 56,—

85 **Die Interpretation der Theorie David Ricardos als geschlossenes nichtarbeitswert-axiomatisches Gleichgewichtssystem.** Von H. Bydekarken. 154 S. 1965. DM 29,60

86 **Organisationstheorie, Theorie der Unternehmung und Oligopol.** Von H.-G. Krüsselberg. 217 S. 1965. DM 29,80

87 **Neue landwirtschaftliche Unternehmenstypen in der Bundesrepublik?** Von A. Nienaber. 323 S. 1965. DM 48,—

88 **Die Vergrößerung der Bandbreite für Devisenkursschwankungen.** Von G. N. Halm. 68 S. 1965. DM 8,—

89 **Die Lehre von der optimalen Bevölkerungszahl.** Von H. Adebahr. 150 S. 1965. DM 22,80

90 **Finanzierungsprobleme in den Entwicklungsländern.** Von T. Scharf. 126 S. 1965. DM 18,60

91 **Grundlagen und Formen der Preisdifferenzierung im Lichte der Marktformenlehre und der Verhaltenstheorie.** Von L. M. Schmid. 158 S. 1965. DM 24,80

92 **Absatztheorie der Einsatzprodukte.** Von G. v. Beckerath. 110 S. 1965. DM 19,60

93 **Der Sozial-ökonomische Rat der niederländischen Wirtschaft.** Von M. Estor. 208 S. 1965. DM 33,60

94 **Die Bedeutung staatlicher Entwicklungsplanung für die wirtschaftliche Entwicklung unterentwickelter Länder.** Von W. E. Behrens. 165 S. 1966. DM 26,60

95 **Aufbau und Verfassung der britischen und amerikanischen Gewerkschaften.** Von A. Villiger. 208 S. 1966. DM 36,—

96 **Zur Problematik des flexiblen Wechselkurses der Währung eines relativ preisstabilen Landes.** Von R. Meimberg. 44 S. 1966. DM 6,60

97 **Die demokratischen Grundlagen der funktionalen Finanzwirtschaften.** Von J. Ufer. 105 S. 1966. DM 15,80

98 **Gesellschaftsschädigungen und Wohlfahrtsökonomik.** Von K. H. Steinhöfler. 122 S. 1966. DM 22,60

99 **Externe Effekte der Produktion und ihre Bedeutung für die Wirtschaftspolitik.** Von K. Heinemann. 149 S. 1966. DM 28,—

100 **Die eisenschaffende Industrie Latein-Amerikas.** Von E. A. Boas. 174 S. 1966. DM 28,—

101 **Strukturwandlungen der westdeutschen Automobilindustrie.** Von K. W. Busch. 208 S. 1966. DM 33,60

102 **Zölle und Lohnquote.** Von R. Peffekoven. 238 S. 1966. DM 38,60

103 **Die Verteilungstheorie von Kenneth E. Boulding.** Von W. Kerber. 178 S. 1966. DM 29,60

104 **Der Einfluß des technischen Fortschritts auf die Preise landwirtschaftlich genutzten Bodens in Industrieländern.** Von H. Griesbach. 126 S. 1966. DM 19,80

105 **Wichtige Erscheinungsformen der Lohnquote.** Von P. Klemmer. 134 S. 1967. DM 19,80

106 **Zur Theorie der Außenwirtschaft.** Von M. Klafkowski. 325 S. 1967. DM 58,60

107 **Die Kreditplafondierung, eine geld- und kreditpolitische Notwendigkeit.** Von K. Klein. 246 S. 1967. DM 39,80

108 **Der französische Trésor.** Von H. Zuber. 210 S. 1967. DM 38,60

109 **Monetäre Voraussetzungen der gesamtwirtschaftlichen Nachfragesteuerung.** Von E.-A. Gramann. 124 S. 1967. DM 22,60

110 **Das wirtschaftspolitische Instrumentarium.** Von R. Krüger. 141 S. 1967. DM 24,—

111 **Volkswirtschaftliche Theorie des technischen Fortschritts.** Von R. Eder. 150 S. 1967. DM 24,60

112 **Die Industrialisierung Indiens unter dem Druck der steigenden Auslandsverschuldung.** Von H. Breuer. 162 S. 1967. DM 29,60

113 **Steigender Steuerdruck bei sinkendem Geldwert.** Von A. Tautscher. 73 S. 1967. DM 12,60

114 **Entwicklung der Wirtschaft.** Von H. Stephenson. 122 S. 1967. DM 19,80

115 **Bürgschaften und Garantien als Mittel der Wirtschaftspolitik.** Von E.-A. Conrad. 191 S. 1967. DM 29,60

116 **Der Internationale Ausgleich der Faktorpreise.** Von K. Mackscheidt. 258 S. 1967. DM 44,60

117 **Entlohnungssysteme und sozialer Konflikt.** Von F. Michl. 150 S. 1968. DM 26,60

118 **Behandlung und Erkenntniswert der Erwartungen in der Wirtschaftstheorie.** Von P. Machinek. 205 S. 1968. DM 36,60

119 **Das Kartell.** Von D. Eckel. 334 S. 1968. DM 59,80

120 **Umverteilung und wirtschaftliche Entwicklung.** Von E. Weissel. 101 S. 1968. DM 16,80

121 **Die Theorie der Domination von François Perroux.** Von U. Jeck. 148 S. 1968. DM 26,60

122 **Markttransparenz und Preispolitik.** Von E. Lindemann. 142 S. 1968. DM 24,60

123 **Die Entwicklungspolitik der Volksrepublik China 1949 bis 1962.** Von U. E. Simonis. 196 S. 1968. DM 44,60

124 **Die Wirkungen zwischenstaatlichen Kapitalverkehrs auf Wechselkurse und Zahlungsbilanzen.** Von E. v. Wangenheim. 137 S. 1968. DM 32,60

125 **Die Politik der Reichsbank von 1876—1914 im Lichte der Spielregeln der Goldwährung.** Von M. Seeger. 161 S. 1968. DM 29,60

126 **Wird die kleine und mittlere industrielle Unternehmung diskriminiert?** Von B. Gellner. 189 S. 1968. DM 33,60

127 **Theorie der personellen Einkommensverteilung.** Von H. J. Krupp. 260 S. 1968. DM 39,—

128 **Wirtschaftssystem und Industrialisierung in den Entwicklungsländern.** Von H. Effenberger. 167 S. 1968. DM 29,60

129 **Ordnungspolitische Probleme des Warentests.** Von D. Meiners. 215 S. 1968. DM 42,60

130 **Zur Theorie der Devisenterminmärkte.** Von J. Schröder. 148 S. 1969. DM 29,80

131 **Der metallische Rohstoff Zinn.** Von W. Gocht. 260 S. 1969. DM 56,60

132 **Makroökonomische Wirkungen der sozialen Sicherung.** Von S. Schultz. 163 S. 1969. DM 29,80

133 **Effektivität und Legitimität der Tarifautonomie.** Von H. Weitbrecht. 267 S. 1969. DM 48,60

134 **Die Koordination von gesamtwirtschaftlicher, regionaler und lokaler Planung.** Von R. Krüger. 192 S. 1969. DM 36,—

135 **Wirtschaftslenkung und Preisintervention.** Von A. Hegelheimer. 312 S. 1969. DM 58,60

136 **Wissenschaftstheoretische Überlegungen zu Grundannahmen der Nationalökonomie.** Von L. Bauer. 153 S. 1969. DM 29,80

137 **Arbeitsmobilität, regionales Wachstum und Integration.** Von H.-J. Bodenhöfer. 196 S. 1969. DM 36,60

138 **Grundbegriffe der Statistik.** Von G. Marinell. 99 S. 1969. DM 18,60

139 **Die Rolle der Offiziere in der deutschen Wirtschaft nach dem Ende des Zweiten Weltkrieges.** Von M. Lesch. 179 S. 1970. DM 38,60

140 **Rationales Handeln in der Ökonomie.** Von D. Eckel. 136 S. 1970. DM 24,80

141 **Gebändigter Klassenkampf. Tarifautonomie in der Bundesrepublik Deutschland.** Von C. Noé. 351 S. 1970. DM 58,60

142 **Investitionsquote, Wachstum und Gleichgewicht.** Von H.-J. Rüstow. 62 S. 1970. DM 15,60

143 **Forschungspolitik und Forschungsplanung.** Von J. F. Reuter. 193 S. 1970. DM 39,60